公共服务
领域对话与理论建构

GONGGONG FUWU
LINGYU DUIHUA YU LILUN JIANGOU

郭春甫 类延村 金莹◎编著

知识产权出版社
全国百佳图书出版单位
—北京—

图书在版编目（CIP）数据

公共服务：领域对话与理论建构/郭春甫，类延村，金莹编著 .—北京：知识产权出版社，2023.11
ISBN 978-7-5130-8985-2

Ⅰ. ①公… Ⅱ. ①郭… ②类… ③金… Ⅲ. ①公共服务—研究—中国 Ⅳ. ①D669.3

中国国家版本馆CIP数据核字（2023）第223317号

责任编辑：栾晓航　王海霞　　　　　　责任校对：王　岩
封面设计：邵建文　　　　　　　　　　责任印制：孙婷婷

公共服务：领域对话与理论建构
郭春甫　类延村　金　莹　编著

出版发行：知识产权出版社有限责任公司	网　　址：http://www.ipph.cn
社　　址：北京市海淀区气象路50号院	邮　　编：100081
责编电话：010-82000860转8790	责编邮箱：93760636@qq.com
发行电话：010-82000860转8101/8102	发行传真：010-82000893/82005070/82000270
印　　刷：北京中献拓方科技发展有限公司	经　　销：新华书店、各大网上书店及相关专业书店
开　　本：720mm×1000mm 1/16	印　　张：18.25
版　　次：2023年11月第1版	印　　次：2023年11月第1次印刷
字　　数：289千字	定　　价：86.00元

ISBN 978-7-5130-8985-2

出版权专有　侵权必究
如有印装质量问题，本社负责调换。

出版资助

本书出版得到了中国社会稳定与危机管理研究中心、重庆市高校维护稳定研究咨政中心、西南政法大学社会治理研究院等科研机构的支持。本书是国家级一流本科专业建设点"政治学与行政学"（2019）、国家级一流本科专业建设点"行政管理"（2020）、重庆市研究生课程思政示范项目"公共管理研究方法"（YKCSZ23078）、西南政法大学新文科研究与改革实践项目"专业嵌入、协同驱动、融合共享：高校文科类创新创业教育平台递进式构建与实践"（xwk2021C10）、西南政法大学研究生课程思政示范项目"公共管理研究方法"、西南政法大学"公共政策学"课程思政教学名师、西南政法大学高等教育教学改革研究项目课程思政专项项目"'入脑入心入耳'导向的《公共政策学》课程思政教学改革研究"（ZX2020C09）的建设成果。

目 录

第一编　公共服务政策

服务型政府建设中政务信息共享难的困境及破解 …… 003
闫　建　郑迦元

乡村振兴战略下乡村公共文化治理机制创新研究 …… 012
贺　芒　尹如娟

政府购买公共文化服务的供需矛盾分析 …… 025
李　娜　段映辰

第二编　公共服务治理

基于机制设计理论的公共服务供给策略研究 …… 041
李春燕

多元治理视域下社区公共文化服务供给的主体关系建构 …… 050
金栋昌　王琳慧　雷　杨

乡镇综合文化服务站治理模式创新研究 …… 063
邓凌霄

农村公共文化服务供给与需求失衡的原因及路径探究 072
农　雪

公共文化设施的分散性特征及其内在冲突化解
——来自农家书屋的解释与启示 081
张　朋　张彩华

第三编　公共服务测量与评价

资源枯竭型城市基本公共服务比较与供给路径研究 099
李红星　孙博文

从凭单制到文化账户：公共文化服务新模式构建 114
金　莹　闫博文

重庆市农村公共文化服务体系中的农家书屋发展创新研究
——基于三个全国示范书屋的调查 133
寇桂涛　刘燕如　黄少彤

第四编　公共服务案例观察

农村人口空心化背景下精准扶贫的实施困境与破解路径 149
赵　琴

社区社会组织参与社区治理作用分析
——以重庆市××社区为例 157
李　星

公共管理视角下城区生活垃圾治理研究
——以重庆市××区为例 167
明　鑫

基层政府编外人员的公共服务动机研究
　　——以广州市××街道办事处编外人员为例 …… 180
　李　智　黄宝晴

半熟人社会下的农村公共文化供给问题及对策
　　——以重庆市S区为例 …… 200
　何　伟

供给导向下C市B区农村公共文化服务策略研究 …… 209
　秦　庆　刘　浪

公共文化服务标准化建设的实施效应及其完善对策
　　——以国家级试点区重庆市××区为例 …… 219
　陈　路　张慧敏　汪　彦

社会组织参与精准扶贫的实践类型及困境研究
　　——以重庆市W区扶贫实践为例 …… 233
　潘丽霞　薛红杰　钟兴菊

政务服务平台建设的优化机制研究
　　——基于××市的案例观察 …… 247
　范锡林　郑　懿　罗利梅　胡　娇

第五编　比较公共服务

国外公共文化服务供给的经验比较与启示 …… 263
　金　莹　黄　丹

后　记 …… 280

第一编 公共服务政策

服务型政府建设中政务信息共享难的困境及破解*

闫 建 郑迦元[1]

摘 要： 服务型政府建设中政务信息共享难是目前我国面临的普遍问题，而随着大数据时代的到来，我们需要认清其新的主题、特征和发展，为破解政务信息共享难中的办事入口不统一、政务信息不共享、事项上网不同步、平台功能不完善、服务信息不准确等问题奠定基础，从而探索出一条符合我国国情的政务信息共享路径。

关键词： 大数据；政务信息；共享

党的十九大报告再次强调要建设为人民服务的政府，党的十九届三中全会通过了《中共中央关于深化党和国家机构

---

* 基金项目：国家社会科学基金项目"'互联网+'背景下推动地方政府治理精准化的机制创新研究"（16XZZ016）阶段性成果。

[1] 闫建，重庆行政学院公共管理学教研部副主任、教授、硕士生导师；郑迦元，重庆行政学院行政管理学硕士研究生。

改革的决定》和《深化党和国家机构改革方案》。如何深入贯彻党的领导和党的十九届三中全会的改革精神、探索全球治理视域下大数据与公共服务创新是当前一个重大的课题。

一、大数据时代的特征、主题及发展

2017年10月18日，党的十九大报告提出了建设科技强国、网络强国、数字中国、智慧社会。❶ 同年12月8日，习近平总书记在主持第十九届中共中央政治局第二次集体学习时主要针对大数据战略展开了论述。他指出，大数据发展日新月异，我们应该审时度势、精心谋划、超前布局、力争主动，深入了解大数据发展现状和趋势及其对经济社会发展的影响，分析我国大数据发展取得的成绩和存在的问题，推动实施国家大数据战略，加快完善数字基础设施，推进数据资源整合和开放共享，保障数据安全，加快建设数字中国，更好服务我国经济社会发展和人民生活改善。❷

人类历史上从未有哪个时代像今天一样产生如此海量的数据，数据正以前所未有的速度不断增长和累积，人们正被数据洪流所包围。《自然》（Nature）、《科学》（Science）纷纷推出"大数据"（Big Data）专刊，全球已经走进大数据时代。众多学者对大数据展开了相关研究，其中，维克托·迈尔-舍恩伯格和库克耶认为，大数据是"人们在大规模数据的基础上可以做到的事情，而这些事情在小规模数据的基础上是无法完成的"❸。

关于大数据的特征，目前学术界比较认可的是"5V"，即体量、价值、类别、真实和速度。第一，体量（Volume），主要是指大数据所涉及的数据是非常庞大的，如今的数据体量已经上升到ZB级。第二，价值（Value），主要是指大数据对于经济以及其他方面的发展具有重要意义。第三，类别（Variety），主要是指数据的多样性，所谓大数据，是由众多数据信息组合而成的数据库，

---

❶ 习近平. 决胜全面建成小康社会 夺取新时代中国特色社会主义伟大胜利：在中国共产党第十九次全国代表大会上的报告［M］. 北京：人民出版社，2017：31.
❷ 习近平主持中共中央政治局第二次集体学习并讲话［EB/OL］.（2017-12-09）［2022-10-29］. https://www.gov.cn/xinwen/2017-12/09/content_5245520.htm?eqid=eb027975000067f7000000066458b3f7.
❸ 迈尔-舍恩伯格，库克耶. 大数据时代：生活、工作与思维的大变革［M］. 盛扬燕，周涛，译. 杭州：浙江人民出版社，2012：48.

然后针对数据进行分析，而获取这些数据和信息有许多渠道。第四，真实（Veracity），主要是指从数据本身映射出事件的真实特征。第五，速度（Velocity），通过大数据，可以有针对性地进行实时的分析，处理速度较快。总的来说，大数据包罗万象，对于社会经济和国家政治等方面具有重要影响。

在大数据技术快速发展的背景下，党中央和政府有关部门也制定了促进其发展的战略政策，将大数据战略主题分为四个部分：第一是数字经济，构建要点在于以数据为中心；第二是提高大数据处理水平和能力，全面推进我国现代化进程；第三是开辟新的发展领域，全面促进大数据的民生应用，旨在提高人民生活水平；第四是建立健全数据安全保障体系和数据产权保护制度。

随着我国大数据战略的稳步推进，国内大数据产业正从中国互联网公司三巨头——百度、阿里巴巴、腾讯（BAT）各显神通发展为相关公司在全国各地遍地开花，精彩纷呈。例如，在京、沪、津、粤等地，大数据被作为一种新的推动力，促进区域发展，提高其竞争力。同时，在经济发展和政治建设方面，要准确应用大数据，促进产业结构优化升级和政府职能转变，充分发挥大数据产业的创新活力。

具体来说，在发展大数据产业方面，目前已经取得了较大的成就；大数据核心业务的运用以及与大数据相关的业务不断发展，在处理、加工数字信息资源，拓宽电子商务产业的发展跨度，以及创新发展智能终端产品和服务方面，大数据都充分发挥了其优势，并呈现出强劲的发展势头。此外，与大数据相关的制度建设不断推进，相关的管理机构切实运行，相关的地方性法律法规和规定性文件也得到了不断调整与完善，大数据战略的实施取得了较为丰硕的成果。但是，在经济和政治方面，信息安全问题是非常敏感的，对此还须进一步加强部署具体的大数据安全领导与防范机制体系、应急处理系统等。

二、政务信息共享难的表象

大数据在给政府治理体系和治理能力现代化水平的提高带来重大发展机遇的同时也对其提出了新的挑战。作为"互联网+"推动的政府治理变革新篇章的动力之源——"互联网+政务服务"要求政务信息在部门、层级和地区间实现"三方共享",与外部主体间实现共享。❶ 而实现共享就必然存在一些迫切需要解决的问题,由此看来,其发展之路任重道远。

2017年11月,国务院办公厅发布《国务院办公厅关于全国互联网政务服务平台检查情况的通报》。通报内容包含多个方面,涉及参与建设的对象包含31个省(区、市)以及新疆生产建设兵团。共随机抽取了201个检查平台地区,区县级所占比重较大,达129个;其次是所占比重较小的地市级和省级,分别是42个、30个。同时,相关各部门还对与企业群众生产生活关系较为密切的高频服务,如排污许可证、登记认证等共865个具体事项展开进一步抽查。截至2017年8月底,互联网政务服务一体化平台已经初具规模,参与方共有29个省(区、市)以及新疆生产建设兵团。通报也指出了存在的一些问题:❷

第一,办事入口不统一。地方政府的政务服务网站与其建立的平台网站内容不够一致,易导致"两层皮"现象的产生,就同一事项的处理方式和标准规定差异也较大,且统一服务入口的设立仍待整合。对此,相关服务平台和政府门户网站要加强管理和监督。

第二,政务信息不共享。部分政务服务平台没有设置相对严格的执行规章制度,导致身份识别和一号登录系统易出现问题,这种需要重复注册、信息不通的现象会使群众办理事项的手续变得更加繁杂,大大降低办事效率,无法惠民。

第三,事项上网不同步。当前平台建设的进程不断加快,而服务事项的梳理相对滞后,一些栏目下无具体内容的问题在68%的平台上均可发现,导致平台实用性降低,即"有路无车"。

第四,平台功能不完善。大多数平台的咨询和投诉渠道确实存在,但无法及时接受投诉和反馈,并采取相应的处理措施解决问题。这一问题在38%的平台咨询中都有所体现,多的甚至超过5个工作日都没有得到受理,尤其

---

❶ 安小米,郭明军,魏玮. 政务信息系统整合共享工程中的协同创新共同体能力构建研究[J]. 中情报理论与实践, 2019 (1): 76-82.
❷ 国务院办公厅关于全国互联网政务服务平台检查情况的通报[EB/OL]. (2017-11-03) [2022-10-29]. https://www.gov.cn/zhengce/content/2017-11/03/content_5236744.htm.

是在市县级平台中问题更加严峻，22%的平台不具备搜索功能。

第五，服务信息不准确。受理环节描述不够详细和准确，25%的平台只对相关申请和审查等环节名称进行公示；33%的平台对收费标准、办理时限情况等未作进一步明确；41%的平台未提供标准办事表格的下载；48%的平台对于填写范本未作说明处理；55%的平台对于材料格式要求不够明确和统一，纸质、电子版使用混乱；13%的平台未清晰表述办理材料，例如，存在"根据相关法律法规规定应提交的其他材料"这一含糊其词的表述。因此，服务平台仍需进一步发展，否则难以满足群众的需要。

三、政务信息共享难的原因

调研发现，一些部门和地方由于不知、不敢、不屑、不愿、不会共享等情况，导致大量本来可以也应该共享的政务信息不能在政府内部及外部实现共享。

第一，不知共享。有的地方、部门和单位的思维还停留在"管理、管治"阶段，没有"治理"的理念；或者虽言必称"治理"，实则仍然习惯于"管理、管治"，表现在重封闭轻开放，重发布轻办理，重解读轻互动，重审批轻服务。在"互联网+"时代，它们依然认为政务信息只能是政府这一单一的合法主体所独自享有的"专利"，忽略了其他政府部门和政府外部企业、公众和社会组织等主体对政务信息的共享。在调研中，课题组发现，在公布政务信息时，个别单位没有对外公布主要（分管）领导甚至普通工作人员的手机联系方式，只是简单地留下一个座机联系方式，不具备准确的实质性内容，如办公地址和工作时间、电子邮箱等。

第二，不敢共享。有的地方、部门和单位基于风险的考虑，将信息安全简单地等同于信息保密。共享政务信息有可能带来负面影响或产生不良后果，因此它们不敢将所拥有的信息与其他部门、层级和地区共享，更无须提及与政府外部主体共享。在调研中，课题组发现，有的部门认为《中华人民共和国保守国家秘密法》是全国人民代表大会常务委员会制定的，属于国家一般法律，而行政法规也应由国务院制定和发布，如《促进大数据发展行动纲要》等，而《国务院办公厅关于运用大数据加强对市场主体服务和监管的若干意见》《推进"互联网+政务服务"开展信息惠民试点的实施方案》等则是由国务院办公厅制定的,属于部门规章,根据法律服从性原则,即下位阶服从于上位阶,从而使得"保密"比"公开"更受重视,"开放"的安全性也相对低于"封闭"的安全性。

第三,不屑共享。政务信息共享,其一是在政府与其外部企业、公众和社会组织之间实现共享;其二是在政府内部的不同部门之间、层级之间和地区之间实现共享。在调研中,课题组发现,有的政府部门认为政府以外的其他主体只掌握了20%的数据信息,也就不屑与其共享信息了。政府内部的分工决定了不同部门、不同层级、不同地区所占有的政务信息量有较大的差异,那些曾经花费大量人力、物力、财力去制定数据格式,数据采集、数据存储、数据筛选、数据挖掘、数据分析处理、应用平台建设等工作走在前列的单位便不屑与当前建设水平较低的单位进行共享,加之不同级别的政府难以共享政务信息,有的政务信息一经采集便"深藏闺中""束之高阁",政务信息的孤岛化、碎片化现象较为普遍。

第四,不愿共享。如同个别部门出于权力本位的考虑,认为自己所拥有的政务信息是本部门的"私有物品",这些信息来源于本部门的辛勤工作,彰显着本部门的硕大成绩,更隐含着本部门的赫赫权力,政务信息一旦共享,则意味着本部门的权力流失或地位旁落。因此,个别部门便不愿主动与自己部门以外的主体共享信息。在调研中,课题组还发现,"惰性思维""路径依赖"等不良思想在部门之间依然存在,习惯于按部就班地根据传统经验来开展部门的行政工作。一些人只要还没有被"倒逼"到工作无法开展的地步,就不愿意主动地改革创新,还有着"不共享会更保险"的思想,因循守旧多年来熟悉的数据采集、数据存储、数据分析、数据利用等方式,不愿意共享政务信息。

第五,不会共享。有的地方、部门和单位虽然知道政务信息可以、应该共享,也敢于、愿意与外部主体共享,但缺乏相关法律保障以及技术支撑。2016年9月,国务院印发《政务信息资源共享管理暂行办法》,该文件的印发代表了政务信息系统的数据共享时代即将到来,但政务信息共享还没有上升到一般法律的高度去规范。政务信息共享先行的发达国家高度重视从法律的高度进行顶层设计，如美国的《文书削减法》《信息自由法》《信息技术管理改革法案》《政府文书工作消减法案》《电子政务法案》《电子政务实施指导法案》《联邦信息安全管理法》等。与大数据相关的标准管理机制和体系不够健全，使得部门在进行数据采集、设计办事入口等服务时难以高效统一，导致"有路无车"，不断重复登录于不同系统的现象依然存在，导致群众办事效率低下。

四、政务信息共享难的破解路径

党的十九大报告指出，要转变政府职能，简化机构，下放权力，完善监管方式与途径，强化政府公信力，建设一个令人民满意、为人民服务的服务型政府。建设令人民满意的服务型政府必然要求政府以协同的面貌为公众提供差异化的服务，要求政务信息能够在部门、层级和地区之间实现"三方共享"，在政府内部及外部主体间实现共享。政府可以利用丰富的政务信息去精准地分析公众需求，提前研判公众行为，科学决策民生实事，充分发挥数据信息治理的优越性，进一步完善政府治理体系、提升治理能力，让人民群众在这样一个共享环境中拥有更多的满足感。

（一）加快立法步伐，进行顶层设计

想要实现政务信息共享，要做到顶层设计、法律先行。自《中华人民共和国政府信息公开条例》颁布之后，《福建省政务信息共享管理办法》《上海市政务数据资源共享管理办法》《陕西省政务信息资源共享管理办法》相继出台。但目前，在全国层面只有《政务信息资源共享管理暂行办法》这一部行政法规对政务信息资源目录、资源分类与共享要求、共享信息的提供与使用、信息共享工作的监督和保障予以规范。今后可以在《政务信息资源共享管理暂行办法》和政务信息资源共享先行省市成熟经验的基础上，进一步建立健全政务信息共享的相关法律法规，切实保障政务信息资源共享有法可依。

（二）打造全国平台，进行统筹安排

国务院明确提出，内部政务信息的整合工作应当在2017年初步完成，加快实现部门之间互联互通系统和共享信息目录的连接，2018年6月底前，实现国务院各部门整合后的政务信息系统统一接入国家数据共享交换平台，各地区结合实际统筹推进本地区政务信息系统整合共享工作，初步实现国务院部门和地方政府信息系统互联互通。❶ 国家共享平台的建立将为全国政务信息共享平台的打造铺平道路。在国家顶层设计的基础上，金税、金关、金财、金审、金盾等各部委统一部署的业务审批系统间要积极对接，各省市平台与各部委信息系统间要积极对接，各省市平台间要积极对接，除此之外，各省市级别的网络政务服务平台以及本级政府门户网站也应该保持积极的对接，这四个积极对接能够打破部门、层级、地区之间，以及政府、市场、社会之间政务信息共享难的局面，实现全国一张网，身份证一号登录，政务网一网通办。

(三) 建立统一标准，推进稳步实施

所谓标准，就是为了保证一定程度上秩序为最佳，需要对相关实际问题进行进一步的明确和统一。破解当前不知、不敢、不屑、不愿、不会共享政务信息的问题，就是要在"哪些政务信息应该共享"（政务信息共享目录标准化）、"这些政务信息共享的方式是什么"（政务信息共享、归集、清洗对比流程标准化）、"没有共享这些政务信息会受到什么样的约束"（政务信息共享保障机制标准化）等方面进行统一，运用标准化的手段进一步促进共享相关技术的发展。"三级四同"的标准化改造已由重庆"全渝通办"初步完成，其中"三级"指的是市、区县、乡镇的区域分布；"四同"指的是同类审批事项中所包含的编码、权利类型等四方面的结合。在重庆，具有借鉴意义的改造案例共877项，其中535项来自市行政审批事项，剩余事项则是区县行政审批事项。

(四) 科学考核评比，实现绩效提升

考核的指导作用是至关重要的，在促进政务信息共享的工作中，将其纳

---

❶ 国务院办公厅印发《政务信息系统整合共享实施方案》[EB/OL]. (2017-05-18) [2023-11-06]. https://www.gov.cn/xinwen/2017/05/18/content_5195038.htm.

入部门以及地方政府的绩效考核中是该工作的一项核心内容。当前，亟须建立科学的考评制度设计体系，包括政府内部和外部的多元化考核主体在全年度对所有非涉密的政府部门以多样化的考核方式，就政务信息共享的目录、流程、保障等方面比照全国统一的政务信息共享标准化体系进行科学考核。可以开展创建和评比政务信息共享先进省（市/县/乡）活动，以这种"期权激励"的方式来激励政府之间为高效完成政务信息共享工作展开竞争。在考核和评比的同时还要注意问责方式的运用，将政务信息共享工作推进不力、不担当、不作为、慢作为、多承诺、多观望、少实干等情况纳入问责体系，形成一个政务信息共享的倒逼机制。

参考文献

[1] 习近平. 决胜全面建成小康社会　夺取新时代中国特色社会主义伟大胜利：在中国共产党第十九次全国代表大会上的报告 [M]. 北京：人民出版社，2017：31.

[2] 习近平主持中共中央政治局第二次集体学习并讲话 [EB/OL]. (2017-12-09) [2022-10-29]. https://www.gov.cn/xinwen/2017-12/09/content_5245520.htm?eqid=eb027975000067f7000000066458b3f7.

[3] 迈尔-舍恩伯格，库克耶. 大数据时代：生活、工作与思维的大变革 [M]. 盛扬燕，周涛，译. 杭州：浙江人民出版社，2012.

[4] 安小米，郭明军，魏玮. 政务信息系统整合共享工程中的协同创新共同体能力构建研究 [J]. 中情报理论与实践，2019（1）：76-82.

[5] 国务院办公厅印发《政务信息系统整合共享实施方案》[EB/OL]. (2017-05-18) [2023-11-06]. https://www.gov.cn/xinwen/2017-05/18/content_5195038.htm.

乡村振兴战略下乡村公共文化治理机制创新研究

贺 芒 尹如娟[1]

摘 要：实施乡村振兴战略是决胜全面建成小康社会、全面建设社会主义现代化国家的重大历史任务，是新时代"三农"工作的总抓手。乡村振兴的核心是文化的振兴，乡村文化治理又是国家治理能力现代化和乡村治理的重要内容。和城市文化建设相比，当前我国农村文化服务发展不平衡、不充分的问题尤为突出，村庄基层党建存在较多薄弱环节，乡村治理体系和治理能力亟待提升。本文基于公共治理理念的要求，提出"政府、社会组织和村民自组织"等多元主体参与乡村文化建设，吸纳多主体为满足村民多样化的精神文化需求，提供多元化的乡村公共文化产品，建立健全乡村文化治理的长效机制，促进经济建设，维护乡村社会稳定，发展农业生产和提升农民素质。走中国特色社会主义乡村振兴道路，繁荣发展乡村文化，以文化力量助推乡村振兴，建设乡村公共

---

[1] 贺芒，重庆大学公共管理学院教授、博士生导师；尹如娟，重庆大学公共管理学院硕士研究生。

文化可持续发展的长效治理机制，让农业成为有奔头的产业，让农民成为有吸引力的职业，使农村成为安居乐业的美丽家园。

关键词：乡村振兴；农村文化；吸纳式治理；多元主体

一、引言

党的十八大以来，在以习近平同志为核心的党中央的领导下，坚持把解决好"三农"问题作为全党工作的重中之重，出台了一系列政策来推进乡村治理体系和治理能力现代化建设，乡村作为承载农业发展和农民生活的载体，迎来了难得的发展机遇。[1]文化治理被视作国家治理体系的一个子系统，文化自信作为一种更基本、更深沉、更持久的力量，以其先导性、战略性为乡村振兴战略提供精神激励、智慧支持和道德滋养。然而，我国部分农村地区公共文化供给面临资金不足、人才缺乏和供给质量不高等发展困境，乡村公共文化在现代文明的冲击下更显贫乏，导致我国农村公共文化的衰微。当前乡村公共文化建设滞后已逐步成为新农村建设的障碍，急需建立健全乡村文化治理的长效机制来促进农村公共文化的发展和繁荣。

公共文化治理机制是在公共治理理论指导下，探讨政府和社会在文化治理中的协调互动，结合现代文明和传统文化，共同实现文化消费的有效需求和有效供给的综合平衡的方式。乡村公共文化治理是公共文化治理的部分内容，是以乡村为治理对象，研究在乡村经济社会发展的情况下，如何处理农民公共文化需求和供给的主体关系，例如，当前乡村公共文化服务供给中存在的公共文化供需矛盾、供需参与不足和供给人才缺乏等问题。根据目前我国统筹城乡发展的实践，需要按照公共治理理念的要求，积极组织政府、自组织以及广大乡村民众等，发挥各自的作用，进一步优化政府组织及其引导功能、自组织和广大民众建设乡村公共文化的主体功能。建设乡村公共文化可持续发展的长效治理机制，强化乡村公共文化的建设功能。具体而言，是让政府垄断下的公共文化服务权力向更多主体转移，从而提供更多元化的乡

---

[1] 中共中央 国务院关于实施乡村振兴战略的意见（全文）[EB/OL]．（2018-02-04）[2018-10-29]．http://finance.sina.com.cn/china/2018-02-04/doc-ifyreyvz9007544.shtml．

村公共文化产品，满足经济社会发展中乡村居民的多元公共文化和精神需求，保障乡村居民的基本文化权利，以实现公共文化利益的最大化为目标，促进经济建设，维护乡村社会稳定，发展农业生产和提升农民素质。

二、国内学者对乡村公共文化治理的研究综述

国内学者关于乡村公共文化治理方面的研究，主要立足于我国乡村发展的现状及问题，再结合理论发展和政府转型的相关要求，提出自己的观点。国内学者的主要观点有以下几个方面。

（一）关于乡村公共文化治理模式的研究

学者们普遍认为，有政府主导式和社会化两种主要的治理模式。曹志来通过对乡村公共文化事业及其财政投入现状的分析，提出以"政府为主导"来发展乡村公共文化事业。❶这一观点符合我国乡村自身供给能力不足、公共文化产品缺失的发展困境。政府应加强制度和财政供给。❷ 有学者认为，政府独自承担乡村公共文化服务供给的责任，会导致乡村公共文化的有效供给不足，需要引入社会治理机制，针对不同地区农村的特点，适当地鼓励"企业、非政府组织、农民自办文艺团体"等非正式组织。❸ 非政府组织拥有丰富的文化资源，该主体参与乡村公共文化产品供给很有必要，应逐步建立以政府为主导、企业和第三部门等多元主体形成的互动合作的供给模式。❹

（二）关于乡村公共文化服务体系的研究

付春认为，应从农村公共文化服务设施、服务机制、人才队伍建设等多方面对农村公共文化服务进行统筹建设，❺ 来解决经费不足、人才缺失、体制

---

❶ 曹志来. 以政府为主导发展农村公共文化事业的政策建议 [J]. 经济研究参考, 2006 (95): 12.
❷ 葛继红, 王玉霞. 当前农村公共文化建设研究: 基于加强政府供给角度 [J]. 生产力研究, 2009 (4): 21-24.
❸ 顾金孚. 农村公共文化服务市场化的途径与模式研究 [J]. 学术论坛, 2009 (5): 171-175.
❹ 李少惠, 穆朝晖. 非政府组织参与西部农村公共文化产品供给的路径分析 [J]. 四川师范大学学报 (社会科学版), 2010 (5): 17-22.
❺ 付春. 新农村公共文化服务体系建设及其基本思路 [J]. 农村经济, 2010 (4): 105-109.

与机制不完善等问题，❶从而实现农村基本公共文化服务均等化，并在此基础上逐步推进完善公共文化服务体系建设。❷农村公共文化服务体系建设被时代赋予了新的价值取向，其内在功能在满足农民精神文化需求的基础上，还蕴含着实现公民文化权利公平、重建乡村公共秩序、引导农民构建新的农村生活方式、缓解认同危机和伦理危机的价值取向，进而促进农村和谐社会的建设，实现人的全面发展。❸

(三) 关于构建多元参与文化治理的研究

张良认为，随着经济的发展和社会的变迁，以政府为主导、社会广泛参与、市场配置的"多元参与合作模式"是现阶段乡村公共文化服务体系建设的理想模式。❹同时，应充分鼓励和支持农民参与，拓宽需求反映渠道，并且将其贯彻到决策当中，❺构建面向城乡居民文化需求和权益的服务型供给体制，推动体制机制创新。❻在多元主体的参与过程中，需要引入问责制来考察当前我国乡村公共文化服务的供给机制，以保障公共文化供给中利益相关者有明晰的职能和责任关系。❼

通过以上的文献研究，可以看出关于我国乡村公共文化治理研究的发展过程。国内学者对乡村公共文化治理模式的认同基本倾向于公共治理理论的多中心治理，也基本认可促进市场化的运行和鼓励社会化的参与。同时，学者们也意识到多元主体在职责分工与协同合作的过程中依然存在一系列的问

---

❶ 巩村磊. 农村公共文化服务缺失的社会影响与改进对策 [J]. 理论导刊, 2010 (7)：57-58, 60.

❷ 王瑞涵. 农村公共文化服务体系建设：财政责任与经费保障机制 [J]. 地方财政研究, 2010 (8)：46-52.

❸ 巩村磊. 农村公共文化服务缺失的社会影响与改进对策 [J]. 理论导刊, 2010 (7)：105-109.

❹ 张良. 政府主导、社会参与、市场配置：农村公共文化服务体系建设的理想模式 [J]. 理论与现代化, 2012 (4)：25-30.

❺ 阮荣平, 刘力. 中国农村非正式社会保障供给研究：基于宗教社会保障功能的分析 [J]. 管理世界, 2011 (4)：46-57.

❻ 孙浩. 农村公共文化服务有效供给的体制性障碍研究 [J]. 甘肃行政学院学报, 2011 (6)：59-70.

❼ 肖庆. 中国农村公共文化服务供给机制研究 [J]. 河南教育学院学报（哲学社会科学版）, 2014 (1)：18-24.

题，但鲜有学者能针对这些问题提出系统、有效的建议。另外，因为多中心治理机制是根植于西方的经济、文化、社会体制和管理思想的一种社会治理模式，而我国农村并未完全形成村民拥有平等权利的市民社会，并且与我国现行的"大政府，小社会"治理模式不能兼容，之前的乡村公共文化研究对这一点缺少系统的分析，更没有提出与之相关的解决对策。因此，本文将在以上研究的基础上，对我国乡村公共文化治理机制进行更加深入的研究，在多主体协调治理的基础上，力求提出适合我国乡村实际情况的治理新机制，即政府主导，吸纳社会和市场力量，逐渐培养新的治理主体，逐步实现多元善治的理想状态。

三、我国乡村公共文化治理机制的现状及问题

(一) 政府从单一主体机制向多主体参与的多元化机制转变过程中放权不到位

在部分偏远农村地区，市场准入尚不足，依然奉行传统的计划经济体制，政府依然以"全能政府模式"对社会进行全面控制。政府职能在经济、文化各领域都无限扩张，在乡村公共服务上也扮演着全方位的直接提供者的角色。政府长期以来集公共文化的决策、生产与供应于一身，形成了政府垄断型的单一主体机制，造成乡村公共文化服务低效。为了顺应政府转型和经济社会发展趋势的要求，政府垄断型的单一主体机制向多主体参与的多元化机制转变，变革乡村公共文化治理模式。但是，由于政府在转型过程中放权不到位，乡村公共文化治理的决策权主要还是集中在政府手中，决策自上而下传达和执行，其他主体的决策参与机制不完善。在乡村公共文化生产和供给方面，政府已经逐渐引入市场和社会的参与，但是市场和社会的准入度不够，主要是提供政府难以完成或者完成成本较高的部分公共文化内容。政府的放权不到位，导致乡村公共文化的有效供给不足。政府提供的乡村公共文化服务因缺少村民自下而上的决策参与，成为乡村公共文化供需总量失衡和结构失衡等问题的重要原因。

（二）非政府主体介入乡村文化建设存在阻碍

与西方发达国家相比，我国当前的非政府组织基本都处于发展水平较低和法治建设不完善的阶段。[1] 总体上呈现以下几个特点：①法律地位不明确；②活动范围受限；③缺乏自治，政府行政干预较多；④组织规模一般不大，制度建设尚不完善；⑤活动类型单一。同样，从我国现有农村人口的规模来看，与其他发达国家相比，我国的村民合作组织数目较少，农民组织化程度较低，其本身的发展状态成为参与公共文化治理的障碍。在传统公共文化管理模式的影响下，乡村文化服务建设依赖政府通过行政手段进行文化资源配置，自上而下地进行公共文化供给。从而受到公共文化体制的阻碍，非政府主体的资本难以进入公共文化领域。同时，社会普遍认为公共文化建设是政府一家的事情，这种"政府总揽文化建设"的观念长期发展，致使各种非政府组织、私人部门以及公民个人逐渐失去了主动性，很少参与公共文化建设，导致了非政府主体参与公共文化治理的观念障碍。

（三）村民缺乏需求表达渠道，"自上而下"式的公共文化供给难以获得村民的认同

由于计划经济时代集权制的影响，在改革开放后，这种思维模式仍然有一定的影响，由行政领导决定公众的公共文化需求情况，缺乏村民需求表达机制，因而会提供一些不受村民欢迎的公共文化产品和服务。具体来说，虽然村民对公共文化有很强烈的需求，但由于村民组织化程度低，不能有效表达自己的真实需求。另外，村民在乡村的生活方式较为松散和独立，在社会上的身份地位也比较低，难以形成一个利益团体去表达自身的真实需求，并且难以形成一个有效的表达机制，因此很难对公共文化的供给状况施加影响。政府通过行政权力自上而下地提供统一的公共文化服务时，因类型单一而难以满足村民的多种公共文化需求或者与村民的需求不符，容易导致村民对政府垄断性地提供公共文化产生不理解、不认同甚至排斥的情绪。

---

[1] 田起家. 我国非政府组织现状研究[J]. 法制与社会，2015（20）：145-146.

(四) 作为乡村传统权力主体的乡村精英缺乏文化教导作用

在中国传统社会，乡村精英在乡村社会中凭借自己拥有的知识、财富、名誉等，成为传统乡村的权利主体。他们通过自己的威望对村民进行文化指导和教育，规定乡村秩序，成为乡村文化的核心。但由于我国长期以来城乡之间的非均衡性发展，有能力的村民期望得到更多的发展机会，会离开乡村进城务工、经商，导致大量乡村文化精英向城市流入。乡村文化精英外流和乡村优秀文化人才匮乏，直接导致传统乡村社会中的乡村精英在乡村公共文化建设中的教导作用缺失。乡村优秀的传统文化无人继承和宣扬，加上现代城市文化的持续影响，导致优良的传统文化对乡村社会的约束和教化作用减弱。

(五) 部分地方政府片面追求政绩最大化，偏离文化治理的公共性目标

乡村公共文化建设和治理的目标是满足村民日益增长和多元化的公共文化需求，实现村民的文化权利，保护乡村优秀传统文化，促进乡村社会稳定和经济发展。政府作为目前我国乡村公共文化供给的主要主体，其决策偏好对乡村公共文化治理具有重要影响。在我国现行体制下，由于计划经济运行的惯性和官员政绩考核制度的制约，使政府在制定政策目标和决策方向时偏好于追求经济指标。一些地方政府也将完成上级下达的经济指标作为其工作的首要目标。而公共文化建设是由政府提供的、以保障公民基本文化权利为目的的，向公民提供公共文化设施和服务的公益性活动，其建设周期长、见效慢，对其绩效的评估也难以量化。这导致地方政府形成"重经济、轻文化"的发展模式，追求政绩和经济效益的最大化。因而，对乡村公共文化的投入和建设呈现为规模大、实质性成果少的状态，这与公共文化治理的公共性目标相违背。

四、建立以政府为主导的"吸纳式"公共文化治理创新机制

要实现乡村振兴，乡风文明是保障。乡风文明建设需要物质文明和精神文明双管齐下，从多方面提升农民精神风貌，培育"文明乡风、良好家风、

淳朴民风"的三好风气，不断提高乡村社会文明程度。面对现在中国乡村公共文化治理中存在的问题和乡村公共文化需求，建立以政府为主导的吸纳式公共文化治理创新机制，主要是基于以下方面的考虑：当今中国市民社会主体发展缺失、政府拥有丰富的公共资源和经验，以及需求的多元化需要更多的治理手段，自组织和第三方力量皆可作为政府的治理手段被引入，通过与政府在公共文化供给中进行合作，逐步培养和发展两者的公共文化治理主体角色。

（一）政府提供政策引导和先进文化资源，加强乡村公共文化建设

从乡村公共文化的公共属性来看，乡村公共文化产品消费主要是指与公共文化事业相关的公共文化消费，而非私人文化消费。从当下政府和社会、市场等主体拥有的社会公共资源来看，政府依然掌握着大部分的社会资源和丰富的公共文化治理经验。从乡村的现实状态来看，我国乡村公共文化的现代化发展缓慢，而优秀的传统乡村公共文化正在日益消解。因此需要借助政府的强大政策力量，提供更多的纯公共性文化服务，支持乡村公共文化的发展和保护优秀的传统乡村文化。在乡村振兴战略下，国家需要按照有标准、有网络、有内容、有人才的要求，健全乡村公共文化服务体系。首先，扩大公共文化服务的辐射范围。由上至下地发挥县级公共文化机构的辐射作用，推进农村地区的基层综合性文化服务中心建设，提升服务效能。其次，深入推进文化惠民工程，在政策上实现公共文化资源重点向乡村倾斜，为农村居民提供形式多样、内容丰富的乡村公共文化产品和服务。以政府为主导的吸纳式乡村公共文化治理机制，政府作为主导乡村公共文化的主体，提供促进乡村公共文化发展的政策支持，进行正确的方向引导。政府通过其掌握的丰富、优质的公共资源，为乡村公共文化发展提供合适的先进文化资源和财政资源。

（二）加强农村思想道德建设，提升现代农民的公共文化意识

乡村振兴战略十分注重农村居民的思想道德建设，以社会主义核心价值观为引领，坚持践行"教育引导、实践养成、制度保障"三个步骤，不断提

升农村居民的公共文化意识。首先，大力弘扬民族精神和时代精神。不断深化中国特色社会主义和中国梦宣传教育，将理论性的思想道德观念融入农民喜闻乐见的文化活动之中，加强爱国主义、集体主义和社会主义核心价值观的教育。其次，传承、发展和提升农村优秀传统文化：①立足乡村文明，切实保护好优秀农耕文化遗产，如文物古迹、传统村落、民族村寨、传统建筑、农业遗迹等，推动优秀农耕文化遗产合理适度利用，深入挖掘农耕文化蕴含的优秀思想观念，充分发挥其在凝聚人心、教化群众、淳化民风中的重要作用；②支持"三农"题材优秀文艺作品的创作生产，鼓励文艺工作者不断推出反映农民生产生活尤其是乡村振兴实践的优秀文艺作品，挖掘农村传统道德教育资源和道德楷模，以文学化的创作方式，通过文艺作品中的人物形象来展示新时代农村居民的精神面貌，从而提升社会公德、家庭美德，强化农民的社会责任意识和主人翁意识。

（三）培育和吸纳乡村社会组织参与乡村公共文化治理

当前乡村公共文化治理面临人、财、物等资源缺乏的问题，因此，大力培育服务性、公益性、互助性乡村社会组织，积极发展乡村社会工作和志愿服务，使非正式的组织与正式组织之间形成良性的互动关系，激发乡村的活力，提升文化品质，从而实现对乡村公共文化的合作治理。

首先，社会力量能够丰富乡村公共文化服务体系中的物质文化资源。文化企业、民间艺术团体等社会组织拥有充足的资金和文化资源，能为乡村公众开展公共文化活动提供必要的物质基础，在一定程度上突破乡村文化资源不足的困境。其次，社会组织能为乡村注入新鲜的血液，有效增加乡村的专业人才资源，如教师、文化馆工作人员、文艺爱好者等，为乡村原有文艺骨干提供专业化的指导，提高其专业水平，通过这类人才组建乡村公共文化志愿者队伍，从而扩大乡村文化专业人才队伍，为持续开展活动提供人才保障。最后，通过社会力量、社会资本参与乡村公共文化服务体系建设，有利于缩小公民共享文化的城乡差距，促进新农村公共文化大发展、大繁荣。

(四) 积极培养现代乡村精英，吸纳乡村精英"反哺"村庄

在我国农村，人情是维系村民之间关系的重要纽带，村庄讲求礼治和德治，德高望重的乡村精英拥有很高的威望。乡村文化治理需要立足于乡村传统的土壤，充分发挥乡村精英对公共文化治理的引领作用。培育挖掘乡土文化本土人才，开展文化结对帮扶活动，引导社会各界人士投身乡村文化建设。现代社会的乡村精英因其自身的经济、文化等资源优势，得到了村民的信任和敬重，在乡村中拥有一定的权威。政府应通过对乡村精英公共文化意识的培养，深入挖掘乡村熟人社会蕴含的道德规范，"在乡村树立道德模范精英，广泛开展好媳妇、好儿女、好公婆等评选表彰活动，开展寻找最美乡村教师、医生、村官、家庭等活动。"❶深入宣传道德模范、身边好人的典型事迹，弘扬真善美，传播正能量。

此外，现代社会的乡村精英有些不同于传统乡村社会的乡绅精英，他们大多是通过考学或者经商而事业有成，从而具有一定的经济实力。政府通过对乡村精英公共文化意识的培养，引导其在发展个人事业的同时，保护乡村传统文化，并通过生产过程中的教导为村民传授现代文化。因为乡村文化和乡村生产是紧密相连的，乡村文化是寓于乡村生产过程中的，通过乡村生产得以体现，所以通过现代乡村精英在农业生产中对村民进行公共文化的"反哺"式教导，会使村民易于接受现代文化。通过在生产过程中对先进文化的传播，可以在保护乡村优秀传统文化的同时为村民提供先进的生产知识，促进现代文化和传统文化的融合与发展。

(五) 激发和吸纳村民自治组织，鼓励居民参与，发挥引导和信息反馈作用

现阶段，由于我国的市民社会发展不完善，难以满足自组织的建立需要平等、独立主体的基本条件，所以我国的自组织在发展过程中阻碍较多，发

---

❶ 中共中央　国务院关于加大改革创新力度加快农业现代化建设的若干意见 [EB/OL].(2015-02-01) [2018-10-29]. http://www.gov.cn/zhengce/2015-02/01/content_2813034.htm.

展缓慢。乡村振兴战略倡导加强乡村基层基础工作，构建乡村治理新体系，其中深化村民自治实践是一项重要内容。坚持以自治为基，加强农村群众性自治组织建设，健全和创新村党组织领导的充满活力的村民自治机制。

推动村党组织书记通过选举担任村委会主任；发挥自治章程、村规民约的积极作用；全面建立健全村务监督委员会，推行村级事务阳光工程。依托村民会议、村民代表会议、村民议事会、村民理事会、村民监事会等，形成民事民议、民事民办、民事民管的多层次基层协商格局。在我国乡村社会中，村民自组织的建立基本是围绕农业生产内容进行的。充分发挥村委在乡村中的上传作用，通过引导村民自主讨论和发表意见，将真实的需求反馈给政府，优化政府的公共文化供给。在乡村文化治理中，通过村委会充分组织村民参与乡村文化学习和文化活动，加深村民对现代文化的认同感。

推动乡村治理重心下移，尽可能把资源、服务、管理下放到基层。继续开展以村民小组或自然村为基本单元的村民自治试点工作。加强农村社区治理创新。创新基层管理体制机制，整合优化公共服务和行政审批职责，打造"一门式办理""一站式服务"的综合服务平台。在乡村普遍建立网上服务站点，逐步形成完善的乡村便民服务体系。大力培育服务性、公益性、互助性乡村社会组织，积极发展乡村社会工作和志愿服务。集中解决上级对村级组织考核评比多、创建达标多、检查督查多等突出问题。维护村民委员会、农村集体经济组织、农村合作经济组织的特别法人地位和权利。

五、结论

在关于乡村振兴战略的总要求中，无论是产业兴旺、生态宜居，还是乡风文明、治理有效、生活富裕，都离不开乡村文化的支撑，乡村文化是乡村振兴凝心聚力的黏合剂和发动机。乡村文化所呈现的文化多样性和生物多样性，也为中国特色乡村文明建设提供了和而不同、美美与共的特色文化景观。新农村建设和美丽乡村建设的实践表明，在乡村公共文化治理中，只有政府、社会组织和村民自组织等多元主体共同参与乡村文化建设，提供更多元化的乡村公共文化产品，满足村民多样化的精神文化需求，建立健全乡村文化治理的长效机制，才能促进乡村公共文化建设繁荣发展，使乡村优秀文化在丰厚的土壤中开出各具特色的乡村文明之花。

参考文献

[1] 中共中央 国务院关于实施乡村振兴战略的意见（全文）[EB/OL].（2018-02-04）[2018-10-29]. http://finance.sina.com.cn/china/2018-02-04/doc-ifyreyvz9007544.shtml.

[2] 中共中央 国务院关于加大改革创新力度加快农业现代化建设的若干意见 [EB/OL].（2015-02-01）[2018-10-29]. http://www.gov.cn/zhengce/2015_02/01/content_2813034.htm.

[3] 费孝通. 乡土中国 [M]. 北京：北京大学出版社，2012.

[4] 刘合光. 激活参与主体积极性，大力实施乡村振兴战略 [J]. 农业经济问题. 2018（1）：14-20.

[5] 索晓霞. 乡村振兴战略下的乡土文化价值再认识 [J]. 贵州社会科学，2018（1）：4-10.

[6] 朱启臻. 当前乡村振兴的障碍因素及对策分析 [J]. 人民论坛·学术前沿，2018（3）：19-25.

[7] 王亚华，苏毅清. 乡村振兴：中国农村发展新战略 [J]. 中央社会主义学院学报，2017（6）：49-55.

[8] 巩村磊. 农村公共文化服务体系构建的价值取向及其现实意义 [J]. 理论学刊，2014（1）：100-104.

[9] 肖庆. 中国农村公共文化服务供给机制研究 [J]. 河南教育学院学报（哲学社会科学版），2014（1）：18-24.

[10] 吴理财. 把治理引入公共文化服务 [J]. 探索与争鸣，2012（6）：51-54.

[11] 吴文平. 公共治理视域中的西部农村公共文化发展机制研究 [J]. 吉首大学学报（社会科学版），2012（6）：104-109.

[12] 张良. 政府主导、社会参与、市场配置：农村公共文化服务体系建设的理想模式 [J]. 理论与现代化，2012（4）：25-30.

[13] 李少惠，余君萍. 西方公共文化服务体系综述及其启示 [J]. 图书馆理论与实践，2012（3）：17-20.

[14] 阮荣平，刘力. 中国农村非正式社会保障供给研究：基于宗教社会保障功能的分析 [J]. 管理世界，2011（4）：46-57.

[15] 阮荣平, 郑风田, 刘力. 中国当前农村公共文化设施供给: 问题识别及原因分析 基于河南嵩县的实证调查 [J]. 当代经济科学, 2011 (1): 47-55, 125-126.

[16] 田起家. 我国非政府组织现状研究 [J]. 法制与社会, 2015 (20): 145-146.

[17] 孙浩. 农村公共文化服务有效供给的体制性障碍研究 [J]. 甘肃行政学院学报, 2011 (6): 59-70.

[18] 巩村磊. 论当前农村公共文化服务缺失与机制构建 [J]. 山东农业大学学报 (社会科学版), 2010 (2): 16-20.

[19] 李少惠, 王苗. 农村公共文化服务供给社会化的模式构建 [J]. 国家行政学院学报, 2010 (2): 44-50.

[20] 李少惠, 穆朝晖. 非政府组织参与西部农村公共文化产品供给的路径分析 [J]. 四川师范大学学报 (社会科学版), 2010 (5): 17-22.

[21] 巩村磊. 农村公共文化服务缺失的社会影响与改进对策 [J]. 理论导刊, 2010 (7): 57-58, 60.

[22] 付春. 新农村公共文化服务体系建设及其基本思路 [J]. 农村经济, 2010 (4): 105-109.

[23] 王瑞涵. 农村公共文化服务体系建设: 财政责任与经费保障机制 [J]. 地方财政研究, 2010 (8): 46-52.

[24] 顾金孚. 农村公共文化服务市场化的途径与模式研究 [J]. 学术论坛, 2009 (5): 171-175.

[25] 葛继红, 王玉霞. 当前农村公共文化建设研究: 基于加强政府供给角度 [J]. 生产力研究, 2009 (4): 21-24.

[26] 龙晓涛, 崔晓琴. 乡村文化治理 [J]. 重庆职业技术学院学报, 2007 (5): 108-109.

[27] 曹志来. 以政府为主导发展农村公共文化事业的政策建议 [J]. 经济研究参考, 2006 (95): 12.

政府购买公共文化服务的供需矛盾分析

李 娜 段映辰[1]

摘 要：如何有效满足公众的文化需求，实现公共文化服务的有效供给，是政府提供公共文化服务所面临的挑战。政府购买公共文化服务成为政府提供公共文化服务的重要方式，但政府购买公共文化服务在重视公众需求的同时，仍存在公共文化服务供需脱节的矛盾。本文从权力逻辑、技术逻辑和成本逻辑三个方面探讨政府购买公共文化服务中供需失衡的原因，通过厘清权力边界、提升专业技能、明确价值取向、形成对话和协商的伙伴关系来缓解供需失衡，实现供需对接，从而有效地为公众提供公共文化服务。

关键词：政府购买；公共文化服务；供需矛盾；委托代理

一、引言

近年来，政府越来越重视通过购买公共文化服务或产品

---

[1] 李娜，重庆大学公共管理学院硕士研究生；段映辰，中南财经政法大学中韩新媒体学院本科生。

来提供服务，先后出台了一系列政策文件，如《关于做好政府向社会力量购买公共文化服务工作的意见》《关于在公共服务领域推广政府和社会资本合作模式的指导意见》等，2020 年 3 月财政部出台的《政府购买服务管理办法》对政府购买服务的购买主体、承接主体、购买内容和目录等内容进行了规定。在国家政策的推动下，各省市积极开展政府购买公共文化服务工作，政府购买公共文化服务范围逐渐扩大，创新了服务方式，文化市场中的社会组织如雨后春笋般快速成长。政府购买公共文化服务在理论和实践方面都取得了较大进展，但总体来说，我国政府购买公共文化服务还处于探索阶段，在实现供给主体多元化、激发市场活力、实现政府职能转变和促进社会组织发展的同时，仍然存在供不应求和供给质量不能满足需求的供需矛盾。学术界关于政府购买公共服务概念界定尚未统一，有学者将政府购买公共服务定义为政府根据实际的社会经济发展需要，把尽可能由社会组织生产的公共产品或公共服务交给社会力量生产经营❶。通过合同外包、公私合作、补助或凭单等方式转交给社会力量提供，政府根据服务数量和质量向其支付费用的公共服务提供方式❷。本文借鉴《政府购买服务管理办法》中对政府购买服务的定义，将政府购买公共文化服务界定为：各级国家机关将属于自身职责范围且适合由市场提供的文化服务，根据一定的方式和程序，交由符合条件的社会力量和事业单位承担，并由政府根据服务数量和质量及合同等约定向其支付费用的行为。

　　国内学者主要从公共性、风险管理、文化治理等角度对政府购买公共文化服务的供需矛盾进行研究。从公共性的视角出发，大多数学者认为政府购买公共服务在实践过程中普遍存在公共性不足的特征，公共服务对象的需求具有公共性，目前提供的公共服务远远不能满足公众的个性化、多层次需求，为了平衡供需矛盾，就要在购买服务时实现公共性，提供最优先、最迫切的

---

❶ 何翔舟，王琰. 政府购买公共服务研究的重点和主题［J］. 天津行政学院学报，2015，17（3）：3-9.

❷ 李军鹏. 政府购买公共服务的学理因由、典型模式与推进策略［J］. 改革，2013（12）：17-29.

服务[1]。政府购买公共服务制度使政府财务责任回归，但由于监管缺位、评估机制不健全以及社会回应不足等原因，导致效率低下、供需错位等问题，公共服务的公共性缺失，重塑公共服务的公共性，不仅需要政府责任的回归，还需要进一步完善相关的实施机制和监管机制。[2]周斌和肖北庚从风险治理角度出发，认为政府、社会组织和社会公众是政府购买公共服务的基本制度主体，构成购买服务市场的"服务购买者—服务提供者—服务使用者"主体框架，是制度风险因素依附的重要载体，导致风险主体和客体发生作用，使购买过程中存在诸多风险，影响供需对接效果。[3]吴理财等将社会力量参与公共文化服务视为一种"文化治理"，形成了多元主体合作的服务网络，但目前我国政府职能转变尚不到位，公民社会培育还不成熟，社会力量在参与供给的过程中会受到体制机制、政策法规和技术能力等方面的限制，影响了公共文化服务的供给，要以文化治理思维推动社会力量参与公共文化服务。[4]政府购买公共服务使公共组织形成规模经济，缓解了供需矛盾，但是需求方缺陷和供给方缺陷是政府面临的极大挑战，政府需要超越两种缺陷成为精明买家，认识和定位需求方与供给方处境，从而有能力处理在供给过程中主体间建立的微妙关系。[5]

同时，学者们也关注到随着经济的不断发展，公民的文化需求也在不断变化，逐渐由同质性转向异质性，文化需求呈现多元化、多样化和高级化发展特征，凸显了价值诉求，空间向社区转移，并以群体性显露出来，有必要从政府供给导向向公共文化需求导向转变。[6]祁述裕和曹伟认为，公共文化服

---

[1] 邓玮. 公共性视角下政府购买社会服务的困境及优化 [J]. 重庆大学学报（社会科学版），2016，22（1）：203-208.

[2] 梅锦萍，杨光飞. 从公共服务民营化到政府购买公共服务：基于公共性视角的考察 [J]. 江苏社会科学，2016（4）：140-148.

[3] 周斌，肖北庚. 政府购买公共服务的风险与制度建设 [J]. 湖湘论坛，2016，29（4）：104-109.

[4] 吴理财，贾晓芬，刘磊. 以文化治理理念引导社会力量参与公共文化服务 [J]. 江西师范大学学报（哲学社会科学版），2015，48（6）：85-91.

[5] 詹国彬. 需求方缺陷、供给方缺陷与精明买家：政府购买公共服务的困境与破解之道 [J]. 经济社会体制比较，2013（5）：142-150.

[6] 金家厚. 我国都市公共文化需求的形成及趋势 [J]. 长白学刊，2009（3）：141-144.

务要适应提倡个性化、差异化的文化需求，在需求满足上要把握共性与个性的关系，为不同区域、不同人群的服务对象提供分众化、精准化的公共文化服务。[1] 政府购买服务能够对社会组织的发展产生激励效应，当前推行的政府购买政策具有选择性"培育"社会组织的特征，城市治理需要社会组织具备相应的回应能力。[2] 政府购买公共文化服务的供需矛盾也推动了政府购买公共文化服务的改革，政府愈发注重公众的需求，愈发注重从公众需求出发有效供给文化服务。目前的研究忽略了当前公众需求意识不断增强、话语权提升的背景下，政府购买公共文化服务仍然存在供需矛盾，没有反映出供给过程中的内部组织性和主体间的互动性，对政府购买公共文化服务所存在的供需矛盾缺乏比较系统的价值性分析。本文将从委托代理的视角，结合案例分析造成公众文化需求意识不断增强、话语权不断提升的背景下产生供需矛盾的原因，以政府和社会组织的关系以及互动为切入点，分析哪些因素制约了政府购买公共文化服务的有效供给，针对造成供需矛盾的原因提出建议和对策。

二、政府购买公共文化服务存在的供需矛盾

我国政府购买公共文化服务正处于探索阶段，公民社会愈发成熟，公众的文化需求呈现多元化、个性化的特征，表达意识和话语权有所提升，但仍存在供需矛盾的问题。政府购买公共文化服务存在的供需矛盾主要体现在两个方面：第一，公共文化服务供给数量与公众需求不适应；第二，公共文化服务质量与公众需求不匹配。笔者对KJ社区购买公共文化服务情况进行多次实地调研，通过访谈法、问卷法，对街道、社区居委会、社工组织、居民等调研对象进行深度调研，社区向社工组织购买公共文化服务是典型的政府购买公共文化服务。街道通过招投标方式向CY社工组织购买服务，CY社工组织将社工下派到KJ社区，社工需要在规定期限内完成社区购买的服务内容，

---

[1] 祁述裕, 曹伟. 构建现代公共文化服务体系应处理好的若干关系 [J]. 国家行政学院学报, 2015 (2): 119-123.

[2] 吴新叶. 城市治理中的社会组织：政府购买与能力建设 [J]. 上海行政学院学报, 2018, 19 (5): 82-91.

并且社工在工作期间受到多重管辖,一方面要协调和配合社区提供购买的公共文化服务项目,另一方面要接受街道、社区和社工组织的考核,社工最终的工资是由社工组织来发放。通过调研,笔者发现社工确实会根据居民的一些需求供给公共文化服务,但是总体来说仍供不应求,无法满足居民的需求,并且由于社工资源欠缺,依赖街道和社区所获取的资源有限,容易导致供给和需求无法有效对接。结合KJ社区购买CY社工组织服务的案例,从效果上来说,政府购买公共文化服务存在以下供需矛盾。

(一)公共文化服务供给数量与公众需求不适应

公共文化服务供给数量与公众需求不适应体现在两个方面:一方面,由于社会组织不提供相应的公共文化服务,公众享受不到应有的公共文化服务;另一方面,社工组织提供服务的数量不能满足公众的需求。政府购买公共文化服务将服务的购买者与供给者分离,街道作为购买主体,将部分公共文化服务供给的职能委托给社工组织,由社工组织向公众提供公共文化服务,公众的需求日益多样化、个性化,公众向社区、街道和社工反映公共文化需求后,由于社会组织的资源有限、供给能力不足等,造成其并不能提供相应的公共文化服务,公众享受不到满足其需求的公共文化服务。政府购买公共文化服务还面临数量不能满足公众需求的问题,街道向社工组织支付费用购买公共文化服务,社工根据政府的财政补助和政策支持提供服务,社会组织具有一定的自主权,社工会结合实际情况针对残障人士、老人等社区居民提供专业化服务,但数量仍无法满足公众的需求,产生了政府购买公共文化服务的供需矛盾问题。

(二)公共文化服务质量与公众需求不匹配

政府购买公共文化服务的供需矛盾还体现在文化服务的质量与公众需求不匹配,社工提供的公共文化服务偏离公众需求,一些公共文化服务的质量偏低,导致文化活动的参与度低,公众满意度较低。通过调研发现,政府部门和社会组织都已意识到公众需求的重要性,但是社工借助社区和街道资源平台利用专业优势所提供的公共文化服务与公众需求并不匹配,表现为社区的活动积极分子参与度高，而其他居民参与度较低。只有从公众的真正需求出发，才能实现供给与需求的有效对接，政府和社会组织在提供公共文化服务之前会通过访谈与问卷等方式对公众的文化需求进行调研，由于政府和社会组织在信息处理能力、资源整合能力等方面存在缺陷，造成政府购买公共文化服务与公众实际需求不相符，与公众原本的需求存在偏差。公共文化服务的质量一方面体现了社会组织的资源动员、活动实施、运营管理、服务供给等方面的能力，另一方面也是政府对社会组织在供给公共文化服务过程中的监管、评估与管控能力的体现。公共文化服务质量较低直接导致公众对公共文化服务的参与度低，对公共文化服务的评价不高，对公共文化服务质量的满意度偏低。

三、委托代理视角下供需矛盾原因分析

政府购买公共文化服务使政府和社会组织之间产生委托代理关系，将公共文化服务的购买者和供给者分离，委托代理关系就是一种契约关系，即一个人或一个团体（委托人）授权给某个人或某个团体为实现委托人的利益而从事某项活动，但它不同于一般雇佣关系，委托人授予代理人相当大的自主决策权，委托人很难监控代理人的活动。[1] 目前，政府购买公共文化服务有了较大的进步，比较注重公众的文化需求，改变了以往政府主导的供给模式，从公众的文化需求入手提供公共文化服务，但仍存在公共文化服务供给数量与公众需求不适应以及质量与公众需求不匹配的供需矛盾，政府和社会组织之间的委托代理关系在一定程度上影响着供给效果，以政府与社会组织之间的委托代理关系为切入点，有必要探析造成政府购买公共文化服务供需矛盾的原因。

公共文化服务的供给方式和供给机制发生了变革，运行效果受到主体间关系的影响，而且由政府购买公共文化服务引发的委托代理问题会对供给效果产生不同程度的影响，从委托代理的视角，可以从权力逻辑、技术逻辑和成本逻辑三个角度来论述原因，政府作为委托人将一部分权力让渡给社会组

---

[1] 戴中亮. 委托代理理论述评 [J]. 商业研究，2004（19）：98-100.

织，在权力方面仍然拥有主导权，政府和社会组织之间的委托代理关系是信息不对称条件下的交易关系，委托人购买的是代理人的服务与管理才能，但代理人拥有比委托人更多的信息，委托代理还要解决如何监督和制约代理人的问题。[1] 相比较而言，作为委托人的政府拥有财政权、决策权和资源分配权，具有权力优势，社会组织作为代理人被授予了相应的自由裁量权，但政府和社会组织在供给过程中所体现的管控能力与供给能力在一定程度上受到权力的制约，本文将管控能力和供给能力等主体能力归于技术操作层面的内容。另外，在委托代理过程中要考虑代理成本的问题，由于政府和社会组织之间的权力关系不对等，两者各自承担的代理成本会有所不同，因此可以从政府和社会组织的权力逻辑、技术逻辑和成本逻辑的角度入手，探究政府购买公共文化服务供需矛盾的原因，如图1所示。

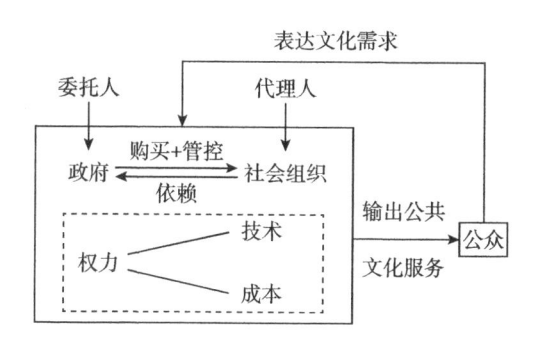

图1　政府购买公共文化服务供需矛盾分析逻辑

（一）权力逻辑

在政府购买公共文化服务的过程中，政府与社会组织即委托人和代理人之间的权力关系明显不对等。理论上，政府将一部分权力让渡给社会组织，社会组织拥有较大的自由裁量权，但实际上政府对社会组织在供给服务中干预较多，对权力的掌控仍处于优势地位，在规则制定上占主导地位。政府可以对社会组织的财政、服务、信息等资源进行控制和垄断，一般社会组织的

---

[1] 叶战备，龚基云. 从委托—代理理论看权力监督的理论依据与体系建构［J］. 求实，2004（9）：60-62.

资源有限，并不能依靠自身的力量生存和发展，所以社会组织容易依赖政府提供公共文化服务。驻扎于 KJ 社区的社工组织根据社区购买的公共文化服务内容提供服务，而由于社工资源欠缺，只能依赖居委会或街道的资源平台在社区举办相应的公共文化服务活动，事先要通过社区的审核才能进行，并且要听从社区的安排，行为容易受到限制，所提供的公共文化服务供不应求。

有时候需要他们（社区）提供场地，或者是一些作业板，因为社区的作业板比较多。有时候社区工作人员会很不高兴，因为他们那边有资源，可以向他们借，而我当时没有及时向他们借物品。（社工 A 调研资料）

面对公众多样化、个性化的文化需求，社会组织基于资金、资源等方面的考虑，无法提供满足公众需求的公共文化服务；或者在资源匮乏的情况下，社会组织会提供质量比较差的公共文化服务，影响公共文化服务的供给效果。当社工和社区在文化资源方面产生冲突与矛盾时，社工只能服从社区的管理。

因为你有什么事，你要找他（社区）帮忙吧，你要找他帮忙，就要付出点东西，就是进驻社区的时候，关系要打好。（社工 A 调研资料）

社区中也不乏工作多年且比较专业的基层社区工作者，他们拥有丰富的经验，所以社工也面临着被基层社区工作者替代的风险。

从权力逻辑来讲，社会组织参与公共文化服务供给，虽加强了公共文化服务供给"准市场"的竞争性，但作为权力把控者——政府对整个供给过程拥有相对的决策权和管控权，社会组织和政府之间存在被管控与管控的关系，当社会组织过度依赖政府的资源和权力时，其独立性和倡导作用会受到破坏，可能会削弱社会组织的合法性和可信性，[1] 社会组织的独立性、自主性和专业性受限，无法满足公众个性化、多样化的需求，容易产生供需矛盾，制约政府购买公共文化服务的发展。

---

[1] LINDSAY C, OSBORNE S P, BOND S. The "New public governance" and employability services in an era of crisis: Challenges for third sector organizations in Scotland [J]. Public Administration, 2014, 92 (1): 192-207.

(二)技术逻辑

技术逻辑角度主要从政府和社会组织的管控能力与供给能力等入手。从政府方面来讲,主要是政府作为委托人对作为代理人的社会组织的管控能力;从社会组织来讲,主要是作为代理人的承包能力,包括资源整合能力、服务能力等。作为委托人,政府无法观测到社会组织的行动选择,不能检测到代理人的努力水平,只能观测到结果,以结果来推断代理人的努力水平[1],并且公共文化服务的产出是无形的,服务质量、绩效评价和无形收益等方面难以量化,政府对社会组织的努力水平很难做出正确的判断,政府与社会组织之间的合同包括隐形合同,对公共文化服务的质量和数量、权利和义务、违约责任等界定模糊。从对多位社工的访谈情况来看,社工并不是很清楚政府购买服务的具体内容,只是了解提供服务的要求。例如,社工B负责针对家庭开展活动的项目,其就从家庭集体活动入手开展活动。从实践情况来看,驻扎KJ社区的社工受到社区、街道和社工组织的多重考核与管理,街道和社区的考核仅作为重要的考评依据,最终由社会组织为社工发放工资,购买者即街道对社工组织的管控有限,无法检测社工的真实行为。作为代理人,社会组织的努力程度不可控,其为了适应政府或社区的要求,可能会限制服务供给的创新性和灵活性,并且由于同构的压力与权力的不对称,可能会破坏社会组织跨部门合作的意图,存在一定的局限性。社会组织的发展受到政府较多的干预与约束,虽然在专业上有一定的优势,但其资源整合能力、服务能力有所欠缺,缺乏独立性和自主性,对政府的政策和资源具有依赖性,专业性的发挥受到限制,导致无法提供满足公众需求的文化服务。

(三)成本逻辑

从政府购买公共文化服务的代理成本来说,政府作为委托人需要监管代理人的行为以提供更好的服务,但在信息不对称的情况下,委托人无法检测到代理人的努力水平,但委托人对代理人实施监督是有意义的,因为监督可

---

[1] 张维迎. 博弈论与信息经济学[M]. 上海:上海人民出版社,2004:58.

以提供更多有关代理人行动选择的信息，从而可以减少代理人的风险成本，但是需要考虑监督本身的成本。如果监督成本过高，监督可能就是没有意义的，即使可以提供更多信息❶。购买主体即街道缺乏对社会组织的有效监管，只是发挥了购买和支付的作用，考核内容未涉及服务效果。

我们只是对购买服务举办的活动次数、现场照片进行考核（街道工作人员调研资料）。

社工服务的社区也没有发挥监督作用，其对社工的考评并不影响社工的个人利益，社工工资是由考核的核心主体——社会组织发放的，所以社工的行为不可控且容易产生道德风险。政府对社会组织的管控缺乏针对性和可操作性，无法实现有效监管，并且监管成本过高，需要投入大量人力、物力以辅助政府购买公共文化服务项目的完成，在购买者——政府是风险中性者或风险规避者，并且难以观测代理人的努力水平的情况下，代理人越是风险规避和不愿努力工作，其承担的风险就越小，代理人往往会选择降低努力水平，逃避风险。公众作为服务对象，其对社会组织的监督具有随机性，同样无法有效地反映出社会组织行动选择的信息。在非对称信息下，委托人和代理人均为风险规避者或风险中性者，代理人不会如委托人希望的那样努力工作，除非委托人给予足够的激励，代理人掌握着优势信息，容易产生降低服务质量、抬高服务或产品的价格等道德风险，呈现出较低的努力水平。政府购买公共文化服务存在多种途径，社会组织的合作价值观与工作方式很可能受到资源优势者——政府优先考虑的需要的影响，日益复杂的合作结构和绩效管理制度很可能给社会组织带来额外的成本与挑战。政府对购买公共文化服务有相应的监管权和决策权，可以通过监管获取更多关于社会组织努力水平的信息，将注重成本的外包举措转向以创造公共价值为重点的互惠伙伴关系，为公众提供满足其需求的公共文化服务，对社会组织的行为进行激励以降低代理成本，这样也增加了政府的监管成本与激励成本。

---

❶ 吴月. 政府购买公共服务的偏离现象及其内在逻辑研究［J］. 求实，2015（10）：66-71.

四、解决政府购买公共文化服务供需矛盾的路径选择

本文从委托代理的视角对政府购买公共文化服务存在供需矛盾的原因进行了探讨。研究发现，政府和社会组织之间的权力关系不对等、专业技能有所欠缺和代理成本过高导致了政府购买公共文化服务供需矛盾的产生。鉴于此，本文提出以下几种解决政府购买公共文化服务供需矛盾的路径。

（一）厘清权力边界

在政府购买公共文化服务的过程中，政府和社会组织之间的权力关系不对等，政府和社会组织需要厘清权力边界，才能发挥各自的职能，更好地为公众提供公共文化服务。一方面，政府购买公共文化服务就是政府将一部分权力让渡给社会组织，社会组织提供公共文化服务，但政府对社会组织的把控力度限制了社会组织的发展，政府按照自己的意愿对社会组织的活动进行直接干预或间接干预，在公共文化服务供给中占据主动地位。为了解决权力关系不对等的问题，政府需要在信任和控制之间找到平衡，可以通过制定权力清单来预防权力滥用行为，充分发挥市场化的优势，培养和发展更多社会组织提供公共文化服务，为社会组织的发展创造良好的外部环境。另一方面，社会组织接受政府的委托，具有较大的自由裁量权，在拥有权力的同时，也应该承担自己的责任和义务，摆脱对政府权力的依赖，积极整合相关资源，提高公共文化服务的效率和质量，增强组织的合法性，表现出自身的独立性和自主性，发挥自身的专业优势。

（二）明确价值取向

从总体目标来看，政府购买公共文化服务是为了满足公众的文化需求，提供相应的公共文化服务；从实际效果来看，供需不匹配的本质是政府和社会组织在提供公共文化服务过程中的价值诉求不同，政府的行为逻辑更多的是体现政治性，缺乏公共性或公共性不足。由于利益驱动，社会组织往往会选择使自身利益最大化的行为，使公共文化服务运行过程中存在目标偏差问题。面对随着社会经济发展而日益增长的公共文化需求，政府要加快转变自身的公共文化服务职能，发挥市场价值，追求公共价值和利益，其行政行为要充分体现行政公共性；社会组织需要认清自身的角色定位，以公共利益为导向，从公众的需求出发，确保公共文化服务的质量和有效性，约束自身道德风险行为，按照契约履行责任和义务，保证合法性以获得公众认可。面对复杂的政策问题和严格的资源限制，政策制定者应该转向建立工作关系模式，进行文化治理、完善文化服务体系和资源共享的合作模式是解决问题的途径。

(三) 提升专业技能

我国政府购买公共文化服务发展迅速，但也存在社会组织缺乏相应的承接能力和政府的契约监管、评估经验等不足的问题，提升供给能力应从以下几个方面着手：一是政府自身管理能力的提升对政府购买公共文化服务的发展具有重要作用，包括契约管理能力、绩效评估能力、监管能力等，在购买公共文化服务探索阶段，政府要加强完善相关的法律、制度体系，优化购买流程，建立公众参与机制和需求表达机制，规范自身的行为并提升能力；二是政府要培育和发展多供给主体，给予社会组织一定的政策支持和财政支持，减少对资源的管控，督促社会组织健全组织结构，通过制定法律、制度、政策等手段约束自身的行为，使社会组织有效地发挥其专业性，为公众提供满足其需求的公共文化服务；三是社会组织要加强自身的资源整合能力，摆脱对政府的依赖，培养自主意识和能力，吸纳更多的专业社工人员，发挥自身的专业优势，充分了解公众需求，扩大供给范围和提高供给质量，提供多元化、精准化、个性化的文化服务。

(四) 形成对话和协商的伙伴关系

在政府购买公共文化服务供给中，政府和社会组织都是重要的利益相关者，都掌握着利于自身生存和发展的重要资源，两者属于资源相互依赖关系。吴月依据服务承接方身份属性，将政府购买公共服务的关系形态分为依附式和伙伴式合作，并认为这两种关系都有被行政吸纳的风险。[1] 这种伙伴关系是

---

[1] 吴月. 政府购买公共服务的偏离现象及其内在逻辑研究 [J]. 求实, 2015 (10): 66-71.

建立在独立自主基础上的良性合作关系，是一种在共同价值引导下的协调与合作关系，强调在合作过程中的交互，而不是资源的依赖和交换。政府和社会组织需要通过平等的对话与协商的方式进行沟通和信息的共享，通过集体性的协商形成对公共文化服务运行的共同决策。政府和社会组织之间的委托代理关系是一种不平等的契约关系，要调整以往政府与社会组织的合作方式，建立两者对话和协商的渠道，发挥社会组织的专业性，提高公共文化服务的供给效率和质量。从注重交易成本到侧重伙伴关系也反映了实际需要，主体间需要共享敏感信息，并经常调整业务流程，以保证合作成功。合作伙伴关系的价值应该得到肯定，基于信任、开放信息和实践共享的关系，可以促进政府购买公共文化服务工作的有效开展，社会组织与社工也可以基于专业知识供给公共文化服务，而不是只响应市场过程或管理供应链的要求。

参考文献

[1] 邓玮. 公共性视角下政府购买社会服务的困境及优化 [J]. 重庆大学学报（社会科学版），2016，22（1）：203-208.

[2] 戴中亮. 委托代理理论述评 [J]. 商业研究，2004（19）：98-100.

[3] 何翔舟，王琰. 政府购买公共服务研究的重点和主题 [J]. 天津行政学院学报，2015，17（3）：3-9.

[4] 金家厚. 我国都市公共文化需求的形成及趋势 [J]. 长白学刊，2009（3）：141-144.

[5] 李军鹏. 政府购买公共服务的学理因由、典型模式与推进策略 [J]. 改革，2013（12）：17-29.

[6] 梅锦萍，杨光飞. 从公共服务民营化到政府购买公共服务：基于公共性视角的考察 [J]. 江苏社会科学，2016（4）：140-148.

[7] 祁述裕，曹伟. 构建现代公共文化服务体系应处理好的若干关系 [J]. 国家行政学院学报，2015（2）：119-123.

[8] 吴理财，贾晓芬，刘磊. 以文化治理理念引导社会力量参与公共文化服务 [J]. 江西师范大学学报（哲学社会科学版），2015，48（6）：85-91.

[9] 吴新叶. 城市治理中的社会组织：政府购买与能力建设 [J]. 上海行政学院

学报, 2018, 19 (5): 82-91.
[10] 吴月. 政府购买公共服务的偏离现象及其内在逻辑研究 [J]. 求实, 2015 (10): 66-71.
[11] 叶战备, 龚基云. 从委托—代理理论看权力监督的理论依据与体系建构 [J]. 求实, 2004 (9): 60-62.
[12] 周斌, 肖北庚. 政府购买公共服务的风险与制度建设 [J]. 湖湘论坛, 2016, 29 (4): 104-109.
[13] 詹国彬. 需求方缺陷、供给方缺陷与精明买家: 政府购买公共服务的困境与破解之道 [J]. 经济社会体制比较, 2013 (5): 142-150.
[14] 张维迎. 博弈论与信息经济学 [M]. 上海: 上海人民出版社, 2004.
[15] LINDSAY C, OSBORNE S P, BOND S. The "New public governance" and employability services in an era of crisis: Challenges for third sector organizations in Scotland [J]. Public Administration, 2014, 92 (1): 192-207.

第二编　公共服务治理

基于机制设计理论的公共服务供给策略研究

李春燕[1]

摘 要：政府提供公共服务是为了改善民生，构建和谐社会。然而，现阶段我国教育、医疗、养老及公共交通等基础公共服务供给与民众需求还有一定差距。不合理的机制设计威胁到管理者的原有利益，以致实际的公共服务供给与预期目标偏离；同时，机制设计中的信息不对称，出现政府与市场的双重失灵；加之政府公共管理的垄断性对社会组织形成的逆向激励，使其缺乏参与公共服务供给的积极性。公共服务供给这一民生短板的形成，正是由于机制设计中的激励相容原理在实践中没有得到正确的运用。对此，本文拟运用机制设计中的激励相容原理，针对目前我国公共服务供给机制中存在的问题加以剖析并提出相应的对策建议。

关键词：机制设计；公共服务；供给机制；激励相容

随着转变政府职能、建设服务型政府步伐的加快，"保障和服务民生"成为党和国家全面建成小康社会的重要内容，

---

[1] 李春燕，西南政法大学政治与公共管理学院公共管理硕士研究生。

受到顶层设计的高度重视。为此,党的十七大、十八大以及十八届三中全会强调要建设全面覆盖的、可持续发展的公共服务保障体系。党的十九大报告中也提到"完善公共服务体系""加快推进基本公共服务均等化"等,公共服务的重要性可见一斑,通过建立健全公共服务体系,带动整个社会保障体系充分发展,是增加人民福祉的关键。

公共服务是建设服务型政府的重要抓手,对社会稳定起到"缓冲器""安全网""减震器"的作用,作为反映民众幸福感的直接"感应器",公共服务供给机制影响着公共服务供给的质量与成效。着眼新形势,目前我国公共服务供给机制存在一定缺陷:一是公共服务供给质量不高;二是公共服务供给区域不平衡;三是公共服务供给城乡不均衡;四是公共服务供给的供需不平衡。运用机制设计理论分析发现,激励不相容和信息不对称的公共服务供给机制,导致公共服务供给逆向激励,供给成效与预期目标相差较远。对此,如何运用机制设计理论进行公共服务的供给机制设计,突破公共服务供给过程中的现实困境,提升公共服务供给效率,是本文的主要写作思路。

一、理论阐释

当代经济学认为,通过设计合理的机制为经济主体提供合理、有效的激励是学科的核心主题。创立"机制设计理论"并为其发展做出突出贡献的美国经济学家莱昂尼德·赫维奇、罗杰·迈尔森、埃里克·马斯金于2007年获得诺贝尔经济学奖。1973年,赫维奇在《美国经济评论》上发表的"资源分配的机制设计理论"一文,为机制设计理论奠定了理论基础。他基于只有私人物品存在的环境的假设,提出了著名的"不可能定理",他认为,任何组织机构不会存在既能使员工透露其真实信息,又能实现帕累托最优的机制。迈尔森将显示原理在机制设计中凸显,他觉得经由具有激励相容作用的直接机制的实践皆可实现任一机制出现的任何均衡结果。[1]"马斯金对策"提及社会目标得以实现纳什

---

[1] 朱琪,陈乐优. 资源优化配置的机制设计理论及其应用:2007年度诺贝尔经济学奖的评介 [J]. 学术研究,2008(3):76-82.

均衡的充分条件，为我们找寻可行的社会规则提供了模板。❶

机制设计理论讨论的主要是，是否能够且如何设计一个合理、有效的机制来达到既定的社会目标，其中包括激励相容、显示与实施三大原理，对此，笔者认为，博弈论和社会选择理论综合运用的结果即机制设计理论。首先，激励相容指的是在设计机制时，应考虑一个最基本的限制条件，即人们有可能会用自己掌握的私人信息做出利益最大化的抉择，因而组织所设计的机制要与员工的自身激励保持一致。其次，显示原理是指在激励相容的限制条件得以满足的前提下，通常设计最优机制就成为一个十分复杂的数学问题，迈尔森对这个复杂问题进行了简化。❷ 实际上，这个问题对应的是一组特殊机制，即能直接显示出私人信息的机制。最后，实施理论是指通过设定一个目标，组织能否设计出具有激励相容作用的机制来实现这一目标，譬如背水一战、奖励军功、球队赢球奖励。通过优化公共服务供给机制，可以解决公共服务供给中政府与市场的失灵问题，以此实现政府与市场的"双赢"。机制设计理论对我国公共服务供给机制的改革具有指导意义。本文主要探讨在公共服务供给过程中，以激励相容原理为理论借鉴，改革不合理的服务供给体制，设计科学、高效的运转机制，解决公共服务供给过程中由信息不对称带来的种种问题。

二、我国公共服务供给现状

政府的公共服务职能是指政府为满足社会公共需要，提供公共产品及服务等一系列行为的总称，其目的主要是满足社会公共需要，为社会提供丰富、优质的公共产品以及公正、公平的服务。政府的公共服务供给除了提供纯公共物品，如国防、环境保护、公共医疗教育及社会保险与福利等，还包括具有一定竞争性与排他性的准公共产品，此类大多是与人们生活息息相关的基础设施、公共事业，如公共图书馆、公园等。

改革开放40多年以来，我国不断深化经济和政治体制改革，政府职能得

---

❶ 郭其友，李宝良. 机制设计理论：资源最优配置机制性质的解释与应用 2007年度诺贝尔经济学奖得主的主要经济学理论贡献述评 [J]. 外国经济与管理, 2007, 29 (11): 1-8.

❷ 方燕，张昕竹. 机制设计理论综述 [J]. 当代财经, 2012 (7): 119-128.

到优化，公共服务供给市场化改革取得很大的进步，公共服务供给取得了巨大的成就。但是同时，我们也要看到，随着物质文化生活水平的提高，公共服务供给也暴露出诸多问题，主要表现在地方政府公共服务供给不能满足经济社会快速增长的需要、公共服务供需矛盾仍然突出、供给结构不合理、配套机制不完善等。经济的快速发展凸显出其他方面的滞后，公共服务供给不足就是其中的短板之一。我国现有公共设施的数量与发达国家相比仍有一定差距，而服务业发展水平与发达国家更是无法比拟。公共服务发展上的不足不仅预示着我国公共服务具有无限发展潜力，也表明公共服务供给存在巨大发展空间。完善政府公共服务供给是服务型政府的重要职能，除了能够改善民生，也是扩大内需的重要力量。

目前，我国的公共服务供给主要存在以下几个方面的问题。第一，公共服务供给质量不高，如部分城市交通拥堵的问题，虽然地方出台了相应的制度进行治理，但效果并不明显，例如，重庆的交巡警制度并未使其交通状况得到改善。第二，公共服务供给区域不均衡。公共服务供给区域不均衡在教育领域表现突出，我国目前存在东西部教育水平差距较大、教育资源分配出现层级化等现象。大多数一线城市拥有丰厚的教育资源，包括配套的教学设备、优质的师资队伍、相匹配的校外实训基地等，这让大多数小城市望尘莫及。第三，公共服务供给城乡不均衡。受城乡二元体制的影响，农村的发展落后于城市，尤其是在公共服务层面，两者差距明显，无论是资金还是服务设施，农村都不及城市。第四，公共服务供需仍不匹配。在社会治理过程中，政府的垄断意识仍然影响着社会生活的方方面面，以致忽略了公众需求，仅按传统"一刀切"的方式进行供给，有些公共服务供给并不能很好地反映百姓的需求和偏好，加之政府与市场主体之间的信息不对称以及社会组织的力量薄弱，使公共服务供给出现政府与市场的"双重失灵"。

我国基本公共服务的供给是一项系统工程，对社会的安定和谐具有直接影响。同时，公共服务供给效能的提升能够为实现社会公平和稳定奠定一定的基础。因此，提升公共服务供给水平不仅关系到民生福祉，更是与社会的和谐稳定密不可分，利用机制设计理论的激励相容原理改变公共服务供给过程中的主体失灵与发展不均衡现状迫在眉睫。

三、机制设计理论视角下我国公共服务供给困境分析

是什么原因导致我国目前公共服务供给在加大财政投入的前提下仍存在诸多问题？是什么原因导致城乡公共服务供给差距明显？是什么原因导致公共服务资源分配不均、供需不匹配？利用机制设计理论分析发现，目前我国公共服务供给存在诸多问题的原因是存在激励不相容以及信息不对称导致的逆向激励效应，使管理结果偏离或者背离管理目标。

（一）机制设计与管理目标不一致

由于机制设计不合理，管理者利益目标与组织目标不一致的情况导致出现逆向激励，使管理目标脱离管理结果。政府部门的机制设计在具体实践中与预期目标出现偏离，不合理的机制设计不仅没能实现政府与公众双赢的目标，反而会引起一些人的不满，长此以往，将不利于社会的稳定与和谐。

（二）公共服务供给中的信息不对称

在机制设计理论中，信息不对称是指交易双方拥有的信息数量和质量不对等。公共服务供给模式的选择受到社会经济发展、政府权力配置、社会主体成熟度等多方面因素的影响。一方面，供需双方的需求不对称。现阶段，政府作为公共服务的主要供给主体，还肩负着其他公共管理事宜，不仅人力不足，巨大的财政支出也让政府有心无力。因此，仅靠政府单一的公共服务供给，传统规模化的供给方式必然无法满足民众多样化的公共服务需求。另一方面，供给主体之间的信息不对称。政府为了提升公共服务质量，而将公共服务外包。然而，目前政府购买过程中缺乏信息共享平台作为政府与服务提供者之间的桥梁，也缺少公开政府购买公共服务的项目、流程、招投标以及结果的中介机构。另外，政府对目前公共服务购买的市场行情了解得不够充分，出现了买卖双方供需信息不对称，社会组织不能根据政府需要以及公众需要提供公共物品的情况。而政府也无法在众多社会组织中选择最为恰当的组织来提供公共服务。

(三) 政府公共治理的垄断特性

我国的公共服务供给模式缺乏合理的机制设计，难以激发社会组织的积极性，仅靠政府无法保障公共服务供给的有效性。其原因如下：一是政府不愿意放弃其在社会治理中一直以来掌握"话语权"的地位，出于自身利益的考虑，❶ 政府相关部门将许多应放手于社会的公共服务紧攥在手里，导致形成逆向激励，出现激励不相容现象，公共服务的供给自然达不到理想效果。二是我国社会组织起步晚、力量小，发展进程相对缓慢。在公共服务供给的过程中，难以与其他力量强大的社会组织进行比较，在公共服务供给的过程中缺乏优势，加之政府的扶持力度不够，社会组织的壮大就更加困难重重。缺乏适当的激励机制形成正向激励作用，久而久之，社会组织参与公共事务的积极性也就大打折扣。

四、以激励相容原理改革我国公共服务供给的对策思考

公共服务关系到民生福祉，关系到社会稳定，构建良好的公共服务供给机制是转变政府职能、建设服务型政府的重中之重。在公共服务供给过程中，利用机制设计理论的激励相容原理使服务供给方与需求方的利益一致，既能保证政府购买公共服务的有效性，又能使民众真真切切地感受到社会发展带来的幸福感。基于激励相容原理的公共服务供给模式离不开政府部门的引导与社会组织的辅助。组织间的关系如图 1 所示。

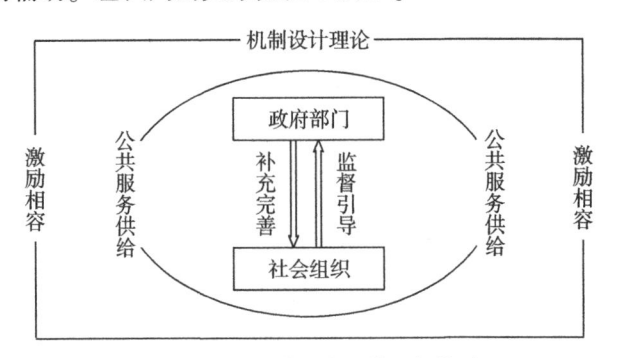

图 1　机制设计理论下的组织关系

---

❶ 肖育才，谢芬. 全球公共产品供给的困境与激励 [J]. 税务与经济，2013 (3)：22-27，88.

（一）改变机制设计中的激励不相容现状

改变公共服务供给机制中的激励不相容现状，使政府人员的利益目标与集体目标达成一致，而管理者一旦受到鼓舞，便会自发地为社会提供公共服务。例如，针对我国的交通管理问题，可尝试将交通罚款统一上缴银行，归入政府财政系统进行统一处理；对于教育资源分配不均的问题，可以将优秀教师进行外调，将外调作为以后评职称的依据之一，实现优秀教育资源的共享。通过对机制设计理论的运用，改变原有公共服务供给机制原理，使政府部门与社会大众的利益达成一致，实现二者的双赢。

（二）解决购买双方信息不对称的问题

政府将公共服务外包给社会组织，却对社会组织的情况，如规模大小、经营状况、信誉情况等无从了解，这使得购买服务的需求者与提供者之间出现信息鸿沟，影响到政府购买效能的发挥。由于缺乏对组织机构的了解，政府在公共服务外包决策中就容易出现偏差。对此，第一，政府需要利用机制设计理论中的激励相容理论引导社会组织的利益与政府甚至整个社会的目标达成一致，例如，购买公共服务的某个组织一旦出现公共服务供给不到位的情况，政府即可将该组织拉入黑名单，一定年限内不再考虑将其列入政府购买主体的范围。第二，政府发展一定数量的中介机构，充当政府与社会组织之间的翻译，将政府要购买的服务信息传递给社会组织，同时将哪些社会组织有资质提供公共服务的信息传递给政府，以此实现信息的对接。第三，在将公共服务外包给社会组织之前，政府也应考虑到市场成熟度，经过一定的调查，如果外包的公共服务市场成熟度高，说明很多组织和机构都有购买此项服务的能力，基于此，再考虑将这项服务以招标的方式外包出去，同时对竞标的组织进行一定的考察，对其业务能力进行了解。

（三）打破政府公共管理的传统垄断

凡是涉及具体民生的领域，如公共交通、公共卫生与养老等，政府应把公共服务的供给交于社会组织，从而将更多的精力投放于关系到国家长远发展的领域，如国防、外交、科研等。以激励相容原理对外包的公共服务进行问责，并不因外包就弱化政府责任，相反，将服务外包的效率和效益与政府相关部门挂钩，以此积极地推进社会各项事业的发展。政府加大对公共服务供给的投入，根据激励相容原理，社会组织能获得更多利益，便会受到鼓舞，以更大的积极性提供公共服务。为了扶持社会组织的发展，一方面，政府应加大扶持力度，在外包服务的同时出台相应的政策帮扶社会组织的发展，通过优惠政策或者资金补助，提升社会组织参与公共服务的积极性。当社会组织有一定的能力购买政府公共服务并开始发展壮大时，得到社会认可的社会组织会受到正向激励，将以更大的热情投入公共服务供给。另一方面，应出台相关法律规定，严格限制社会组织在提供公共服务的过程中出现不法行为，产生危害社会的不良后果，并将政府部门与社会组织"连坐"，相关政府部门由于在服务外包的过程中没有尽到监督管理的责任，同样也会受到影响。

（四）完善公共服务供给监督机制

购买公共服务之后，并不意味着政府责任的减轻或者消失，其责任只是在一定程度上发生了变化，由以前服务供给的"运动员"变为"裁判员"。根据激励相容原理中将组织的利益与社会利益设计一致的原则，政府必须完善公共服务供给过程的监督机制与评估机制，❶ 将评估结果作为购买公共服务的依据，这样才能保障购买公共服务的质量与有效供给。首先，政府需要在购买服务过程中建立责任机构，当服务达不到标准时，可以根据合同追究是服务需求方还是服务供给方的责任。其次，明确监管部门，对购买流程的相关步骤，如申请、招标、结项、评估等制定动态管理办法，形成由准入到操作再到退出的实时动态监管体系，实现合理竞争以及政府购买的公平、公正。最后，在服务供给完成后，政府应对公共服务提供质量与绩效进行评估。可引入第三方评估机制，对服务质量与成效进行客观、公正的评估，向社会公开结果，并以此对该社会组织的能力进行评判；建立基于评估结果的约束激

---

❶ 刘丽杭. 公共卫生服务优先购买：选择与路径 [J]. 理论与改革，2012（2）：96-99.

励机制，为以后服务供给方的选择提供依据。据此对社会组织进行制约，将组织或机构利益与集体利益设计一致，以此实现激励的正相容。

参考文献

[1] 朱琪，陈乐优. 资源优化配置的机制设计理论及其应用：2007年度诺贝尔经济学奖的评介 [J]. 学术研究，2008（3）：76-82.
[2] 郭其友，李宝良. 机制设计理论：资源最优配置机制性质的解释与应用 2007年度诺贝尔经济学奖得主的主要经济学理论贡献述评 [J]. 外国经济与管理，2007，29（11）：1-8.
[3] 方燕，张昕竹. 机制设计理论综述 [J]. 当代财经，2012（7）：119-128.
[4] 肖育才，谢芬. 全球公共产品供给的困境与激励 [J]. 税务与经济，2013（3）：22-27，88.
[5] 刘丽杭. 公共卫生服务优先购买：选择与路径 [J]. 理论与改革，2012（2）：96-99.

多元治理视域下社区公共文化服务供给的主体关系建构[*]

金栋昌　王琳慧　雷　杨[❶]

摘　要：社区是公共文化服务的终端节点，是影响公共文化服务供给效能的"最后一公里"，整合与利用政府、企业、第三部门、居民等资源进行公共文化服务的供给创新，成为新时代公共文化服务体系建设的重要课题。从多元治理视域进行社区公共文化服务供给主体关系的建构符合当前社区公共文化服务供给侧结构性改革要求，有利于纠正当前供给环节的越位、缺位和错位现象，并能为实现核心主体、混合主体、治理主体、公益主体、基本主体的有机协同提供指导依据。

关键词：多中心治理；社区；公共文化服务供给

社区作为公共文化服务体系中最基层的和最贴近文化需

---

[*] 基金项目：西安市社科规划基金项目"西安建设丝路文化高地的战略路径研究（18Z52）"和长安大学中央高校基本科研业务费团队建设项目"陕西建设文化强省路径研究（310811170111）"。

[❶] 金栋昌，长安大学马克思主义学院教授；王琳慧，长安大学公共管理与法学院研究生；雷杨，长安大学公共管理与法学院研究生。

求的单元，构成了区域公共文化服务体系的坚强基石和关键支撑。在公共文化服务社会化和文化需求扩大化的态势下，政府单一的社区公共文化服务供给模式难以满足现实需求，推进社区公共文化服务供给主体的多中心构建势在必行。

一、社区公共文化服务供给主体的应然分析

"公共文化服务就是基于社会效益，不以营利为目的，为社会提供非竞争性、非排他性的公共文化产品的资源配置活动。"[1] 在传统的公共行政管理中，政府"划桨者"与"掌舵者"身份的合二为一，使政府部门的管理职能和范围无限扩大，主导着社会资源的配置，在社会公共文化服务上则突出地表现为单一的垄断供给。随着新公共管理理论和善治理论的兴起，社会治理中的"小政府"、专业化、社会参与、效率以及透明度等得到强调，推动着政府职能优化和管理范式转变，在社区公共文化服务供给中表现出政府、企业、社区、第三部门、居民多元参与、相互协作的发展趋势，即多中心的供给模式。

（一）政府

作为"国家进行阶级统治、政治调控、权力执行和社会管理的机关"[2]，政府有责任免费提供公众所需的各种公共物品，以维持社会正常秩序、国家机器正常运转，因此参与社区公共文化服务供给也属于政府的职责范畴，尤其是在服务型政府理念被提出以后，为公民服务和民意主导的行政理念得到普及，公共产品和服务的提供更加完善化、民意化。在传统的公共文化服务供给范式中，政府始终充当着公共文化服务供给的主导者和生力军的角色，甚至在很多领域是公共文化服务的唯一供给者。同时，公共文化服务作为公共物品，必然具有非营利、非排他的属性，即"在增加一个人对它分享时，并不导致成本的增长，而排除任何个人对它的分享都要花费巨大成本"[3]，使

---

[1] 周晓丽，毛寿龙. 论我国公共文化服务及其模式选择 [J]. 江苏社会科学，2008（1）：90-95.

[2] 谢庆奎. 当代中国政府与政治 [M]. 北京：高等教育出版社，2003：36.

[3] 斯蒂格利茨. 经济学 [M]. 张帆，译. 北京：中国人民大学出版社，2010：67.

私人企业或市场不愿意提供、难以提供或提供之后难以做到有效益，从而出现公共物品提供中的"市场失灵"，并且社区公共文化服务基本上都是公益性的、免费的，这更使市场机制难以发挥作用。而且社区公共文化服务具有"一种强有力的外部效应"❶，即具有维护社会政治意识形态、提高公民文化修养、助推区域发展等外溢作用。因此，无论是出于政府的职责还是基于公共物品的属性，政府都必将承担公共文化服务供给的重任，而且在社区公共文化服务供给中各级地方政府的作用更加凸显。

(二) 企业

作为重要的社会组织和市场主体，企业必须承担相应的社会责任，即"企业行为自觉（着眼企业追求）或者向最大限度地增进社会福利的方向趋近并做出实际贡献（着眼社会期望）"❷，卡罗尔将其划分为经济责任、法律责任、道德责任和慈善责任。基于共生理论、企业公民理论和利益相关者理论，企业社会责任的践行已逐渐被内化为企业管理的核心任务之一，是其经济利益实现的逻辑前提。社区公共文化服务是典型的社会公益事业，"承担公共文化责任是承担社会责任的一种重要方式，是企业参与公益事业的重要途径"❸，企业尤其是文化企业以社会主体的身份，利用其资本优势、资源优势和产业优势等参与社区公共文化服务供给，是其履行社会责任的重要之举。此外，政府也存在"失败"的风险，即政府失灵，主要表现为公共政策失效、公共物品供给效率低、内部性与政府扩张以及寻租和腐败，而这些在社区公共文化服务供给中则表现为政府供给的高成本、低效率、供不适需、腐败等。❹ 根据韦默和维宁关于纠正政府失败的三种做法——解放市场、促进市场和模拟市场，企业以市场主体的身份参与社区公共文化服务的供给能有效纠正政府的这种失灵。因此，企业有必要也有责任参与社区公共文化服务供给。

---

❶ 杜涛. 公共文化服务的制度框架 [J]. 经济师，2013 (9)：40-42.
❷ 李伟阳，肖红军. 企业社会责任的逻辑 [J]. 中国工业经济，2011 (10)：87-97.
❸ 刘文俭. 公民参与公共文化服务体系建设对策研究 [J]. 行政论坛，2010 (3)：80-83.
❹ 张琳娜，刘广生. 城市社区公共服务供给问题思考 [J]. 山东师范大学学报（人文社会科学版），2007 (6)：155-158.

(三) 社区

作为"一个相对独立的社会自治领域"[1]和具有成员归属感的社会实体，在社会社区化浪潮下，社区已然成为社会治理中基本的自治单元，并在形成和发展过程中孕育出自己特有的文化，即社区文化，其"既承载着群众休闲娱乐、学习提高等实用功能，也肩负着宣传教育、文化传播等重大使命，对发展社会主义先进文化、构建和谐社会具有重要作用"[2]，已经成为社会文化系统的基本组成部分。因此，构建社区公共文化服务体系需要社区的参与，为社区居民文化权利的行使搭建平台，并成为社区公共文化服务体系中政府、社会、市场和公民之间的纽带。同时，社区自治理论认为，"社区建设中的基本问题将是如何使社区具有自我服务的功能和自我管理的能力"[3]，公共文化服务能力作为社区自治能力建设的重要方面，必然要求社区参与公共文化服务的供给，这是社区自治和社区公共服务的内生需求。此外，在服务型社区建设理念的推动下，社区为了满足自身和居民的需求而提供、安排公共服务的作用被不断强调，这在一定程度上也要求社区参与公共文化服务的供给，以满足社区居民文化民生维系和文化权益保障的需求。

(四) 第三部门

作为"介于政府部门和非营利性部门之间，从事前两者无力、无法或无意作为的社会公益事业，从而实现服务社会公众、促进社会稳定与发展的宗旨的社会公共部门"[4]，在市场化改革的推动下，第三部门迅速崛起，出现于社会各个领域。在政府和市场提供公共物品双重失灵的"风险"下，作为政府、市场之外的第三种社会力量，第三部门的出现和存在本身就是对政府、

---

[1] 刘湘云，王玉明. 构建农村公共文化服务的复合供给模式 [J]. 新疆社科论坛，2011 (1)：41-45.

[2] 李少惠. 公共文化服务体系建设的主体构成及其功能分析 [J]. 社科纵横，2007 (2)：37-39.

[3] 兰亚春，刘航. 社会转型与城市社区理论建构 [J]. 东北师大学报 (哲学社会科学版)，2013 (4)：230-232.

[4] 陈振明. 公共管理学 [M]. 北京：中国人民大学出版社，2010.

市场的补充与平衡,并逐渐"承担起准公共物品的生产者和供给者的角色"[1]。在社区公共文化服务这种公共性、公益性社会服务的提供上,第三部门也必将成为其重要的供给主体,这是由其组织属性和目的所决定的。在化解社区公共文化服务的供求矛盾,提高供给质量和供给效率,扩大社会参与,应对居民多样化的文化需求等方面,第三部门都具有政府和市场难以比拟的优势,成为社区公共文化服务供给体系的重要支撑。此外,第三部门在利他主义和奉献精神的主导下,以公共责任为其核心价值,并且坚持服务公众的行动取向,而这与社区公共文化服务在公益理念主导下的非营利性、公共性完全契合,因此,参与社区公共文化服务供给也是第三部门伦理使命的内在要求。

(五) 居民

作为社区公共文化服务建设的受益主体,在公民社会的民主化进程中,居民的主体意识和公民意识不断提升,其必将成为社区公共文化服务供给的基本主体。第一,要满足居民多样化的文化需求,归根结底需要依靠居民自己,作为公共文化需求的创造者,居民最了解自身文化需求的变化,而且居民群体所拥有的巨大创造性力量是公共文化服务发展的动力源泉,居民作为社区公共文化服务供给主体的自主性是引导社区公共文化服务发展的必要条件;第二,"社区文化建设的主体是社区居民,只有居民全面参与,才能培育居民的社区归属感、认同感和现代社区意识,才能真正使社区文化活动生机勃勃"[2],而社区公共文化服务建设作为社区文化建设的一个重要层面,两者具有内在的共生性,也决定了居民必须参与社区公共文化服务的建设。同时,公民参与社区公共文化服务供给和建设,可以增强其社区归属感和责任感,树立其在公共文化生活中的主人翁意识,增强其文化认同感和凝聚力,从而更好地调动公民参与公共生活的积极性,并激发其无限的文化创造力。因此,

---

[1] 刘大洪,李华振. 政府失灵语境下的第三部门研究 [J]. 研究法学评论, 2005 (6): 11-16.
[2] 王宇航,王斌,王宇红. 秦皇岛市社区公共文化服务提升路径研究 [J]. 经济研究导刊, 2012 (24): 205-206.

居民参与社区公共文化供给是满足公民文化需求、保障公民文化权益、实现公民参与公共文化事务的必然要求。

二、社区公共文化服务供给主体的实然分析

目前，我国的社区公共文化服务基本形成了以社区文化活动中心（或社区文化活动室）为核心，政府、社会、市场协同参与的网络体系，并逐渐成为我国公共文化服务体系建设的突破口和制高点。而且随着市场经济的不断壮大和公民社会的发育完善，企业、第三部门、社区、公民等社会主体参与社区公共文化服务建设的范围不断延展，程度不断提升，效果不断显现，活跃于社区公共文化服务的供给、管理、监督等各个环节。但在社区公共文化服务供给方面，政府作为主要提供者的模式依旧没有发生明显的变化，其他主体参与供给的范围和作用依旧有限，主要表现在以下三个方面。

（一）越位

政府的文化管理、公共服务职责以及公共文化服务的公共物品属性，都决定了政府理应作为社区公共文化服务供给中的关键非市场主体。在当下的实践中，政府却往往作为社区公共文化服务的主要提供者，甚至是唯一提供者，垄断着社区公共文化服务供给，形成了职责上的越位。一方面，政府作为政策的顶端设计者，宏观指导和整体规划着社区公共文化服务的供给；另一方面，政府作为公共物品的提供者，不仅以财政买单的形式参与社区公共文化服务供给，还直接参与社区公共文化服务的生产、供给和管理等微观活动。这造成了政府集社区公共文化服务的宏观规划者、财政承担者、直接生产者等角色于一身的局面，集中地表现为政府在社区公共文化服务中的"投入主导、管理主导和生产主导"。这不仅会因为政府财政能力有限而导致其对社区公共文化服务的投入不足，而且"政府在缺乏竞争对手和有效监管的条件下，也倾向于通过预算规模最大化的方式使自身获得更多的权力"[1]，形成社区公共文化服务供给中政府的寻租和低效率、低效益。同时，政府在"重

---

[1] 刘晓珂，孙浩. 善治视角的农村公共文化服务供给模式 [J]. 学习月刊，2012（2）：27-28.

供给、轻需求"的服务定势中，容易形成社区公共文化服务的"统包统揽"，并且在服务理念缺失的情况下，容易忽视居民多样化和高品质的公共文化需求，从而形成供不适需的非平衡状态。

（二）缺位

在政府"统包统揽"的背景下，社区公共文化供给中多主体的缺位问题不断凸显。首先是企业的缺位。当下企业参与社区公共文化服务的供给，主要是出于营利的目的，即承接政府公共文化服务供给的外包、委托项目或与政府合作参与公共文化服务供给，从中谋取经济利益，而基于企业社会责任践行的社区公共文化服务供给参与则微乎其微，缺乏参与的内生动力和积极性，并且目前企业的参与多局限于公共文化服务和物品的生产上，而企业捐赠、参与供给管理等形式并不普遍。其次是第三部门的缺位。作为社会现代化进程的产物，第三部门成为除政府、市场之外对资源进行配置的第三种选择，其关注社会的公共服务和公民社会的发展。但由于第三部门出现的时间较晚、发展还不完善、经费短缺以及公众对第三部门的认同度不高等原因，第三部门在社区公共文化服务中的作用大打折扣。目前，第三部门对社区公共文化服务的参与多集中于社区特殊群体，如听障人士、青少年、老年群体等文化福利的维护上，而很少参与文化产品的生产和大规模公益性文化资金的筹集，在社区公共文化服务供给中的参与范围十分有限，参与层次较低，很少涉及社区公共文化服务供给的管理方面。最后是居民的缺位。在社区公共文化服务建设中，居民往往被看作被动的接受者和受益者，而其文化创造主体的身份被忽视，加之公民社会责任意识和主体意识有待提升，导致社区居民参与社区公共文化服务供给的积极性不高，造成了参与的缺位。一方面，老年群体成为居民参与社区公共文化服务的主力军，而由于时间、精力等有限，少年、青年、中年群体则很少参与其中，有些人甚至持冷淡、漠不关心的态度；另一方面，居民参与提供的社区公共文化服务的层次较低，多是一些自发组织的活动，而很少参与社区公共文化服务供给的管理。同时，居民自办社区小书屋、社区文艺协会等自发性公益文化组织的积极性不高。

（三）错位

在社区公共文化服务供给不足的大环境下，社区参与供给的错位加剧了这种矛盾。一是导向错位。近几年来，社区在公共文化服务供给的参与中可谓"轰轰烈烈"，但一些社区的公共文化服务供给仅仅是做表面文章，与当地老百姓的文化需求关系不大。有的社区建设仅仅是为了得奖，满足政绩需要，从而出现社区公共文化建设对外硕果累累，居民受益却寥寥无几的现象，本应是以居民需求为导向的文化供给却被扭曲为以政绩、考核为导向的形式主义。"社区中'官'文化开展得很热闹，而居民喜闻乐见的'民'文化被挤到了边缘，甚至开展不起来。"❶ 二是作用错位。作为连接政府、企业、社会、居民的纽带，社区在公共文化服务供给中最重要的职能就是将居民的文化需求上传至政府，将社区内部的文化需求外传至社会和市场，同时帮助政府、社会、企业进行公共文化服务的"菜单式"供给，但在实际中，社区的这种平台和纽带作用却被轻视，甚至是忽视，使居民的实际文化需求难以得到传达，并且社区在一定程度上丧失了其作为自治组织的独立性，沦为政府的"下属"，简单地执行公共文化服务的供给，加剧了社区在公共文化服务供给中对自身作用的错误判断。

三、社区公共文化服务供给主体的多元构建

在多元的社区公共文化服务体系中，构建以政府为主导，社区为纽带和平台，企业、第三部门和居民广泛参与的供给格局，实现政府、社会、市场的多方参与、多元协作的互动格局已成为时代趋势（图1）。在多主体参与的过程中，如何通过各主体的职能划分与合理安排实现最优组合，成为我们关注的重点和难点。

---

❶ 陈宁. 社区文化建设中应正视的几种文化障碍 [J]. 中共杭州市委党校学报，2003 (2)：65-68.

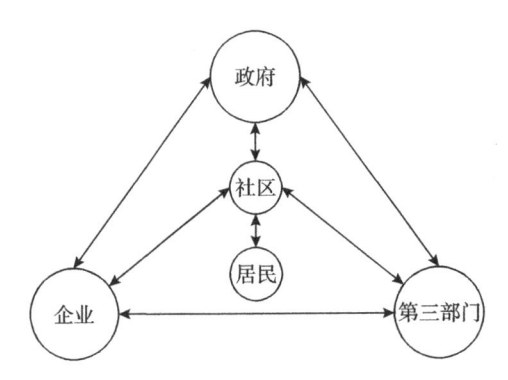

图 1 社区公共文化服务多元供给模式

（一）政府：主导者

政府作为最重要的社会管理主体和最主要的公共物品提供主体，在社区公共文化服务供给中扮演着核心主体的角色，应承担三方面的主要职责：一是顶端设计，即对社区公共文化服务体系构建进行宏观规划、方向引导和政策构建等，从整体层面对社区公共文化服务供给进行宏观把握，并为社区公共文化服务供给体系的构建营造良好的社会环境、市场环境和文化环境；二是财政保障，即充当公共文化服务的购买者，从财政的角度保障社区公共文化服务的供给，通过委托、购买、财税扶持等手段提供公共文化物品和服务，并将其纳入政府的年度预算中，做好社区公共文化服务资金投入的预算和决算；三是监督管理，即对社区公共文化服务的其他供给主体和参与主体的行为进行监督，对不法行为进行惩处，以规范各主体的行为，发挥参与实效。但值得注意的是，在参与社区公共文化服务供给时，政府应当从公共文化服务的直接生产中逐渐退出，而通过特许经营、项目外包、政府购买、财政补贴、财税扶持等间接方式进行社区公共文化服务的供给。同时，要强调政府的管理职能而非生产职能，改变所有环节都"亲力亲为"的惯性思维，实现在社区公共文化服务供给中"有所为有所不为"，在人、才、物乃至发展方向上突出提纲挈领的管理和导向作用。

（二）企业：混合主体

在社区公共文化服务供给中，企业要实现两种角色的融合，即市场主体身份和社会主体身份。在扮演竞争性市场角色时，企业参与社区公共文化服务供给的目的在于营利：一方面，通过与政府合作，接受政府委托或外包的社区公共文化服务供给项目，参与社区公共文化服务的生产和供给，这也是当下企业参与社区公共文化服务供给的主要方式；另一方面，企业单独进行准公共文化产品的生产，通过市场化的运作方式，利用消费者付费或财政补贴等方式，获取企业的经济效益。在扮演公益性社会角色时，企业出于履行社会责任的目的参与社区公共文化服务的供给，一方面，企业通过免费或半免费的方式直接向社区居民提供文化体验、文艺演出、电影放映、文化人才培训等文化服务，这种做法都集中于文化企业；另一方面，企业通过资金捐赠或无偿参与社区公共文化基础设施建设的方式参与社区公共文化服务的供给，这种做法多集中于非文化企业。企业只有扮演好这两种角色，才能发挥其在社区公共文化服务供给中的应有作用。但需要注意的是，当下企业参与社区公共文化服务还存在较多准入门槛的限制，会受到政府较多的干预，企业自由权被削弱。而且需要特别强调文化企业在社区公共文化服务供给中的作用。

（三）社区：治理主体

社区在公共文化服务供给中充当着治理主体的角色，主要表现为三个方面的作用：首先是纽带和平台作用，社区参与公共文化服务供给最重要的职能就是"上下传达"和"内外传达"，即将居民的实际文化需求上传给政府，并将政府的文化服务供给通过社区这个平台来开展，以及将社区内的实际文化需求传达给社会和市场，然后让社会和市场以社区为平台来参与公共文化服务的供给，也就是实现"菜单式"供给。其次是管理作用，社区作为政府、企业、第三部门、居民之间在公共文化服务中的"连接点"，以及文化需求和文化供给的"聚合点"，理应成为除政府之外的又一社区公共文化服务供给管理主体，其与政府宏观管理的最大区别是集中于微观层面的管理，包括社区居民的文化需求管理，即需求的引导、聚合和把握，以及供给管理，即供给资源管理、供给主体协调等。最后是参与文化生产作用，社区通过居民集资、社会募捐等方式筹集资金，然后根据居民的实际文化需求进行文化服务的自主生产和供给，如文化基础设施建设、文化活动组织等，但社区的这种文化生产只能是一种补充性职能，而不能作为社区参与文化服务供给的主要方面。社区在参与公共文化服务供给时，一定要坚持以居民的需求为导向，也就是坚持以人为本的文化供给，实现供给与需求在数量、质量、结构上的匹配。

(四) 第三部门：公益主体

第三部门的非营利、公共性属性决定了其在社区公共文化服务供给中公益主体的身份，其参与方式和作用主要有三个方面：一是服务生产中的直接供给者角色，第三部门根据居民的实际文化需要进行直接面向居民的文化服务生产，这不仅能弥补政府供给的不足，起到拾遗补阙的作用，也是实现供给多元化和引导社会力量参与社区公共文化服务供给的重要渠道。二是参与管理中的间接供给者角色，第三部门以公益主体的身份进行社区公共文化服务供给的专业化管理，是其参与社区公共文化服务供给的另一种重要方式，具体内容可以涉及文艺演出活动管理、公共文化项目管理、文化基础设施管理、供给主体关系管理等各个方面，以提高社区公共文化服务供给的质量、效率和效益。三是社会公共道德的引导者角色，第三部门以"其特有的非营利性、公共性、民间性，在与民众沟通中具有更大的亲和力……在社会道德的建设方面也将起到重要作用"[1]，利用其公益属性，可以示范社会力量和引导社区居民积极参与社区公益性文化建设，从而增强社会群体的社会公共道德和公益精神。

(五) 居民：基本主体

居民的最终受益者身份决定了其必将成为社区公共文化服务供给的基本

---

[1] 张振荣，黄茹原，陈晓海. 南京社区公共文化建设发展情况的调研报告 [J]. 南京市行政学院学报，2007 (5)：94-96.

主体，居民的参与主要表现在两个方面：一方面是文化义工，以社区义工的形式参与社区公共文化服务生产、管理等环节，发挥居民个体在文化艺术、团队管理等方面的专长，有助于"培育和发展文化志愿者队伍，破解基层文化活动中心文化人才短缺的困境"❶。另一方面是自办文化组织，居民基于兴趣爱好或公民的社会精神自主进行文化服务的生产，以满足社区居民自身的文化需求和偏好。居民可以通过三种方式自办文化组织：一是自主进行社区文化基础设施的建设，如自主建立社区的个人免费书屋、社区活动室等；二是组建文化组织，自发组建社区文艺协会、文化社团、电影放映队、艺术剧团、读书社等公益性文化组织，以团体的形式参与社区公共文化服务的供给和建设；三是组织文化活动，居民借助社区的公共文化基础设施自发举办各种文化娱乐和教育活动，如社区舞蹈比赛、读书周、十字绣大赛、戏剧演出、骑行畅游、安全教育宣传等。

参考文献

[1] 周晓丽，毛寿龙. 论我国公共文化服务及其模式选择 [J]. 江苏社会科学，2008（1）：90-95.

[2] 谢庆奎. 当代中国政府与政治 [M]. 北京：高等教育出版社，2003.

[3] 斯蒂格利茨. 经济学 [M]. 张帆，译. 北京：中国人民大学出版社，2010.

[4] 杜涛. 公共文化服务的制度框架 [J]. 经济师，2013（9）：40-42.

[5] 李伟阳，肖红军. 企业社会责任的逻辑 [J]. 中国工业经济，2011（10）：87-97.

[6] 刘文俭. 公民参与公共文化服务体系建设对策研究 [J]. 行政论坛，2010（3）：80-83.

[7] 张琳娜，刘广生. 城市社区公共服务供给问题思考 [J]. 山东师范大学学报（人文社会科学版），2007（6）：155-158.

[8] 刘湘云，王玉明. 构建农村公共文化服务的复合供给模式 [J]. 新疆社科论坛，2011（1）：41-45.

---

❶ 荆晓燕. 提升基层公共文化服务水平的路径研究 [J]. 行政论坛，2013（4）：17-20.

[9] 李少惠. 公共文化服务体系建设的主体构成及其功能分析 [J]. 社科纵横, 2007 (2): 37-39.

[10] 兰亚春, 刘航. 社会转型与城市社区理论建构 [J]. 东北师大学报（哲学社会科学版）, 2013 (4): 230-232.

[11] 陈振明. 公共管理学 [M]. 北京: 中国人民大学出版社, 2010.

[12] 刘大洪, 李华振. 政府失灵语境下的第三部门研究 [J]. 研究法学评论, 2005 (6): 11-16.

[13] 王宇航, 王斌, 王宇红. 秦皇岛市社区公共文化服务提升路径研究 [J]. 经济研究导刊, 2012 (24): 205-206.

[14] 刘晓坷, 孙浩. 善治视角的农村公共文化服务供给模式 [J]. 学习月刊, 2012 (2): 27-28.

[15] 陈宁. 社区文化建设中应正视的几种文化障碍 [J]. 中共杭州市委党校学报, 2003 (2): 65-68.

[16] 张振荣, 黄茹原, 陈晓海. 南京社区公共文化建设发展情况的调研报告 [J]. 南京市行政学院学报, 2007 (5): 94-96.

[17] 荆晓燕. 提升基层公共文化服务水平的路径研究 [J]. 行政论坛, 2013 (4): 17-20.

乡镇综合文化服务站治理模式创新研究

邓凌霄[1]

摘　要： 我国乡镇综合文化服务站的建设起步较早，其在发展过程中几经波折，经过改革开放后的迅猛发展，其治理模式在一定程度上得到了改善。但随着经济社会的快速发展，一些乡镇综合文化服务站的治理模式已显得陈旧，在管理体制、内容创新、文化思想等方面都存在一定的问题，不能满足基层民众对文化服务的需求。本文将针对当前乡镇综合文化服务站的创新模式进行分析，以期为其治理模式带来改善。

关键词： 乡镇综合文化服务站；公共文化服务；创新模式

乡镇综合文化服务站是社会基层公共文化服务建设的关键一环，能够满足基层民众的文化需求。乡镇综合文化服务站的建设起步较早，但其发展过程并非一帆风顺，在改革开

---

[1] 邓凌霄，西南政法大学政治与公共管理学院公共管理硕士研究生。

放后，乡镇综合文化服务站重焕活力，但同时也暴露出其发展中存在的不足。在暴露出的众多问题中，治理模式陈旧显得尤为突出，已经不能很好地满足民众在新时期对文化生活的需求。本文不仅提出问题，还通过对地方创新案例的分析来解决所提出的问题。

一、乡镇综合文化服务站发展现状

（一）乡镇综合文化服务站发展历程

1. 1949—1978 年

中华人民共和国在成立之前就已经设立了民众教育馆，这可以看作文化馆的前身，其主要目标是普及文化知识。1941 年 11 月，陕甘宁边区印发了《民众教育馆组织规程》，其建设模式沿用了苏联体制。中华人民共和国成立后，之前留存下来的部分文化馆被收纳整改，并且借鉴西方经验在全国兴办了大批新的文化馆。文化馆实行由上到下的统一垂直化管理模式，在此过程中，浙江、江苏部分乡镇率先成立了乡镇文化站，并在相关法规中明确了乡镇文化站的事业机构性质。但任何新事物的发展总会经历一些波折，特别是在 1966 年后，大批文化站遭受重创，有的甚至被取消，造成了文化事业的变线与损伤。

2. 1979—2005 年

自 1978 年党的十一届三中全会以来，党和国家的各项工作逐渐恢复正常，文化工作也逐步展开，文化站得以恢复。1981 年中共中央发出《关于关心人民群众文化生活的指示》，提出乡乡有文化站的目标。国家对乡镇派出机构进行了革新，管理机制确立为乡镇党委领导，上级文化主管部门进行业务指导。文化站参与招商引资、推介地方特色产品资源等商业活动，在当时的政策环境下，乡镇政府为了实现经济发展等硬性考核指标，任意抽调文化站工作人员，这进一步导致文化站机构形同虚设。[1] 同时，文化站工作考核难以

---

[1] 夏玉珍，卜清平. 前世与今生：乡镇文化站的历史变迁与路径转向　公共文化服务不同时期的功能 [J]. 甘肃社会科学，2014（1）：43-47.

量化，难以在短期内见到切实成效，政绩难以彰显，从而迫使乡镇文化站逐渐边缘化。

3. 2006—2018 年

随着社会经济的发展及互联网的普及，民众对文化的需求也产生了变化，引发了怎样有效地提供高质量、多种类、贴近民众生活的文化活动内容等问题，这些问题逐步引起了党和政府对基层文化工作中所存在问题的重视。2005 年，党的十六届五中全会首次把建设"公共文化服务体系"放在了国家战略层面。2011 年，党的十七届六中全会提出了"文化强国"的目标。2012 年，党的十八大报告再一次强调建设文化强国，完善公共文化服务体系的论断。这一阶段，政府对乡镇文化站的投入逐年增加，拆分合并了相关站所，并将其更名为乡镇综合文化服务站，文化站的职能得到了提升，其资源得到了相对合理的配置。但由于发展不均衡，当时的文化服务仍然存在一定的问题。

(二) 乡镇综合文化服务站的重要性

乡镇综合文化服务站作为基层组织，在文化建设中具有突出地位，是公共文化事业发展不可或缺的推进力。文化服务站的建设不仅有利于提高群众的文化水平，也可有效缓解人民日益增长的美好生活需要和不平衡不充分的发展之间的矛盾。

城乡经济社会发展存在差距、乡镇文化基础薄弱，以及长期投入的不稳定导致了综合配套设施的落后，这成了阻碍群众文化水平提升的一大壁垒。乡镇综合文化服务站的建设一方面可以提升群众的文化修养；另一方面有利于传统文化与时俱进，为延续和发展传统文化创造有利条件，从而使乡村社会能够和谐发展。建设和发展乡镇综合文化服务站具有以下作用：①推动精神文明建设，丰富群众的精神文化生活，提高生活质量；②乡镇文化的提升既能保障文化强国战略的实施，又可以有效保障文化环境的发展，充分响应了国家文化建设的要求；③文化建设和创新不但能提升民众的文化水平，还可以提高当地民众的积极性，从而起到保护当地原生文化的作用。

(三) 民众对乡镇综合文化服务站治理的多样化需求

在当今社会发展趋势下,群众的文化需求显得比以往任何一个历史时期都要纷繁多样,总体上呈以下四大特征:①多样性。大部分群众已不满足于单一层次的文化生活,如读书、看报、听广播等,转而追求时尚、健康和具有时代特点的、健康的文化生活。②主体性。如今"群众文化群众办"已成为发展趋势,例如,新昌农民"种文化"活动就走出了一条"党政扶持,农民自主"的新路子,农民既当演员又当观众,大大地提高了农民群众的参与热情。③求知性。新生代的农民较之其父辈而言文化水平普遍得到提升,因而对新知识的渴求也比其父辈热切得多,尤其是中青年农民更为急切地想通过参与讲座、培训等活动来掌握一门技能和发家致富的本领。④群体互动性。随着社会公共意识的觉醒和交互体验感的增强,群众越来越倾向于有一定互动性的文化活动,这类活动易于为群众所接受,也能更好地满足民众的文化互动需求。

二、乡镇综合文化服务站治理困境

(一) 乡镇综合文化服务站专职人员的缺乏

乡镇综合文化服务站的条块状管理机制,即镇政府直接管理,业务上由文化主管部门管理,导致大部分文化工作者专职而不能专干,常常需要承担其他工作,文化工作时效大幅降低。一些乡镇综合文化站的工作人员长期被配备为地方政府的机动人员,其承办的文体活动质量低下,不能切实了解并提供群众所需的文化活动。[1] 2009 年 9 月 15 日颁布的《乡镇文化站管理办法》(以下简称《管理办法》) 中的很多具体内容因上述问题而没有得到有效落实,这一系列问题亟须解决,以实现基本公共文化服务项目的供给。

(二) 乡镇综合文化服务站治理水平低下

如果没有优秀的人才队伍作为保障,乡镇文化服务站的运行将只是空谈,

---

[1] 侯明华. 乡镇文化站公共服务能力建设漫议 [J]. 新丝路, 2016 (3): 119-121.

不能长久存在。总体来说,当前乡镇综合文化服务站人才队伍建设情况堪忧,在岗人员年龄偏大、综合素质人才缺乏、专职人员比例偏低等问题制约着乡镇综合文化站服务职能的有效履行。乡镇综合文化服务站缺乏具有较高专业水平和文化艺术造诣的行家进行指导,人才出现断层,难以适应发展要求。即使能招到人,因为待遇问题也很难留住人才。这也是导致其治理水平低下的原因之一。

(三)乡镇综合文化服务站治理过程中的经费缺失问题

1. 文化经费无保障

地域性差异导致了乡镇财政收支的不均衡,财政收入较高的乡镇,能够按时拨发文化经费,公共文化设施先进,文娱活动也较为丰富;而反观那些财政收入较低的乡镇,只能做到按时发放文化站工作人员的工资,尽力举办一些小型活动已经显得难能可贵。

2. 资金不足

资金不足的现象在文化站的运行过程中普遍存在,以湖北省某县的乡镇综合文化站为例,在实施乡镇综合配套改革后,资金实行"县管镇用"机制,改过去的"养人"为"养事","以钱养事"的改革是为了站所改制后能进行市场化运行,事越多则经费越多,实际情况却与之背道而驰:在活动举办过程中,常常出现工作人员垫付资金的情况。另外,报销规则使部分工作发票不能得到报销,有时需要由工作人员倒补,加之与公务员的待遇相差较大,导致工作人员感到灰心,工作积极性不高。[1]

三、乡镇综合文化服务站治理模式创新探索

(一)以广西罗城县文化站管理创新为例

在建立完善的公共文化服务体系的过程中,乡镇文化综合服务站是必不

---

[1] 郭璐. 基层文化服务枢纽:乡镇综合文化站的困境与出路 基于嘉鱼县乡镇综合文化站的研究 [J]. 文化艺术研究, 2017 (1): 8-15.

可少的一环。从 2011 年起，广西罗城县进行了一系列卓有成效的改革，大致总结如下。

在组织管理过程中实行组织总分制，即"从县文广新体局到乡镇综合文化服务站"的模式，文广新体局对乡镇综合文化服务站的人事任用享有指导权，这使得上下级部门能够更好地沟通和联动，避免了以前工作人员专人不专职的情况，管理因而变得更为高效。

另外，在经费使用过程中，罗城县采用了经费一站式的管理机制，县文广新体局统筹管理公共文化建设专项经费，并将文化经费纳入县财政预算中，这有效地保证了经费的拨付和使用。

汇报模式的产生则是对过去在文化工作中的行政管理问题进行改革的结果，乡镇综合文化服务站的工作被纳入绩效评估范围，对文化站以量化的"十有标准"（有阵地、有队伍、有设备、有书报、有培训、有活动、有档案、有特色、有制度、有经费）为考核对象。❶

（二）以青海海晏县文化站本土文化创新为例

文化创新不是只有"拿进来"或者"输出去"，在利用本土已有文化传统资源进行创新的过程中，青海海晏县的经验是值得推广学习的。海晏县文化部门依托当地民俗文化特点，重点整理并挖掘了哈勒景村蒙古族颂词、甘子河乡逗曲、民间曲艺、青海湖赛马、三角剪纸和西海工艺品加工等地方特色文化资源。与此同时，完善并实现了四有目标，即"有一块阵地、有一项活动、有一支队伍、有一个带头人"，这不仅将文化完好地保留了下来，还完成了传承工作。在这一系列创新的推动下，海晏县的文化知名度大幅度提升，切实地为当地发展带来了益处。海晏县在队伍建设过程中也下足了功夫，在文化工作中积极鼓励并帮助所辖村级文化活动室联系群众自办文化节目，培养了一批文化传承方面的民间人才，建立了曲艺、服饰表演、马术、蒙古

---

❶ 李湘萍. 罗城创新公共文化服务体系管理模式 [EB/OL]. (2012-04-23) [2023-11-06]. http://news.gxnews.com.cn/staticpages/20120423/newgx4f948aae-5119203.shtml?pcview=1.

族颂词等具有地方鲜明文化特征的文娱团队，为当地的文化传统注入了新动力。❶

(三) 以上海嘉定区"网络云"服务创新为例

在现代文化服务体系的构建中，上海市嘉定区走出了一条新路子。嘉定区利用互联网打造了一个服务于民众的"文化嘉定云"平台。该平台于2014年上线，其构成要素主要以现在广泛流行的社交媒介为主，包含微信公众号、微博、手机App和PC端网页。除此之外，网络平台还推出了一系列创新服务措施，文化菜单就是其中之一，其利用"文化嘉定云"平台为民众提供便捷的拿票服务，在线上预订即可参与线下的文娱活动。民众还可根据自身需要进行网络场馆预订，这一举措使场馆利用率同比增加3倍。同时，还通过"文化嘉定云"引入了"众筹"概念，为民众自发组织活动搭建舞台。而最具有特色的是3D技术的运用，民众可通过网络端口了解当地的历史文化资源。网上书房运用也是一大亮点，"文化嘉定云"将国内的十几种主流文化数据库搬上平台，民众可自行查阅。这一系列创新举措使文化资源通过网络服务得到了均衡而公平的运用，这是互联网时代文化创新的必然趋势。❷

四、创新乡镇综合文化服务站治理模式的对策建议

(一) 创新乡镇综合文化服务站治理机制

首先，在乡镇综合文化服务站的运作上，应注重其内部权力运行机制的改革，如广西罗城县的乡镇综合文化服务站的组织总分制、经费一站式、汇报模式等都是值得借鉴的，总分制能有效地解决工作安排和部门业务管理的问题，而经费一站式则有效地保障了资金的使用效率。

其次，在与民间组织的合作中，青海海晏县的经验值得学习。在挖掘地

---

❶ 积极探索新途径　文化服务惠万家：海晏县乡镇文化站积极发挥公共文化服务功能 [EB/OL]. (2018-08-16) [2023-11-06]. https://www.haiyanxian.gov.cn/html/1506/250061.html.

❷ 李庆禹. 上海嘉定公共文化服务迈入"云时代" [EB/OL]. (2015-08-03) [2023-11-06]. https://www.mct.gov.cn/whzx/qgwhxxlb/sh/201508/t20150803_781680.htm.

方特色文化过程中,海晏县积极地建设民间队伍并培养文化带头人,不仅做好了传承工作,也大大提升了当地人民的文化参与积极性,使官方与社会都参与其中,二者建立合作关系后,服务的提供变得更为高效。

最后,在上海"文化嘉定云"的创新过程中,我们看到了上海嘉定区利用新媒体的创新模式,均衡而有效地向民众提供便捷而多样的文化服务,这可以看作技术革命带来的福利,民众可以自主选择活动内容,甚至可以通过众筹来完成文娱活动的组织,这也是地方综合文化服务站的一大创新。相信在网络技术和设备条件得到进一步提升的条件下,这样的模式可以在更大范围内推广。

(二)加大对乡镇综合文化服务站的资金投入力度

乡镇综合文化站要发挥作用,必须有充足的硬件及资金保障。因此,政府应该主动协调各方存在的问题,特别是在基础硬件设施和资金配置模式方面。但是,仅依靠政府的筹措和拨款的运行体系是不可行的,因为各地的经济条件不同,政府的工作重心在每个时期也有所不同,因此文化站应该转变运作观念。文化站应将自身具有的资源进行打包整合,创新文化投入方式,依托优势资源,借助政府、市场、社会三方的力量将部分文化服务开放给市场,在保证民众需求和社会效益的基础上,形成"以文养文""以文补文"的新格局,增强乡镇综合文化服务站的自我造血功能,推动文化事业和产业的和谐发展。

(三)优化乡镇综合文化服务站的服务供给内容

服务模式可以创新,但只有模式创新而没有内容创新是残缺不全的创新,既要注重外在的形式,更要注重内在的质量。从上文提到的地区可以看出,一些地方在服务供给内容方面下足了功夫。乡镇文化建设要结合当地的特色资源并对已有的资源进行挖掘和创新,在这一过程中应注意以下几点:一是利用好当地的特有资源,在此过程中不仅要挖掘资源,更要懂得保护和传承资源;二是要挑选那些经得起时间考验和民众评价的优秀节目;三是以点带面,重点打造一个当地的示范站后逐步推广出去。以青海海晏县文化站本土文化创新为例，该地区结合当地的风俗民情和文化特征，培养和创造了其特有的文化节目内容，一方面传承了当地的传统文化，另一方面也推广了当地文化，还间接培养了文化传承人，可谓一举三得。文化创新应避免"四菜一汤"（吹拉弹唱和读报）的陈旧模式，要善于多维度创新，上海嘉定区"文化嘉定云"服务的创新，虽然不是走传统文化的路子，但是其利用网络服务的尝试可谓一种将网络技术整合的典范，不仅让社区居民享受了文化服务的成果，也大大地整合了本地区的其他文化资源，打造了一个综合性的智能"云"平台，在提供便捷服务的同时可以更直观地让民众进行内容挑选，这种尝试在不久的将来会成为一种趋势，并引发一场跨地域、跨内容的文化整合革命。

参考文献

[1] 夏玉珍，卜清平. 前世与今生：乡镇文化站的历史变迁与路径转向 公共文化服务不同时期的功能 [J]. 甘肃社会科学，2014（1）：43-47.

[2] 侯明华. 乡镇文化站公共服务能力建设漫议 [J]. 新丝路，2016（3）：119-121.

[3] 郭璐. 基层文化服务枢纽：乡镇综合文化站的困境与出路 基于嘉鱼县乡镇综合文化站的研究 [J]. 文化艺术研究，2017（1）：8-15.

[4] 李湘萍. 罗城创新公共文化服务体系管理模式 [EB/OL]. (2012-04-23) [2023-11-06]. http://news.gxnews.com.cn/staticpages/20120423/newgx4f948aae-5119203.shtml?pcview=1.

[5] 积极探索新途径 文化服务惠万家：海晏县乡镇文化站积极发挥公共文化服务功能 [EB/OL]. (2018-08-16) [2023-11-06]. https://www.haiyanxian.gov.cn/html/1506/250061.html.

[6] 李庆禹. 上海嘉定公共文化服务迈入"云时代" [EB/OL]. (2015-08-03) [2023-11-06]. https://www.mct.gov.cn/whzx/qgwhxxlb/sh/201508/t20150803_781680.htm.

农村公共文化服务供给与需求失衡的原因及路径探究

农 雪[1]

摘 要：近年来，随着"文化强国"建设和"文化惠民"工程的不断推进，以及一系列覆盖城乡文化事业发展相关政策方针的施行，我国公共文化体系建设得到了发展，初步形成了覆盖城乡、便捷高效、保基本、促公平的公共文化服务体系。但是，我国目前的公共文化服务体系建设仍存在一些问题，尤其是农村公共文化服务体系建设。当前农村公共文化服务面临着供给和需求失衡的问题，解决农村公共文化服务供需失衡问题刻不容缓。本文通过文献研究方法，整理分析出农村公共文化服务供给与需求失衡主要表现为以下几对矛盾：需求多样化与供给内容趋同化的矛盾、需求结构完整化与供给主体破碎化的矛盾，以及服务获得便利化与供给方式单一化之间的矛盾，而造成农村公共文化服务供需失衡的原

---

[1] 农雪，西南政法大学政治与公共管理学院2018级硕士研究生。

因主要在于供给机制、供给主体、农民居民需求表达等方面。当前要解决农村公共文化服务供给与需求失衡的问题，主要也是从这三个方面着手。

关键词：供需失衡；农村公共文化服务；供给主体；需求表达

一、引言

近年来，随着"文化强国"建设和"文化惠民"工程的不断推进，以及一系列覆盖城乡文化事业发展相关政策方针的施行，我国公共文化体系建设得到了发展，初步形成了覆盖城乡、便捷高效、保基本、促公平的公共文化服务体系。党的十八大及十八届三中全会提出了构建现代化的公共文化服务体系的设想及要求，可见党和政府极其重视现代公共文化服务体系的建设。公共文化服务体系涉及社会主义核心价值观培养，关系到国家的安全稳定和人民的幸福以及综合国力的提升，因此，加强公共文化服务体系建设对国家和人民都具有重要意义，在组织和实施的过程中应当精心准备。[1]但是，对比广大人民群众日渐增长的精神文化需求，我国的公共文化服务体系建设还需要不断完善，如今文化事业的发展滞后于经济发展已影响到经济社会的和谐发展，其中农村公共文化服务体系建设的滞后成为难点所在。而农村公共文化服务体系建设是构建现代公共文化服务体系重要的一环，其能否良好地发展影响着公共文化服务体系的建设。随着我国经济的稳定发展，农村公共文化服务得到不错的发展，为了满足农村居民对公共文化服务的需求，农家书屋、文化站等一系列文化设施被逐渐建立起来。尽管农村的公共文化服务发展良好，但是不能忽视其与城镇的公共文化服务差距还很大，要实现两者的文化服务协调发展还有一段很长的路要走，而其中供给和需求的失衡是影响农村公共文化服务发展的一大障碍。为了构建和完善农村公共文化服务体系，促进农村公共文化事业的长足发展，需要尽快解决农村公共文化服务供给和需求之间失衡的问题。

---

[1] 全国政协召开"构建现代公共文化服务体系"专题协商 [EB/OL]. (2014-04-23) [2023-11-06]. http://www.cppcc.gov.cn/zxww/2017/12/16/ARTI1513309165380498.shtml.

二、农村公共文化服务供给与需求失衡的表现

根据马斯洛的需求层次理论，人的需求层次是由低到高逐步发展的。在农村居民从看电视、读报纸之类的娱乐性的、低层次文化需求到追求更高层次的文化服务的过程中，农村经济和农民生活水平的不断提高起了关键的推动作用。一边是农村居民的文化服务需求快速变化，文化服务诉求日益强烈，另一边却是供给内容偏离农村居民的真实需求，供给主体破碎，供给方式单一，无法满足农村居民对公共文化服务的更高要求。

（一）需求多样化而供给内容趋同化

近年来，随着农村经济的发展，农村居民的文化需求日益多样化，而供给内容却趋于同化。凭借着国家政策的支持，农村的经济和农村居民的生活水平都获得了大幅度的提升，农村居民的文化需求也随着农村发展的步伐逐渐增多。许多农村居民不再仅仅满足于以前的看电视、听广播等娱乐性的文化需求，其对公共文化服务的需求逐渐发展成一个集文化体育娱乐、信息获取、知识学习和技能发展于一体的复杂要素体系，这使得传统的农村公共文化服务供给体系举步维艰。[1] 低效率的公共文化服务供给的背后是一些地方政府为了提高政绩，不顾农村居民的真实需求和当地的实际情况，实施"面子工程"和政绩工程，向农村居民提供千篇一律的公共文化服务内容。尽管耗费了巨大的人力和财力，却得不到农村居民的认可，反而对社会资源造成了浪费。

（二）需求结构完整化而供给主体破碎化

从需求因素关系的角度来看，整体需求结构是由多元化的公共文化需求因素围绕个体的基本精神文化需求而形成的，这种整体性质要求供给实体相互合作，以最大限度地提高供应协同效应和社会效益。[2] 然而，现实是农村公共文化服务供给主体破碎化，造成了供给效率和质量下降、供给内容重复等

---

[1] 王列生. 农村公共文化服务改革的困境 [J]. 行政管理改革，2012（3）：22-23.
[2] 陈建. 超越结构性失灵：农村公共文化服务供给侧改革研究 [J]. 图书馆建设，2017（9）：37-43.

问题，因而没有满足整体性的文化需求。在政府方面，由于农村公共文化服务范围比较广，不仅涉及经济、文化等领域，还涉及教育、政治等多个领域，因而多个部门参与农村公共文化服务管理，从而造成部门林立、管理效率低下、供给质量差等问题。此外，社会组织因其自身优势，为农村地区提供一些公共文化服务，丰富农村公共文化服务内容，弥补政府供给留下的空白。但也正是由于越来越多的社会组织参与了农村公共文化服务供给，反而进一步加剧了供给主体的破碎化。一方面，社会组织、企业等由于具有技术先进、贴近群众等优势，积极地参与农村公共文化服务供给；另一方面，由于其资金短缺等原因，农村公共文化服务供给时常发生断裂，给农村居民的文化生活造成了极大的不便。此外，政府没有对提供公共文化服务的社会组织以及企业进行严格的监管，其提供的公共文化服务质量参差不齐、效率不高，农村居民完整化的文化需求得不到应有的满足。社会组织、企业在提供农村公共文化服务的过程中没有发挥其应有的作用，也未尽到其应尽的责任，无法真正地参与其中。

（三）服务获得便利化而供给方式单一化

农村居民素质的提高对新农村建设和发展具有较大影响，为农村居民提供便利的公共文化服务，有利于其素质的提高。然而，政府所提供的大多是一些规模较小、次数不多、距离又比较远的文化活动，每年只举办一两次大型的文化活动，而且距离农村居民较远，参加一次文化活动的成本对于农村居民来说太高，农村居民基本上很少参与。此外，政府在修建文化设施的时候也没有充分考虑农村居民的诉求，文化设施通常距离农村居民较远，且平时很少开放。这样的公共文化设施的可及性、便利性较差。虽然政府的绩效得到了体现，但无法满足农村居民对公共文化服务获得便利性的要求。目前，我国农村公共文化服务的主要供给方式还是以政府为主的线下供给，而线上供给的开发利用率较低。一方面，线下提供的公共文化内容有时是政府不顾农村居民真实文化需求的"包办式"服务，供给质量较差、效率较低，农村居民的满意度也比较低；另一方面，虽然农村具有宽带普及以及手机广泛应用的网络资源优势，但是对其开发利用程度较低，使得宝贵的网络资源被大量闲置。

三、农村公共文化服务供需失衡的原因

农村公共文化服务供给与需求的失衡是由各种因素导致的：既有供给方面的原因，如供给主体碎片化、供给机制不完善等；也有需求方面的原因，如需求对象——农村居民对公共文化的需求表达不足等。

(一) 供给机制不完善

供给机制不完善是造成农村公共文化服务供给和需求失衡的重要原因。供给机制制约着公共文化服务的供给效率和水平，供给机制的完善与否对公共文化服务事业的发展有着不可忽视的影响，这也是政府在改善公共文化服务供给效益和效率时应该考虑的重要因素。供给决策一旦做出，就意味着与之有关的供给水平、供给范围以及供给途径基本已经确定下来。而如果在供给决策过程中不是从农村居民的实际文化需求，而是从提供者的角度出发，那么最终提供的产品和服务将无法让农村居民群体感到满意。例如，作为提供公共文化服务的重要主体的政府，通常采取的是"自上而下"的决策机制，这就导致了公共文化服务的供需脱节，难以满足群众的文化需求。[1] 与此同时，农村没有形成统一的、权责明确的公共文化服务协调机制，从而造成文化项目重复出现，只重视建设而轻视管理等问题。此外，供给决策机制存在决策不科学、决策程序不规范、决策民意缺乏等问题，影响了农村公共文化服务供给，还阻碍了农村居民对公共文化服务多样化的追求。评估指标体系不科学、评估程序不规范、评估结果反馈缺乏等绩效评估机制方面的问题同样不利于供给效率和质量的提高，也影响了供给和需求之间的平衡。

(二) 供给主体单一

一方面，由于公共文化服务事业的特殊性质，政府一直是提供公共文化服务的主要主体甚至唯一主体。又由于其在法律上的地位和自身拥有的权威，

---

[1] 马志敏. 新常态下公共文化服务供给侧结构性改革路径研究 [J]. 经济问题, 2017 (12): 78-81.

以及对相关信息和政策的把握解读，政府在提供农村公共文化服务方面拥有绝对的地位和发言权。但也正因如此，地方政府在向农村提供公共文化服务的时候，往往是出于自身政绩等方面的考虑，而没有对农村居民的需求以及当地的情况进行相关的了解和调研，就一厢情愿地向农村提供公共文化服务，从而导致了供给和需求的失衡。另一方面，虽然近年来非政府组织获得了巨大的发展，但是由于资金不足、缺乏独立精神、自治性比较差以及生存发展需要依靠政府的资金来维持等问题，无法满足农村居民日益增长的公共文化服务需求。虽然企业在资金、技术等方面在提供公共文化服务中具有一定的优势，但是由于政府设置的门槛过高、供给成本过大等，企业一直在农村公共文化服务供给的大门之外徘徊。农村公共文化服务供给主体单一，无法提供更多元的公共文化服务来满足农村居民更多、更高的文化需求，造成了农村公共文化服务供给与需求之间的失衡。

（三）农村居民需求表达存在困难

在导致农村公共文化服务供给和需求失衡的因素中，农村居民的需求表达存在困难是不可忽视的一个重要因素。作为农村公共文化服务受益主体的农村居民，公共文化服务供给应当根据其需求来满足其文化服务的诉求。[1] 然而，一方面，由于政府也是理性的经济人，也追求部门利益，所以其在进行农村公共文化服务决策时具有很强的指导性，向农村居民提供公共文化服务大多是按照其自身的想法，而没有顾及和考虑农村居民的真正文化需求。可见，农村居民需求表达渠道并不畅通，农村居民无法说出其内心的文化需求，其需求表达没有受到应有的重视。另一方面，由于农村居民自身受教育程度比较低、民主意识比较薄弱、参与公共文化建设的主动性不足等，对于什么样的文化服务符合自己的生产和生活需要，什么样的公共文化服务能够切实满足自己的精神文化需求并不清楚。加之政府在提供公共文化服务中的强势地位，农村居民基本没有机会表达其文化诉求，久而久之，农村居民逐渐漠视甚至忽视公共文化需求的表达。此外，相关配套措施的缺乏也使农村居民

---

[1] 雷玉琼，刘丹. 农村公共服务供需矛盾及其原因分析 [J]. 统计与决策，2010（4）：71-73.

的公共文化需求无法及时、精准地传达给政府相关部门。农村居民需求表达地位得不到应有的重视，以及其自身的局限性，使得农村居民无法正确地表达自身真正的文化服务诉求，也无法向政府传达其实际的文化需求，从而导致了农村公共文化服务供给和需求失衡的问题。

四、农村公共文化服务供给需求失衡的解决策略

农村的发展和现代公共文化服务体系的建设离不开农村公共文化服务供给与需求之间的平衡。针对农村公共文化服务供给和需求失衡的问题，可以从供给主体、机制、需求对象等方面着手。

（一）创新和完善供给机制

科学、完善的供给机制对农村公共文化服务供给的内容、方式等具有重大影响，其对供给与需求平衡也有着不可忽视的影响。因此，应逐步完善公共文化服务供给机制。第一，建立科学、合理的供给决策机制。政府在进行公共文化服务供给决策时，一方面要充分考虑并听取农村居民真正的文化需求，另一方面要充分考察并了解当地的实际情况。不应是政府单方面根据自己的需求及想法进行供给决策，而应是农村居民和政府两者的良性互动。第二，建立健全供需协调机制。协调公共文化服务供给与需求之间的关系不仅需要完善供给决策机制，还应建立公共文化服务协调机制。协调机制的建立有利于政府有关部门各司其职、形成合力，促进公共文化服务体系建成，也有助于重大问题的解决。但是，我国各地区的发展情况不尽相同，公共文化服务体系涉及的范围又很广，因此需要各地区各部门科学规划、有效推进，进而提升公共文化服务水平。第三，建立和完善公共文化服务绩效评估体系。在进行农村公共文化服务供给绩效评估时，对供给的数量及质量等都要有科学且可行的评估标准而不是模棱两可的标准。作为农村公共文化服务供给的重要对象，农村居民应当参与公共文化服务第三方评估，这有助于提高农村居民对公共文化服务的满意度以及表达其真实的文化需求。同时，还要根据当地的实际情况，灵活地实施绩效评估。

(二) 政府主导、多元主体参与

虽然政府依旧是公共文化服务管理中最重要的主体,但不再是唯一的主体。随着社会经济的不断发展,过去单一的管理供给主体模式已经难以适应社会的发展,甚至在一定程度上影响了农村的发展。由于政府的能力和精力有限,仅仅依靠政府来管理及提供公共文化服务无法满足农村居民对公共文化服务的多样化需求、便利性需求和整体性需求。因此,可以让非营利组织、企业等社会力量共同参与农村公共文化服务供给。非营利组织、企业等供给主体在向农村提供公共文化服务的过程中有着自身的优势,不仅可以为政府减轻负担,还可以让农村居民有更多的选择。政府作为宏观调控者,应协调自身与企业和非营利组织之间的关系,其与企业和非营利组织之间的关系不是领导与被领导的关系,也不是竞争的关系,因为三者有着共同的追求目标。企业和非营利组织通过合法的途径参与政府政策制定和公共文化服务供给,分担部分农村公共文化产品生产的职能。❶ 一方面,政府要提供那些只能由政府来供应的公共文化服务和公共文化产品;另一方面,政府应把一些可由其提供也可不由其提供的公共文化服务交给其他组织来提供,但是政府必须承担应有的监管责任。政府应当切实地承担起其应有的监督责任,制定各种有关公共文化服务供给的规章制度来监管其他社会组织提供公共文化服务。同时,政府还要降低企业和非营利组织参与农村公共文化服务供给的门槛,通过各种优惠政策鼓励并吸引企业和非营利组织主动参与农村公共文化服务供给。另外,政府必须对每一个参与农村公共文化服务供给的主体进行严格的审查,一旦发现不合格者就立刻否决;或者在供给的过程中发现其提供的服务或者产品不符合政府的要求和农村居民的需求时,应当撤销其供给资格。

(三) 创新和完善农村居民需求表达途径

农村公共文化服务供需的另一端是需求,农村居民需求表达途径的完善

---

❶ 王碧程. 我国农村公共文化服务体系构建中的供需矛盾研究 [D]. 长春:长春工业大学,2010.

在解决公共文化服务供需失衡问题中具有重要作用。首先，要畅通农村居民的需求表达渠道。一方面，应当通过各种措施逐步提高农村居民在参与公共文化服务过程中表达文化需求的权利意识以及相应的需求表达能力；另一方面，要提供各种平台让农村居民主动参与公共文化服务。例如，可以通过公共文化服务志愿者活动等激发农村居民主动参与公共文化服务的热情；或者让农村居民参与绩效评估，以强化他们对公共文化服务管理与决策的主动表达意识。其次，要拓宽农村居民的需求表达路径。可以通过抽样调查来了解农村居民对公共文化服务的真实需求，也可以通过投票选举来表达其公共文化需求，然后由相关的管理主体根据当地的实际情况确定其公共文化服务供给计划。还可以由村里具有较高政治、文化和经济地位的精英参与公共文化服务的管理。让农村居民在公共文化服务管理的过程中充分且如实地表达自身的诉求，也是一种让农村居民表达对公共文化服务真实需求的方法。此外，还可以借助电子政务等平台，让农村居民对相关的公共文化服务提出其意见和看法，然后在公共文化服务决策中充分加以考虑。

参考文献

[1] 全国政协召开"构建现代公共文化服务体系"专题协商[EB/OL].(2014-04-23)[2023-11-06]. http://www.cppcc.gov.cn/zxww/2017/12/16/ARTI1513309165380498.shtml.

[2] 王列生. 农村公共文化服务改革的困境[J]. 行政管理改革, 2012（3）: 22-23.

[3] 陈建. 超越结构性失灵: 农村公共文化服务供给侧改革研究[J]. 图书馆建设, 2017（9）: 37-43.

[4] 马志敏. 新常态下公共文化服务供给侧结构性改革路径研究[J]. 经济问题, 2017（12）: 78-81.

[5] 雷玉琼, 刘丹. 农村公共服务供需矛盾及其原因分析[J]. 统计与决策, 2010（4）: 71-73.

[6] 王碧程. 我国农村公共文化服务体系构建中的供需矛盾研究[D]. 长春: 长春工业大学, 2010.

公共文化设施的分散性特征及其内在冲突化解

——来自农家书屋的解释与启示*

张 朋 张彩华[1]

摘 要：为了缩小城乡基本公共文化服务差距，党的十九届四中全会提出完善公共服务体系，提升基本公共服务均等化与可及性；农家书屋工程以"一村一书屋"的分散布局形式推进，并基本实现行政村全覆盖。作为农村基本公共文化服务的重要组成部分，农家书屋的分散布局内含着公共文化设施在空间布局、资源配置与管理结构上的三大分散性特征。但是，这种分散性特征一方面与公共服务均等化、可及性的价值取向具有内在一致性；另一方面也内含着责任主体之间目标共识的冲突、文化资源供给与需求结构之间的冲突、资

---

* 基金项目：国家社科基金"农村互助养老的内生动力机制及社会支持体系构建研究"（20XSH004）阶段性成果。

[1] 张朋，西南政法大学政治与公共管理学院政治与公共管理硕士研究生；张彩华，西南政法大学政治与公共管理学院讲师。

金配置分散化与可持续发展之间的冲突,导致农家书屋的公共文化服务供给低效化,影响了可持续性。应以化解这些内在冲突为突破口,实现公共文化设施分散性特征及其服务供给效果的内在统一。

关键词:公共文化设施;分散性特征;农家书屋;内在冲突

一、问题的提出:公共文化设施分散布局的初衷与实效

城乡文化的不均衡发展是制约现代公共文化服务体系构建的瓶颈因素,为了改善农村公共文化基础设施匮乏、文化体系建设落后的不均衡发展局面,促进城乡基本公共文化服务均等化,2002年《关于进一步加强基层文化建设的指导意见》、2005年中共中央、国务院《关于进一步加强农村文化建设的意见》等文件先后印发,用于指导农村基层文化建设,以更好地满足农民的文化需要。2005年,原国家新闻出版总署试点"农家书屋"工程,在行政村建立农村居民自主管理的农家书屋,为农村居民提供实用书报、音像电子产品和阅读视听条件。2007年,原国家新闻出版总署等八部委联合制定《关于印发〈"农家书屋"工程实施意见〉的通知》,按照"一村一书屋"的供给模式,在全国范围内实施"农家书屋"工程,提前完成2015年基本实现书屋全覆盖的目标。2016年《中华人民共和国公共文化服务保障法》的通过在现代公共文化服务体系构建中具有里程碑意义,该法将农家书屋列为法定公共文化设施,提出要因地制宜、因需制宜和因时制宜提供公共文化产品,促进基本公共文化服务均等化,为包括农村农家书屋在内的公共文化设施的可持续发展提供了宏观指导和法律保障。2019年2月,中共中央宣传部等联合印发《农家书屋深化改革创新 提升服务效能实施方案》,为农家书屋的未来发展指明了方向;基于此,党的十九届四中全会进一步提出,完善公共服务体系,推进基本公共服务均等化、可及性。

在国家政策的推动下,农家书屋工程从试点到基本实现在各个行政村分散布局,体现了公共文化设施的分散性特征。从理论层面讲,农家书屋作为基层公共文化设施,其分散性布局符合党的十九届四中全会所提的"公共文化服务均等化、可及性"价值取向,在理论上符合政策设计的合理性和科学

性，即分散性程度越高，居民接触到的公共文化设施越便利，设施使用效果也应越好。但是，在现实层面，在"一村一书屋"的分散性供给模式下，农家书屋的资源闲置现象普遍、使用效果不佳、服务低效化显著❶，基层公共文化设施的分散布局和使用效果之间并非呈正相关关系，多数书屋并未产生预期的使用效果，部分农家书屋甚至变成"空屋""虚屋"。

那么，应如何理解并界定农家书屋的分散性特征？如何解释农家书屋工程的分散布局在理论层面和现实层面所产生的"分散性特征"和"使用效果、服务效能"之间的矛盾关系？哪些原因导致了这一矛盾关系的产生？这些原因对农村公共文化服务的有效供给有何启示？下文在回顾农家书屋建设历程的基础上，尝试将农家书屋的"分散性"解构为空间布局的分散性、资源配置的分散性和管理结构的分散性三种内在特征；在此基础上，分析农家书屋分散性特征与公共文化服务体系建设的内在一致性，即证明农家书屋分散性特征的科学与合理的一面；进一步通过分析农家书屋分散性特征的内在冲突，回应"农家书屋分散布局的合理性与科学性"与"使用效果不佳、服务低效化"之间的矛盾关系产生的原因；最后基于原因分析，总结作为公共文化设施的农家书屋的分散性特征对我国农村公共文化服务有效供给的启示。

二、内涵界定：农家书屋的分散布局及其分散性特征

我国的农家书屋建设可追溯至中华人民共和国成立以后农村图书馆的建设和使用，二者在文化传播上的功能相通，可划分为萌芽时期、恢复时期、发展时期三个发展阶段。❷

在萌芽时期（1949—1978 年），新华书店于 1949 年在东北农村地区建立书店代销点和利民文化站，承担文化传播功能和书籍流通功能，初步推动了农村文化事业的发展。1956 年《怎样办好农村图书室》《怎样建立和管理农村图书室》出版，为农村图书馆（室）的建设和发展提供了指导标准，此后

---

❶ 潘炜，陈庚. 农家书屋困局及其技术突破路径：来自 21 个省份 282 个行政村的调查 [J]. 图书馆论坛，2019，39（6）：98-106.

❷ 张朋. 现代公共文化服务体系视域下农家书屋的分散性特点与发展路径研究 [D]. 重庆：西南政法大学，2018.

农村图书馆（室）发展迅速；"文化大革命"期间，农村图书馆（室）数量缩减，公共文化服务重心上移至县。改革开放后，农村图书馆（室）进入恢复时期（1979—2004年），各类公共文化设施获得发展，基本形成市有博物馆、县有文化馆和图书馆、乡镇有文化站/图书馆（室）的垂直布局体系。2005年，党的十六届五中全会提出"公共文化服务体系"的概念，开始推进公共文化服务体系建设，农家书屋建设进入发展时期（2005年至今）。在公共文化服务体系建设背景下，城乡文化发展差距成为促进公共文化服务标准化、均等化、便利化发展的障碍和阻力，为了实现城乡文化和谐发展，解决农村地区缺乏公共图书馆（室）等阅读设施以及广大农民群众"买书难、借书难、看书难"等问题，打破公共文化服务供给有限的窘境，2007年，原国家新闻出版总署按照"一村一书屋"的供给模式推行"农家书屋"工程，其性质是在行政村建立农民自己管理，能提供农民实用的书、报刊、音像电子产品和阅读视听条件的公益性文化服务设施。[1] 截至2018年，全国各省、直辖市、自治区农家书屋基本实现全覆盖，部分省市的覆盖率达到90%以上，建成达标的农家书屋达60余万家。[2]

农家书屋的普及式发展与分散式布局为农民更加便捷地享受公共文化服务提供了途径，促进了农村公共文化服务体系在基层的延伸。农家书屋的分散布局直观地体现在其空间布局的分散性上，即在空间上呈分散布局的样态。公共文化设施的分散性主要是指空间布局的分散性，从国家层面看，公共文化设施覆盖全国四级行政体制，即省、市、县、乡镇，外加农村地区，呈垂直分散性布局；从地方来看，每一行政层级的公共文化设施也是呈分散性布局，不同功能的公共文化设施服务不同的群体，即水平分散性布局。本文所提农家书屋的"分散性特征"外在表现为空间布局的分散性，并且包括资源配置分散性与管理结构分散性两大特征。

第一，空间布局的分散性。"农家书屋"工程自实施以来，由申报地方申报试点到自上而下推广的"一村一书屋"发展模式使农家书屋分散到各行政

---

[1] 关于印发《"农家书屋"工程实施意见》的通知［EB/OL］.（2007-03-28）［2020-04-06］. https://www.gov.cn/zwgk/2007-03/28/content_563831.htm.

[2] 张贺. 让农民从看上书到爱上书［N］. 人民日报，2017-12-07（19）.

村，基本实现了空间布局上的全覆盖。农家书屋空间布局的分散性主要表现在农家书屋以行政村为单位建设，使农家书屋以"独立体"的形式分散在各行政村，由农民自主管理并服务于本村居民，有利于提高农村居民对文化资源的可获得性、可接近性、可接受性。从公共文化设施可及性的角度出发，这种分散性的空间布局使文化资源下沉到村，农村居民获取文化资源的物理距离短、便捷性高，有利于农村居民特别是残疾人、失能人群等特殊群体更快、更方便地获取公共文化服务，符合公共文化服务供给便利化、均等化的要求，具有一定的合理性和科学性。

第二，资源配置的分散性。农家书屋作为一种农村公共文化设施，属于文化资源的范畴。"一村一书屋"空间布局的分散性内含着资源碎片化现象产生的基因：分散地建立在各行政村的农家书屋由农民自主管理，常因各行政村农家书屋之间缺少合作或者资源共享的机制和途径而形成"资源孤岛"，造成资源配置分散的局面，主要表现为资金配置的分散性和文献资源的分散性。

第三，管理结构的分散性。虽然农家书屋和公共图书馆在功能定位上有共通之处，与其他文化设施共同构成公共文化服务体系，但是，二者分别隶属不同的文化行政管理部门，农家书屋隶属新闻出版部门，公共图书馆隶属文化部门，两个部门有各自的规章制度和资源信息，这种部门分割的管理制度易阻隔新闻出版部门和文化部门、农家书屋与当地公共图书馆及其他文化设施间的横向互动，管理部门的分割和分散易导致资源共享不足、重复建设、统筹性差等问题。

三、农家书屋分散性特征与公共文化服务价值取向的一致性

《中华人民共和国公共文化服务保障法》将公共文化服务定义为：由政府主导、社会力量参与，以满足公民基本文化需求为主要目的而提供的公共文化设施、文化产品、文化活动以及其他相关服务。党的十九届四中全会提出，要完善公共服务体系，推进基本公共服务均等化、可及性，除均等化、可及性之外，公共文化服务的公共性、公益性、便利性、标准化、多元化等特征也是基本公共服务体系建设的价值取向，而公共文化设施布局的分散性正体现了公共文化服务供给均等化、可及性的内在诉求。因此，农家书屋作为农

村基本公共文化服务的重要组成部分，其分散性特征与公共服务体系建设的价值取向具有内在一致性，具体体现在以下两个方面：农家书屋的分散性特征与公共文化服务均等化取向的内在一致性，农家书屋的分散性特征与公共文化服务可及性取向的内在一致性。

（一）公共文化服务的均等化取向

公共服务均等化是指政府要为社会公众提供基本的、在不同阶段符合不同标准的、最终大致均等的公共物品和公共服务，面向每一个享有服务权利的公民，兼顾地区间的均衡性发展，实现人与人之间的公平分配和平等享受资源。公共文化服务作为公共服务在文化领域的重要内容，实现公共文化服务资源配置的均等化是其重要目标，有利于保障公民基本文化权益的实现。基本公共文化服务均等化不仅要求在空间布局上实现均等化，还要求在服务对象上实现均等化，例如，在空间布局上要实现文化事业发展的城乡平衡，在服务对象上要关注未成年人、残疾人、失能/半失能人群和留守群体[1]等弱势群体的文化需求，因地制宜、因类制宜地提供满足不同群体需求的公共文化服务及获取公共文化服务的便利条件。

概括而言，公共文化服务均等化主要解决公共文化服务地区和对象不均衡的问题，尤其是欠发达地区和弱势群体的公共文化服务供给问题。但均等化并不意味着消除文化差异，公共文化服务均等化应立足于文化资源分配不均、文化资源分散、城乡差距较大、地区差距较大等现状之上，因地制宜地推进发展。但是，在一定意义上，基层公共文化设施的分散性特征也有利于更好地实现文化资源的合理分配，满足更多受众群体的文化需求，缩小城乡差距和地区差距。不同的公共文化设施分属不同的主管部门，面向不同的受众群体，例如，工人文化宫隶属工会系统管理、青少年宫隶属共青团系统管理等，农家书屋则主要满足农民的文化需求，由新闻出版部门管辖。这种分散性特征将文化设施根据不同的群体划分为不同的格局，各自分工，有利于

---

[1] 邓倩. 基于留守妇女阅读现状的农家书屋服务研究：以重庆市为例[J]. 图书馆工作与研究，2018（7）：91-96.

提升公共文化服务资源配置效率。农家书屋"一村一书屋"的分散性文化资源供给模式，不仅有利于农民群众更便捷地享受公共文化服务，而且有利于缩小城乡文化事业发展的差距，为实现均等化奠定坚实的基础。

（二）公共文化服务的可及性取向

公共文化服务的可及性可以通过可获得性、可接近性、可接受性和可适应性四个维度来评估。公共文化服务便利化也是现代公共文化服务体系构建的价值目标，居民能够便捷地触及公共文化设施是其获取公共文化服务并实现均等化的前提。因此，公共文化设施在选址上空间布局的分散性可以降低距离成本和时间成本，提高居民对于公共文化服务的可获得性与可接近性。公共文化服务设施供给匹配居民的实际需要，文化资源内容多元化和通俗化，简单、便捷的服务程序有利于减小居民获取公共文化服务资源的阻力，增强居民对公共文化服务资源的可接受性和可适应性。

基层公共文化设施的分散性特征符合公共文化服务可及性的内在要求，布局的分散性以及扎根基层的分布取向使居民能够方便、快捷地接触公共文化设施，享受公共文化服务，减少享受服务的时间和距离，降低交通成本，增加服务供给的可及性，提高公共文化设施的使用率。农家书屋的"一村一书屋"供给模式符合公共文化服务可及性的内在要求，空间布局上农家书屋分散在行政村公共活动场所内，交通成本、时间成本低，并在书屋门口悬挂"四公开"标牌（开放时间公开、管理员姓名公开、管理员联系电话公开、监督电话公开），为居民就近获取图书资源提供了可获得、可接近的便利条件。农家书屋重点出版物推荐目录所涉及的图书报刊等类别多样、内容广泛，包含生活、农业、医学、少儿、文化等贴近农村、农民生活的多元内容，提高了居民对图书报刊资源的接受度，基本能够适应村民的多元化需求。

四、农家书屋分散布局初衷与实效的差异性：成因解释

依前文的论述逻辑，农家书屋的分散布局符合基本公共文化服务均等化、可及性的内在要求，农家书屋的分散性越突出，越贴近居民生活，越便利于居民，公共文化设施的可及性越高。但是，在现实层面，在"一村一书屋"

的分散性供给模式下,农家书屋的资源闲置现象突出、使用率低,基层公共文化设施的分散布局和使用率之间并非呈正相关关系,多数书屋并未产生预期的效益。这种农家书屋分散布局的初衷与实效产生差异的成因可以从农家书屋分散性特征内在的冲突性切入进行解释。

(一) 责任主体之间目标共识的冲突

镇、街人民政府和村委会作为农家书屋的指导者、监督者与管理者,在农家书屋的建设、管理中本应积极作为与现实中不积极作为之间存在冲突,不同的管理主体在目标共识上存在冲突,导致"农家书屋"工程建设出现"高层热、基层冷"的现象,造成这种现象的原因可以从农家书屋的管理结构切入进行解释。

市人民政府新闻出版和广播电视行政管理部门通常是全市农家书屋的管理部门,负责对全市农家书屋的管理和使用情况进行监督与指导;市属各区、县级市人民政府文化广电新闻出版行政管理部门是本行政区域内农家书屋管理的责任部门,具体负责本行政区域内农家书屋的建设和管理;镇、街人民政府对本行政区域内农家书屋的管理和使用负直接责任。农家书屋属于由村委会自主管理的公益性文化设施,由村委会负责其建成后的日常运行及管理。鉴于村委会属于居民自治组织,不归于自上而下的政府行政管理体系,因此,在实践中,镇、街人民政府对于管理农家书屋的村委会扮演指导和监督的角色,而不能直接管理村委会。上级决策者和政策研究者经常用"上传下达、令行禁止"来形容基层政府工作的理想状态,❶ 但是,在压力型体制"只对上负责,不对下负责"的目标责任制考核机制驱动下,❷ 下级更注重按"文件"办事,以保证顶层政策意图的顺利贯彻和政绩目标的顺利实现。因此,镇、街人民政府倾向于通过对村委会管理农家书屋的行为进行指导和监督、

---

❶ 周雪光. 基层政府间的"共谋现象":一个政府行为的制度逻辑 [J]. 社会学研究, 2008 (6): 1-21, 243.

❷ 荣敬本, 等. 从压力型体制向民主合作体制的转变:县乡两级政治体制改革 [M]. 北京:中央编译出版社, 1998.

形式化管理,❶且重视"硬指标"的考核与达成,如书屋建设布局、图书资源配置等,以完成上级政府的任务和要求,而不重视农家书屋运行效果等"软指标",对于其运行管理、使用率、居民满意度❷等指标不加考核。由此,上级政府的农家书屋"热",到乡镇层面开始"降温"。在村委会层面,部分村委会基于经济理性的考量,相比于农村文化事业的建设和发展,更加关注经济发展;部分农家书屋在"应付"状态下建设、管理、使用,上级检查验收之后,存在农家书屋闭屋不开、使用率低等现象,影响了农家书屋效用的发挥。

虽然农家书屋的分散性特征为居民获取公共文化资源提供了便利条件,但农村居民对公共文化服务或者农家书屋的认可度和接受度不高也是造成其使用率低的一个重要原因;而村委会对于采取行动提高农家书屋使用率的不热衷,使农家书屋文化资源的浪费成为"司空见惯"的现象。出于各自的利益权衡,作为农家书屋直接管理者的村委会与镇、街人民政府易构成基于各自需求的"政绩共同体",❸ 在此过程中产生某些基层政府与村委会"共谋"达成绩效硬指标,并形成绩效共同体以"应付"上级检查的共识,未能在提高农家书屋"资源利用率"上达成共识,产生了"重建轻管"❹"面子工程""短期政绩工程"等现象,影响了居民对书报、音像等资源的获取以及公共文化资源的可获得性。由此,"农家书屋"工程在经由省级、县级政府层面,镇、街人民政府层面落到村委会、居民层面的过程中,经历了从"热"到"冷"的变化。

(二)文化资源供给与需求结构之间的冲突

农家书屋供需结构的冲突主要是指农家书屋供给的书报、音像等资源的

---

❶ 陈燕. 农家书屋建设与发展再探:现状、问题与趋势 [J]. 编辑之友, 2018 (3): 21-24.

❷ 申永丰, 陈秀群. 基于ACSI的农家书屋村民满意度测评指标体系研究 [J]. 中国出版, 2017 (7): 16-20.

❸ 黄体杨, 陈立周. 贫困地区农家书屋的"单向度发展"及其逻辑:以B市为例 [J]. 图书馆论坛, 2016 (3): 12-20.

❹ 陶爱兰, 王岗. 民族地区农家书屋管理及服务模式探究:以宁夏地区为例 [J]. 图书馆理论与实践, 2018 (12): 76-80.

内容与农村居民的文化需求不匹配,理想情况下,农家书屋供给的书报、音像内容应该符合农民群众的文化需要。导致农家书屋供需结构冲突的内在原因可总结为:一是顶层设计与农家书屋建设中农村居民的参与度低,需求得不到表达;❶ 二是农家书屋中的书报、音像等资源的内容与农村居民的认知水平、实际需求脱节;三是农家书屋以供给书报、音像等资源为主,电子资源配套不足。

"农家书屋"工程在自上而下的建设和管理中,《农家书屋工程实施意见》虽规定农家书屋选配出版物要充分征求村民意见,政府采购部门不得用当地出版且不受农民欢迎的出版物充数,但是,在实际操作中,农村居民的参与不够,其对文化资源的需求难以得到充分的表达;部分书屋仅按照《农家书屋工程实施意见》类目配齐一定数量的书报、音像资源,对其内容考量不够重视。此外,农村"空心化"现象普遍,留守儿童、妇女、老人和病残人士在村里居住时间较外出务工居民而言更长,是农家书屋的主要服务群体;鉴于这类群体在教育水平及文化水平上有所限制,农家书屋中的文化类、科技类、医疗卫生类、教育类等图书资源与留守人群的知识水平结构和需求倾向不匹配,导致农家书屋"门庭冷落"的窘境。造成供需结构错位的另外一个重要原因是书屋以供给书报、音像资料为主,传播媒介的传统化不适应现代传媒发展的新要求,降低了农家书屋对农村居民,特别是年轻人读书的吸引力。在网络化、信息化时代背景下,随着电子产品的发展,电视、计算机、手机的普及,相对于纸质版书籍,农民通过电子产品获取知识和信息更加方便、快捷,电子渠道成了农民获取信息的重要途径。

(三) 资金配置分散化与可持续发展之间的冲突

资金投入的分散化与可持续性之间的冲突是指作为供给主体的政府以专项资金保障农家书屋的建设和发展与现实中农家书屋后续管理资金不足之间的冲突。国家"一村一书屋"的政策使财政专项资金分散到各个行政村、各

---

❶ 淳于淼泠,李春燕. 我国农家书屋建设的"四维一体"模式构想及路径选择 [J]. 新世纪图书馆,2018 (9):45-49.

个书屋，在资金的来源及使用上存在"资金来源单一"与"资金使用分散"并存的现象。农家书屋工程的资金以中央财政定额配置和地方财政补充配置为主要来源，而农家书屋在全国零散分布60余万家，其建设和后续管理所需资金规模较为庞大，单靠政府的财政拨款难以为农家书屋的可持续发展提供充分的保障。并且"撒胡椒面"似地分散在各个行政村，虽然满足了公共文化资源的均等性、可及性要求，但易陷入"不能集中力量办大事"的困境，即能够保证数量，但难以兼顾书屋的质量和可持续性。

因此，各地相继出台政策鼓励社会资金参与，《中华人民共和国公共文化服务保障法》明确提出公共文化服务由政府主导，鼓励社会力量参与，该法为社会力量的参与提供了法律保障，也是实现农家书屋持续性发展的重要法律保障。但是，目前社会力量参与农家书屋有限，社会资本引入状况不佳，农家书屋资金维护与资源更新带来的资金瓶颈已经成为其可持续发展的制约因素之一。部分书屋迎检之后闲置，使用率低，社会效益低，加之宣传不到位、社会知晓度不高，对社会力量参与的吸引力不大。

五、结论与启示

农家书屋的分散性特征外在表现为空间布局的分散性，同时内在蕴含着资源配置分散性与管理结构分散性两大特征。农家书屋作为农村基本公共文化服务的重要组成部分，其分散性特征与公共服务体系建设的价值取向具有内在一致性，具体表现为农家书屋的分散性特征与公共文化服务均等化取向的内在一致性、农家书屋的分散性特征与公共文化服务可及性取向的内在一致。虽然农家书屋的分散性特征与公共文化服务均等性、可及性取向相一致，但是，由于农家书屋的分散性特征也内含着责任主体之间目标共识的冲突、文化资源供给与需求结构之间的冲突、资金配置分散化与可持续发展之间的冲突，影响了农村居民对农家书屋的使用率、文化水平提升效果以及农家书屋的可持续发展。因此，农家书屋"一村一书屋"的分散布局带来的公共文化资源的均等性与可及性是农村居民便捷地获取公共文化资源的必要条件，基于农家书屋的分散布局和农村居民对文化资源的便捷获取，要达成提升文化水平的最终效果还需要从了解农家书屋分散性特征所内含的冲突入手，实现公共文化设施的分散性特征与服务供给效果的统一。

以上农家书屋分散性特征及其对农村居民使用率、文化水平提升影响的结论，同样适用于解释其他具有分散性特征的公共文化资源的理想功能与其实际效果之间存在差异的问题。因此，为了避免公共文化资源在基层"投入多、产出少""布局广、效益低"等现象，可以从以下三个方面入手，尝试降低公共文化资源满足"均等化及可及性"要求但实际效果欠佳现象产生的概率。

第一，公共文化服务责任主体之间形成共识性目标。责任主体之间共识性目标的形成与实现，需要从优化目标责任考核制度与完善监督机制入手。

通常而言，公共文化服务政策的制定者、执行者和管理者存在相互分离的现象，在此情况下，想要达成较好的服务效果需要政策制定者、执行者与管理者形成共识性目标，且各责任主体的行动要以达成共识性目标来展开。在压力型体制下，相对于包括农家书屋等在内的公共文化服务"软指标"，地方政府往往对直接促进地方经济增长的"硬指标"更加重视；❶ 相关责任主体对于公共文化服务的建设布局等"硬指标"达成情况的重视程度往往要高于公共文化服务设施、资源的使用率与使用效果、服务效率等"软指标"。为了避免这一现象，需要从健全公共文化服务的目标责任考核与监督机制入手，加大"软指标"在绩效考核中的权重，优化地方官员绩效考核体系，将公共文化服务效果作为共识性目标，改变过去压力型体制下的目标责任考核只对上负责、不对下负责的现状。例如，在农家书屋绩效考核中，将农民群众对书屋使用满意度作为重要的考核指标，形成"自上而下"与"自下而上"双向发展的目标责任考核机制。在形成共识性目标的前提下，公共文化服务效果的最终达成也需要一套完善的监督体系加以保障，具体可从畅通监督渠道及监督意见反馈渠道上着力，在自上而下监督的基础上，重点完善自下而上的监督及意见反馈机制。

第二，公共文化资源供给与需求之间的无缝对接。为了实现公共文化资源供需对接，建立需求导向的公共文化服务供给体系，首先要健全服务对象

---

❶ 黄雪丽. 农家书屋政策执行：困境分析与破解之道 [J]. 图书馆论坛, 2017 (3)：44-50.

需求的表达机制，应基于对居民文化需求的充分调研以及居民对文化资源需求的主动反馈，配置公共文化资源，提高供需的匹配度。其次，要顺应现代科技发展为居民文化水平提升带来的新机遇，重视数字化书屋建设。例如，农家书屋可以依托公共图书馆的数字化建设，通过配置电子终端，如计算机、投影仪、音响等丰富的、可供给的数字化文化资源，农村居民也可根据自身需要检索网络资源，提升农家书屋的使用效果与服务效能，定期对农村居民进行培训，增强其通过现代科技手段获取文化资源的能力，解决偏远地区图书等文化资源更新慢的问题，走出残疾人、失能老人外出获取资源不便的困境。最后，要建立基层公共文化服务体系内部各类文化设施间的连通与资源共享机制，整合碎片化的文化资源，避免形成"文化资源孤岛"。例如，打通各类公共文化服务设施供给主体之间的横向沟通协作机制，强化新闻出版部门与文化部门等的联系，整合农村的党员教育网、文化信息资源共享工程、送书下乡工程、乡镇综合文化站工程、农家书屋等文化资源，实现"一屋多用"的目的;❶ 建立公共图书馆和农家书屋之间、不同农家书屋之间的业务对接与图书资源共享，促进农家书屋的书籍流动，建立各行政村农家书屋图书流转制度，❷ 避免由于部门职能分割而导致资源碎片化，促进城乡资源共享，这一目标的达成往往需要村委会、乡镇政府或区县政府的保障与配合。

第三，公共文化服务资金配置的可持续策略。这一目标的实现主要从保障政府投入资金的可持续性、吸引社会资本参与服务供给、增强公共文化设施自身"造血"功能来达成。在保障政府投入资金可持续的基础上，应在不改变公共文化服务或设施公益性的基础上，鼓励社会资本参与公共文化服务供给。❸《中华人民共和国公共文化服务保障法》明确提出鼓励公共文化服务引入社会力量参与，随着市场经济的发展以及政府职能的转变，公共文化服务的供给主体多元化、资金来源多渠道将是未来的发展趋势。以农家书屋为

---

❶ 王华祎，熊春林，刘玲辉，等. 农家书屋信息化服务发展的 SWOT 分析及策略研究［J］. 图书馆工作与研究，2018（11）：20-25.

❷ 四川乐山农家书屋图书流转制度［EB/OL］.（2007-10-11）［2023-11-07］. https://www.zgnjsw.gov.cn/booksnetworks/contents/416/8415.shtml.

❸ 王晓毅. 农家书屋何以发挥实效［J］. 人民论坛，2019（20）：88-89.

例，在加强农家书屋的对内宣传，提高农村居民对农家书屋的认识度和认可度，以增强居民对于公共文化服务的可接受度的同时，还应增强对外宣传，吸引企业、个人等社会主体，对企业的捐助给予税收优惠，对个人的捐助给予表扬，建立专项基金并规范基金管理。在具体手段上，可将农家书屋作为企业宣传平台吸收企业资金，将企业的宣传资金作为农家书屋资金来源之一；尝试创新农家书屋兼营"农家书店"、乡村旅游地农家书屋融合发展❶、"书屋+民宿"❷的经营模式，强化自身"造血"功能，在满足农村居民文化需求的同时，达成营利、调动书屋管理者积极性的目的，其盈利还可用于聘请专业管理人员促进农家书屋管理的专业化。

参考文献

[1] 潘炜，陈庚. 农家书屋困局及其技术突破路径：来自21个省份282个行政村的调查[J]. 图书馆论坛，2019，39(6)：98-106.

[2] 张朋. 现代公共文化服务体系视域下农家书屋的分散性特点与发展路径研究[D]. 重庆：西南政法大学，2018.

[3] 张贺. 让农民从看上书到爱上书[N]. 人民日报，2017-12-07(19).

[4] 邓倩. 基于留守妇女阅读现状的农家书屋服务研究：以重庆市为例[J]. 图书馆工作与研究，2018(7)：91-96.

[5] 周雪光. 基层政府间的"共谋现象"：一个政府行为的制度逻辑[J]. 社会学研究，2008(6)：1-21，243.

[6] 荣敬本，等. 从压力型体制向民主合作体制的转变：县乡两级政治体制改革[M]. 北京：中央编译出版社，1998.

[7] 陈燕. 农家书屋建设与发展再探：现状、问题与趋势[J]. 编辑之友，2018(3)：21-24.

[8] 申永丰，陈秀群. 基于ACSI的农家书屋村民满意度测评指标体系研究[J]. 中国出版，2017(7)：16-20.

---

❶ 刘敬华，石张宇. 乡村旅游地农家书屋融合发展研究[J]. 中国出版，2019(6)：29-32.
❷ 张贺. 升级软硬件设施　建设数字化平台　尝试运营新模式，农家书屋人气更旺了[N]. 人民日报，2019-08-14(11).

[9] 黄体杨，陈立周. 贫困地区农家书屋的"单向度发展"及其逻辑：以 B 市为例[J]. 图书馆论坛，2016（3）：12-20.
[10] 陶爱兰，王岗. 民族地区农家书屋管理及服务模式探究：以宁夏地区为例[J]. 图书馆理论与实践，2018（12）：76-80.
[11] 淳于淼泠，李春燕. 我国农家书屋建设的"四维一体"模式构想及路径选择[J]. 新世纪图书馆，2018（9）：45-49.
[12] 黄雪丽. 农家书屋政策执行：困境分析与破解之道[J]. 图书馆论坛，2017（3）：44-50.
[13] 王华祎，熊春林，刘玲辉，等. 农家书屋信息化服务发展的 SWOT 分析及策略研究[J]. 图书馆工作与研究，2018（11）：20-25.
[14] 四川乐山农家书屋图书流转制度[EB/OL].（2007-10-11）[2023-11-07]. https://www.zgnjsw.gov.cn/booksnetworks/contents/416/8415.shtml.
[15] 王晓毅. 农家书屋何以发挥实效[J]. 人民论坛，2019（20）：88-89.
[16] 刘敬华，石张宇. 乡村旅游地农家书屋融合发展研究[J]. 中国出版，2019（6）：29-32.
[17] 张贺. 升级软硬件设施　建设数字化平台　尝试运营新模式，农家书屋人气更旺了[N]. 人民日报，2019-08-14（11）.

第三编 公共服务测量与评价

资源枯竭型城市基本公共服务比较与供给路径研究[*]

李红星　孙博文[1]

摘　要：基本公共服务是民众生存和发展的根本需求。提高资源枯竭型城市的基本公共服务供给水平，是建设服务型政府最基本、最迫切的内在要求，对资源枯竭型城市的转型具有基础性和根本性的作用。本文选取9个具有代表性的资源枯竭型城市，对其基本公共服务状况进行比较分析，根据各个城市的财政状况，从供给能力、供给效率、建立基本公共服务清单制度等方面探索资源枯竭型城市基本公共服务供给路径。

关键词：资源枯竭型城市；基本公共服务；可持续发展

---

[*] 基金项目：国家社科基金2017年度面上项目"促进东北振兴的基本公共服务清单制度研究"（17BZZ052）。

[1] 李红星，哈尔滨商业大学财政与公共管理学院教授，博士生导师；孙博文，哈尔滨商业大学行政管理专业硕士研究生。

党的十九大报告明确要求进一步完善公共服务体系，不断满足人民日益增长的美好生活需要。《中华人民共和国国民经济和社会发展第十三个五年规划纲要》（以下简称"十三五"规划）中指出，我国基本公共服务还存在规模不足、质量不高、发展不平衡等短板。新时代下中国发展依然面临基本公共服务需求快速增长与有效供给不足且不均衡之间的矛盾，社会对于深化基本公共服务供给侧结构性改革的呼声日益强烈。因此，国家将基本公共服务供给保障措施更加完善、基层服务基础进一步夯实、服务人才队伍不断壮大、供给模式创新提效、基本形成可持续发展的长效机制作为完善基本公共服务供给的主要目标。各级政府需要不断增加基本公共服务供给，强化政府职能和责任，从而提升基本公共服务的共建能力和共享水平。

"资源型城市（包括资源型地区）是以本地区矿产、森林等自然资源开采、加工为主导产业的城市类型。长期以来，作为基础能源和重要原材料的供应地，资源型城市为我国经济社会发展做出了突出贡献。但是，由于缺乏统筹规划和资源衰减等原因，这些城市在发展过程中积累了许多矛盾和问题，主要是经济结构失衡、失业和贫困人口较多、接续替代产业发展乏力、生态环境破坏严重、维护社会稳定压力较大等。"[1] 资源型城市的可持续发展面临严峻问题，如何一方面保障资源的有效供给和国民经济持续健康协调发展，另一方面实现资源型城市顺利转型成为各界关注的重点。国务院印发的《全国资源型城市可持续发展规划（2013—2020）》指出，要积极建设资源型城市基本公共服务体系，满足人民群众最基本的生活需求。国内外资源型城市发展与转型的经验表明，提高资源型城市的基本公共服务供给水平是实现城市转型的关键。因此，各级政府需要不断完善对资源型城市的基本公共服务供给，尽快建立有利于资源型城市可持续发展的基本公共服务供给体制机制。本文从解决地方政府财政困境、提高基本公共服务供给效率、制定基本公共服务清单等方面探索基本公共服务供给的有效路径。

---

[1] 国务院关于促进资源型城市可持续发展的若干意见[EB/OL].（2007-12-24）[2018-02-08]. http://www.gov.cn/zwgk/2007-12/24/content_841978.htm.

一、文献综述

资源型城市转型与基本公共服务供给是学界关注的重点和研究的热点问题,两者均关系到国家持续健康协调发展。关于资源型城市转型的研究主要包括三个方面:可持续发展视角、政府作用视角和新型城镇化视角。其中,从政府的角度出发,提高基本公共服务供给水平对资源型城市转型尤为重要。

(一)关于基本公共服务供给水平和供给对策的研究

国外有学者指出,地区的人均财政支出不能有效地衡量基本公共服务供给水平,只能体现政府的投入意愿,环境质量、教育水平、医疗水平等是衡量政府基本公共服务供给效率的良好指标。[1] 李红霞认为,政府对基本公共服务供给具有不可推卸的责任,政府提供基本公共服务的能力和水平直接关系到民生需求的满足程度。[2] 刘军等运用计量模型,证明加大教育、卫生、社会保障和社会福利业等基本公共服务领域的投资力度,会提高基本公共服务供给能力。[3] 杨光系统地分析了我国2000—2012年各省份的基本公共服务供给项目,研究结果表明,省际基本公共服务供给不均衡现象严重,而且不同的基本公共服务项目存在供给非均等化的现状。[4] 我国总体基本公共服务供给水平在地区间呈现东部优于中部、中部优于西部的现象。高红提出运用公共服务清单保障基本公共服务供给均等,建立以"社区为中心的基本公共服务清单"不仅有助于提升公共服务的数量和质量,而且多部门协作服务能极大地降低供给成本。[5] 张紧跟提出,在治理视域下,深化基本公共服务供给侧结构性改革,促进基本公共服务供给的精准有效,提高公众的基本公共服务满意

---

[1] BARANKAY I, LOCKWOOD B. Decentralization and the productive efficiency of government: Evidence from Swiss cantons [J]. Journal of Public Economics, 2007, 91 (5-6): 1197-1218.
[2] 李红霞. 基本公共服务供给不足的原因分析与强化政府财政责任的对策 [J]. 财政研究, 2014 (2): 58-61.
[3] 刘军,杨浩昌,张三峰. 中国基本公共服务供给的决定因素研究 [J]. 南京社会科学, 2015 (5): 33-39.
[4] 杨光. 省际间基本公共服务供给均等化绩效评价 [J]. 财经问题研究, 2015 (1): 111-116.
[5] 高红. 论基本公共服务清单制度:公共价值管理的视角 [J]. 求实, 2017 (7): 43-53.

度，必须在完善基本财力保障的基础上完善基本公共服务协作治理机制。❶

（二）关于资源型城市转型中基本公共服务供给的研究

于东山提出，资源型城市的基本公共服务体系首先要保证向所有市民提供基本养老保障、就业保障和最低生活保障，其次是提供均等的教育、文化服务，最后是满足基本健康需要。❷尹鹏等运用数据包络分析模型测算出东北地区55%的资源型城市基本公共服务水平得分低于全国平均水平，其中白山市、鹤岗市、伊春市等6个资源枯竭型城市尤为突出，这些城市的社会保障服务水平得分相对较低，主要原因是基本公共服务供给存在空间差异、综合效率低下。❸

综上所述，国内外学者在基本公共服务供给方面的研究主要是从供给主体、指标，对国家、省际间基本公共服务供给非均等化的总结和探索，对中小城市的研究还不充分，围绕促进资源型城市转型的基本公共服务供给开展的研究更加缺乏，这为深入、系统地对国家各类资源型城市基本公共服务供给进行研究提供了空间和可能。

二、资源型城市基本公共服务分析框架

（一）资源型城市的选取

资源型城市（包括资源型地区）是以本地区矿产、森林等自然资源开采、加工为主导产业的城市类型。资源型城市的发展进程包括成长型、成熟型、衰退型、再生型。从本质的含义来讲，资源衰退型城市和资源枯竭型城市的内涵基本一致，因此，本文沿袭了资源枯竭型城市的说法，在此处，资源衰退型城市就是资源枯竭型城市。本文根据国务院印发的《全国资源型城市可持续发展规划（2013—2020）》中提出的全国67个资源衰退型城市，依据年

---

❶ 张紧跟. 治理视域中的基本公共服务供给侧改革 [J]. 探索, 2018（2）：27-37.
❷ 于东山. 资源型城市转型中的基本公共服务体系构建 [J]. 经济纵横, 2014（8）：13-16.
❸ 尹鹏, 刘继生, 陈才. 东北地区资源型城市基本公共服务效率研究 [J]. 中国人口·资源与环境, 2015（6）：127-134.

末总人口、人均GDP、公共财政收入和支出等指标，分别在东北地区、西部地区、东部地区选取其中具有代表性的煤炭、石油、森工资源型城市（见表1）。

表1 2016年煤炭、石油、森工资源型城市概况

指标	克拉玛依	乌海	鹤岗	伊春	白山	东营	抚顺	大庆	松原
年末总人口（万人）	41.78	55.83	103.60	117.60	121.60	213.21	214.80	277.80	278.37
人均GDP（元）	155314.00	102725.00	25244.00	20413.00	58863.00	163201.00	35396.00	94690.00	61525.00
GDP（亿元）	648.90	572.23	264.10	251.22	715.77	3479.60	760.30	2610.00	1712.67
公共财政收入（亿元）	83.90	81.56	18.87	14.05	67.87	221.87	77.30	103.25	81.90
公共财政支出（亿元）	103.30	133.32	106.33	126.93	178.81	268.20	173.20	263.53	223.50

资料来源：根据各资源型城市《2016年国民经济和社会发展统计公报》计算整理。

按地区选取城市：西北地区（克拉玛依、乌海）、东北地区（鹤岗、伊春、白山、抚顺、大庆、松原）、东部地区（东营）。按资源类型分别选取三类城市：煤炭资源型城市（乌海、鹤岗、抚顺）、石油资源型城市（大庆、东营、克拉玛依）、森工资源型城市（伊春、白山、松原）。这样的选取方式便于对不同地区及不同资源的城市进行比较，也便于在同一种资源型城市的内部进行比较。

从人口总数来看，西北地区人口较少，因此选取年末总人口小于100万的中等城市进行研究；其他城市的年末总人口均在100万以上、300万以下，根据国务院城市规模划分标准，属于Ⅱ型大城市。以上9个城市的行政层级均为二级地级行政区中的地级市，城市规模相似更具有可比性。在经济水平方面，9个资源型城市均属于经济落后、资源枯竭地区。在公共财政方面，9个资源型城市的财政收入、财政支出均小于300亿元，政府资金缺乏，多数城市财政收入逐渐下降、财政支出日益增多，无法保障基本公共服务供给的必要支出，直接影响着基本公共服务的供给能力。

（二）基本公共服务指标选取

基本公共服务是指能够满足目前我国公民最基本需求水平的公共服务，或是面临最迫切需要解决问题的公共服务。《"十三五"推进基本公共服务均等化规划》对基本公共教育、基本劳动就业创业、基本社会保险、基本医疗卫生、基本社会服务、基本住房保障、基本公共文化体育、残疾人基本公共服务八大类基本公共服务以清单方式列出，明确了各类基本公共服务的主要任务、服务对象、支出责任和牵头负责单位。考虑到本文是对资源枯竭型城市的基本公共服务供给进行研究，因而仅重点选择资源枯竭型城市最需要的、最缺少的基本公共服务项目作为一级指标，将各个项目涉及能够衡量基本公共服务供给能力的内容作为二级指标，建立资源枯竭型城市基本公共服务供给分析框架（见表2）。

表2 资源枯竭型城市基本公共服务供给分析框架

一级	二级
基本公共教育	小学、中学学校数、专任教师数、学生数，学前教育、小学、中学师生比
基本医疗卫生	医疗卫生机构数、医疗卫生机构床位数、千人口医疗卫生机构病床数、专业技术人员数、千人口医生数、千人口注册护士数
基本社会保险	职工基本养老、医疗、失业、工伤保险参保人数，养老保险、医疗保险覆盖率，城镇常住居民人均可支配收入
基本劳动就业创业	城镇登记失业率、就业人员、就业率

三、资源枯竭型城市基本公共服务供给现状分析

资源枯竭型城市提供基本公共服务的水平和能力与政府财政有着密切关系，也与城市的人口、经济发展水平、居民生活质量相关。本文从基本公共教育、基本医疗卫生、基本社会保险、基本劳动就业创业四个方面，详细阐释资源枯竭型城市的基本公共服务供给现状。

（一）基本公共教育服务供给分析

近年来，随着我国资源型城市资源的枯竭、经济的低速发展，城市转型迫在眉睫。政府必须提供与之匹配的教育、医疗、社会保障、住房以及文化体育等基本公共服务，以保障公民的各项基本权利。其中，基本公共教育服务最为重要，保障基本公共教育供给均等，培养优质人才是实现转型的关键。

我国资源枯竭型城市的基本公共教育供给普遍不均衡。从供需总量上看，9个资源枯竭型城市的基本公共教育数据（见表3）显示，乌海市、鹤岗市、伊春市的小学、中学学校数与其他资源型城市相比差距较大。乌海市仅有24所小学、15所中学；白山市的义务教育规模最大，拥有148所小学、91所中学。可见，资源枯竭型城市教育水平相对落后，且教师资源配备差距很大，有的城市师资过剩，有的城市供给不足，尤其是小学的师资配备严重缺乏。从各个教育阶段来看，东营市与乌海市的小学教育师资严重不足（师生比分别为1∶13.57、1∶13.86），东营市的基本公共教育服务供需规模较大，但其生均师资水平相对较低；白山市和伊春市的小学教育师资配备较为充足，其师生比分别为1∶8.35、1∶8.17。普通中学的师资配备相对小学较为均衡，只有乌海市学前教育、中学师资较为缺乏，其他城市各个教育阶段的师资供给处于中等水平。从地域分布上看，西北地区的教育较为落后，在校学生数及教师数均相对较少，其中乌海市的中学学生数仅1.46万人，是资源型城市中人数最少的。从资源类型上看，森工资源型城市的师资配备与其他城市相比较为充足，能够保障最基本的教育需求，煤炭资源型城市和石油资源型城市的师资配备水平有待提高。

表3 2016年资源枯竭型城市义务教育师生情况

比较项	乌海	鹤岗	抚顺	大庆	东营	白山	伊春
小学学校数（所）	24	54	118	128	113	148	36
中学学校数（所）	15	24	105	87	77	91	31
小学专任教师数（人）	2137	1648	6532	4073	8317	5250	1850

续表

比较项	乌海	鹤岗	抚顺	大庆	东营	白山	伊春
中学专任教师数（人）	1388	2085	7038	9175	8154	3596	2869
小学学生数（万人）	3.00	2.00	7.48	9.00	11.29	4.38	2.00
中学学生数（万人）	1.46	2.00	6.34	7.00	9.21	2.44	2.00
学前教育师生比	1∶13.07	1∶6.90	—	1∶13.60	1∶10.81	1∶8.15	1∶10.68
小学师生比	1∶13.86	1∶12.40	1∶11.45	1∶13.20	1∶13.57	1∶8.35	1∶8.17
中学师生比	1∶12.21	1∶8.60	1∶9.01	1∶10.20	1∶11.90	1∶11.81	1∶8.04

数据来源：根据各资源型城市《2016年国民经济和社会发展统计公报》计算整理。

（二）基本医疗卫生服务供给分析

基本医疗卫生服务是保障民生的重要措施，这项服务面向全体市民提供，无论年龄、性别、职业、地域、收入，人人都具备平等享有的权利。资源枯竭型城市中存在许多危险岗位，职工需要完备的医疗卫生服务。因此，切实提高资源枯竭型城市的基本公共卫生服务水平、保障供需平衡尤为重要。本文仅就医疗卫生设施、医疗卫生专业技术人员数量和人均拥有水平，以及医疗卫生服务质量进行比较和分析。

从医疗卫生机构数来看（见表4），各个城市差距较大，克拉玛依市的医疗卫生机构数处于末位，仅有109家；其次是松原市，医疗卫生机构仅有138家；乌海市的医疗卫生机构数也相对较少。医疗卫生机构数最多的是抚顺市（1425家），医疗卫生机构床位数最多的是大庆市（16015张）。在人均存量方面：2016年全国千人口医疗卫生机构病床数为5.37张，松原市的千人口病床数最低，仅有3.60张，克拉玛依市为3.74张，均低于国家标准，床位资源紧缺；而其他城市的床位资源相对较为丰富，鹤岗市千人口床位数高达8.31张。9个城市所拥有的专业技术人员数量相差悬殊，大庆市人数最多，高达20226人，克拉玛依市人数最少，仅有3752人。在千人口医生数和注册护士数方面，松原市和伊春市医生资源严重缺乏。可以看出，西北地区的医疗资源和基础设施严重缺乏，森工资源型城市的医生资源缺乏，各资源型城市医疗资源分配不均、差距悬殊，供需矛盾突出。

表4 2016年资源枯竭型城市医疗卫生服务供给情况

比较项	乌海	鹤岗	抚顺	大庆	东营	克拉玛依	白山	伊春	松原
医疗卫生机构数（家）	313	493	1425	831	602	109	549	674	138
医疗卫生机构床位数（张）	3706	8781	15000	16015	12769	1564	9677	6600	8795
千人口医疗卫生机构病床数（张）	6.64	8.31	6.98	5.77	5.99	3.74	7.99	5.45	3.60
专业技术人员数（人）	4626	8077	13000	20226	16553	3752	—	7015	13365
千人口医生数（人）	2.69	2.62	—	3.30	2.69	—	2.93	2.05	2.03
千人口注册护士数（人）	3.40	3.26	—	2.60	3.37	—	2.75	2.10	1.52

资料来源：根据各资源型城市《2016年国民经济和社会发展统计公报》计算整理。

注：千人口医疗卫生机构病床数、千人口医生数、千人口注册护士数均以常住人口为基数计。

（三）基本社会保险服务供给分析

基本社会保险包括养老保险、医疗保险、失业保险、工伤保险、生育保险。各资源枯竭型城市的政府财政能力、职工收入水平相差较大，因而提供基本社会保险的水平差异也较大。本文选取职工基本社会保险数据，参照各城市基本社会保险的覆盖率、失业率等衡量其基本公共服务供给水平。

资源枯竭型城市基本社会保险详细数据显示，各城市提供基本社会保险的水平差异较大（见表5）。从参保人数上看，抚顺市的养老保险、医疗保险参保人数最多，分别为91.80万人、106.00万人，东营市的工伤保险参保人数最多（61.61万人）。从覆盖率来看，2016年国家养老保险参保人数覆盖率已经高达65%，9个资源枯竭型城市的参保覆盖率均低于国家水平。其中，克拉玛依市基本养老保险参保覆盖率位居9个城市中的第一位（53.88%），白山市的养老保险参保覆盖率处于末位，仅为17.25%，其他城市覆盖率水平也都比较低。医疗保险参保覆盖率最高的仍是克拉玛依市（50.53%），最低的是松原市，仅为14.51%。在城镇居民人均可支配收入方面，克拉玛依市最低，仅为21270元。整体上，西北地区的社会保险覆盖水平比东北地区要高，森工资源型城市的社会保险覆盖水平与煤炭资源型城市、石油资源型城市相比较低。

表5 2016年基本社会保险供给情况

比较项	乌海	鹤岗	抚顺	东营	克拉玛依	白山	伊春	松原
职工基本养老保险参保人数（万人）	18.03	19.43	91.80	55.24	22.51	20.97	31.40	22.70
职工基本医疗保险参保人数（万人）	22.16	49.06	106.00	69.90	21.11	42.90	34.54	40.40
职工基本失业保险参保人数（万人）	9.00	7.76	48.80	28.59	16.97	11.55	12.53	16.31
职工基本工伤保险参保人数（万人）	12.36	9.96	55.30	61.61	18.80	29.50	—	34.55
养老保险参保覆盖率（%）	32.29	26.71	42.74	25.91	53.88	17.25	26.71	28.97
医疗保险参保覆盖率（%）	39.69	47.36	49.35	32.78	50.53	35.28	29.38	14.51
城镇常住居民人均可支配收入（元）	35770	35566	20085	22189	21270	41580	28467	36509

资料来源：根据各资源型城市《2016年国民经济和社会发展统计公报》计算整理。

注：1. 覆盖率=参保人数/常住人口数。

2. 由于大庆市缺少部分数据，因此未列出。

（四）基本劳动就业创业服务供给分析

资源型城市在转型过程中，就业问题尤为突出。企业转型再就业人数增多，导致转型困难；同时，许多岗位也随之消失，失业人数日益增多。因此，政府应大力发展现代服务业、鼓励扶持创业、加强再就业职业技能培训，提高资源型城市的就业与创业能力，以便更好地解决资源型城市经济转型中的就业问题，早日实现转型。2016年资源型城市基本就业情况见表6。

表6 2016年资源型城市基本就业情况

比较项	乌海	鹤岗	抚顺	大庆	东营	克拉玛依	白山	伊春	松原
城镇登记失业率（%）	3.46	4.10	3.96	4.06	2.42	1.00	4.14	4.18	3.46

续表

比较项	乌海	鹤岗	抚顺	大庆	东营	克拉玛依	白山	伊春	松原
城镇就业人数（万人）	31.98	15.77	76.47	62.53	—	21.58	34.10	20.69	—
城镇就业率（%）	57.28	15.22	35.60	22.50	—	51.65	28.04	17.59	—

资料来源：根据各资源型城市《2016年国民经济和社会发展统计公报》计算整理。

注：就业率=就业人数/常住人口数。

其中，白山市城镇新增就业4.40万人，失业人员实现再就业1.60万人，就业困难人员实现就业0.45万人。东营市就业形势保持稳定，新增城镇就业4.59万人，城镇人口登记失业率2.42%，低于3.50%的全年控制目标；参加失业保险职工28.59万人，领取失业保险金8936人，组织职业技能培训839人、创业培训416人；受理创业补贴1171人，发放创业补贴495.70万元，发放创业担保贷款1627笔，涉及资金1.98亿元。克拉玛依市全年通过各种途径实现就业、再就业3682人，少数民族失业人员实现就业1002人，占实现就业总数的27.21%；女性失业人员实现就业1976人，占实现就业总数的53.67%；零就业家庭动态为零，城镇登记失业率为1.00%；参加各类职业培训人员41800人，其中在岗职工培训39221人，就业、再就业培训2195人，职业资格证书取证1852人，创业培训688人。[1]

从失业率看，2016年全国城镇登记失业率控制在4.50%以内，资源型城市的失业率均低于全国平均水平，可见资源型城市的失业人数较少，克拉玛依市的城镇登记失业率仅为1.00%。但从就业率看，西北地区的城镇就业率较高，克拉玛依市和乌海市的就业率均高于50.00%。煤炭资源型城市就业人员较少，就业率普遍较低，其就业率均处于末位，其中鹤岗市就业率最低，仅为15.22%。森工资源型城市的就业率也不高，伊春市、白山市的就业率仅为17.59%、28.04%。整体上看，煤炭资源型城市、森工资源型城市的就业率较低，政府应引起重视。

根据上述分析和研究结果，对于各地区资源型城市基本公共服务水平的提升提出以下建议：针对煤炭、石油资源型城市，提高其基本公共服务水平，

---

[1] 《2016年国民经济和社会发展统计公报》。

应进一步提高公共服务支出在财政支出中的比重,乌海、鹤岗、克拉玛依等城市应加强基础教育投入;针对森工资源型城市,伊春、松原、白山需要完善社会保障均等化服务等,并提高其医疗服务水平。

四、完善基本公共服务供给的具体建议

(一) 基于公共财政视角提升基本公共服务供给能力

根据以上分析发现,不同类型的资源枯竭型城市在基本公共服务供给方面存在不同的短板,应有针对性地采取措施进行改善。

(1) 促进煤炭、石油资源型城市义务教育资源均等化。东营市和乌海市的教师资源较为缺乏,这也是大多数煤炭、石油资源型城市面临的问题。为了满足学生对基本公共教育的需求,需要增加教师资源供给,保持供需平衡。由于资源枯竭型城市的公共财政收入不足,因此应在坚持深化改革的基础上,建立健全资源开发补偿机制和衰退产业援助机制,积极培育第三产业,探索新的经济增长点,不断增加财政收入。同时注意将财政支出的重点放在需求最迫切的基本公共教育上,加大对教育的投入力度,为石油资源型城市的转型培养更多人才。

(2) 提高森工资源型城市基本医疗服务供给。伊春市、松原市是森工资源型城市的典型代表,此类城市普遍存在医疗资源配备欠缺问题。政府应加强医疗救助制度建设,将更多的财政收入投入医疗资源供给中,保障资源型城市居民的基本医疗卫生需求,避免因病致贫现象的发生。在地方财政资金紧缺的条件下,可以尝试引进政府和社会资本合作模式(Public-Private-Partnership,PPP)模式,政社共同提供医疗卫生服务。充分利用社会资本,依据国家标准,加大新建医院、改扩建医院和新增社区卫生服务中心规划建设力度,增加医疗机构数量,将医疗卫生资源总量提高至资源型城市平均水平。实现医疗资源配置均等化,同时针对优质医疗资源匮乏的现状,重点增加中高端医疗资源数量。

(3) 增加森工资源型城市的社会保险服务供给。白山市和松原市是森工资源型城市的典型代表,此类城市的养老保险覆盖率和医疗保险参保覆盖率普遍低于国家平均水平。政府在加大对社会保险资金投入的同时，应通过政策宣传或强制等方式，提高民众对社会保险的重视程度，鼓励职工积极参与各项基本社会保险，提高职工基本养老、医疗保险参保覆盖率。在综合财力有限的情况下，运用大数法则算好经济账；在扩大社会保险覆盖面的同时，最大限度地提高对民众的保障程度，提高森工资源型城市的基本公共服务供给能力。

（二）提高基本公共服务供给效率

在地方财政并不充裕的状况下，提高基本公共服务供给效率是应有之策。

（1）加强基本公共服务供给绩效监管力度。加大监管力度有利于提高公共服务供给效率。对各个资源枯竭型城市政府基本公共服务的供给不仅要进行事后监督，还应该与事前、事中监督相结合，对供给的所有内容进行公开监督，实现全民监督、动态监督。一方面，要扩大基本公共服务供给监督主体的范围，全面提高政府以外的供给主体的监督水平，鼓励群众积极参与监督，增强媒体、人民群众等外部监督力量，保证基本公共服务供给行政人员的工作内容及工作效率的透明度，提高人民的满意度。另一方面，加强对公共服务供给的动态监管和考核，完善公共服务评估体系，提高监管考核队伍的素质，完善监督机制。

（2）提升公务员的公共服务专业水平。人力资本充足和政府工作人员专业化是推动资源枯竭型城市经济发展与提升基本公共服务供给效率的关键，是保障基本公共服务供给真正发挥作用的重要因素。资源枯竭型城市产业结构重心转移的过程，也是人力资源重新开发与利用的过程。各资源型城市既要培养、使用本地人才，也要吸收、引进外来优秀人才，通过给予优秀人才适当的福利以及资金扶持，减少人才流失，使人力资源成为转型中的核心资源。政府应定期组织员工培训，邀请相关领域的专家对基本公共服务供给的政府工作人员进行专业技能培训，提高政府部门工作人员的素质、业务能力及工作效率，保障基本公共服务的有效供给，进一步推进资源枯竭型城市基本公共服务体系建设。

(三) 建立基本公共服务清单制度

"清单制与国家治理转型中的理性元素与分权元素具有耦合性,具体表现为清单制可以在政府、市场与社会之间实现理性化的制度安排,进而实现国家治理有效性和合法性的平衡与再塑造。"[1] 基本公共服务清单是实现资源型城市治理有效性的制度安排,是保障基本公共服务有效供给的必要措施之一。服务清单既包括各项公共服务的内容,也包括服务部门的职责和后期的评估指标。资源枯竭型城市在基本公共服务供给方面存在的问题比较突出,尤其是公共服务资源供给非均等化严重。基本公共服务的需求与其他非资源型城市存在明显的差异,因此,有必要针对不同类型的资源型城市建立完善的基本公共服务清单制度。依据国家清单标准,各级政府将基本公共服务的事项、服务对象、服务标准、牵头单位、负责单位在清单中明确列示,实现基本公共服务供给的制度化、公开化、法治化。一方面,让所有民众明确自身有权利享有哪些基本公共服务;另一方面,对基本公共服务清单进行公示,将基本公共服务供给责任落实到具体部门,同时,让民众参与政府公共服务供给的监督,对基本公共服务提供主体形成制度约束。

参考文献

[1] 国务院关于促进资源型城市可持续发展的若干意见 [EB/OL]. (2007-12-24) [2018-02-08]. http://www.gov.cn/zwgk/2007-12/24/content_841978.htm.

[2] BARANKAY I, LOCKWOOD B. Decentralization and the productive efficiency of government: Evidence from Swiss cantons [J]. Journal of Public Economics, 2007, 91 (5-6): 1197-1218.

[3] 李红霞. 基本公共服务供给不足的原因分析与强化政府财政责任的对策 [J]. 财政研究, 2014 (2): 58-61.

[4] 刘军, 杨浩昌, 张三峰. 中国基本公共服务供给的决定因素研究 [J]. 南京

---

[1] 付建军. 清单制与国家治理转型: 一个整体性分析框架 [J]. 社会主义研究, 2017 (2): 73-80.

社会科学, 2015 (5): 33-39.
[5] 杨光. 省际间基本公共服务供给均等化绩效评价 [J]. 财经问题研究, 2015 (1): 111-116.
[6] 高红. 论基本公共服务清单制度: 公共价值管理的视角 [J]. 求实, 2017 (7): 43-53.
[7] 张紧跟. 治理视域中的基本公共服务供给侧改革 [J]. 探索, 2018 (2): 27-37.
[8] 于东山. 资源型城市转型中的基本公共服务体系构建 [J]. 经济纵横, 2014 (8): 13-16.
[9] 尹鹏, 刘继生, 陈才. 东北地区资源型城市基本公共服务效率研究 [J]. 中国人口·资源与环境, 2015 (6): 127-134.
[10] 郭存芝, 罗琳琳, 叶明. 资源型城市可持续发展影响因素的实证分析 [J]. 中国人口·资源与环境, 2014 (8).
[11] 付建军. 清单制与国家治理转型: 一个整体性分析框架 [J]. 社会主义研究, 2017 (2): 73-80.

从凭单制到文化账户：公共文化服务新模式构建[*]

金 莹 闫博文[①]

摘 要： 为了保障公民的基本文化权利，我国的公共文化服务供给模式在发展中不断改良，从计划经济时代的政府统一供给，慢慢引入市场机制和多元主体，产生了以政府向第三方购买服务为基础的"凭单制"供给模式。但随着公民文化需求的快速发展，服务覆盖面不足、服务内容有限、选择的代表性弱、公众监督乏力等问题凸显，又推动着我们对新的公共文化服务供给模式进行探索。借鉴发达国家文化"自助餐"理念和当前养老保险、医疗保险中的账户制度，在"凭单制"供给模式的实践基础上，构建"文化账户"模式，将

---

[*] 基金项目：重庆市教育委员会科学技术研究项目"大数据视域下公共文化服务智慧化供给模式研究"（KJQN201800307）；西南政法大学学生科研创新项目"基层公共文化服务的供需精准化对接机制研究"。

[①] 金莹，西南政法大学政治与公共管理学院副教授，研究方向：公共服务、文化安全；闫博文，重庆大学公共管理学院博士研究生，研究方向：公共文化服务、基层治理。

政府购买服务、公民参与和多方评价整合到运行系统中，有利于引导公共文化服务在良性竞争的基础上向均等化迈进，提升公共文化服务效能。

关键词：凭单制；文化账户；公共文化服务；模式构建

随着我国经济社会的不断发展，公众在物质生活得到基本满足的基础上开始追求精神层次的满足。公众对公共文化服务的需求发生变化，从基本、统一转向多元、个性。但公共文化服务供给在发展质量上存在较大的提升空间，发展的创新性、规范化任务依然繁重。因而，针对公众变化的需求研究构建新的公共文化服务供给模式，为公众提供获得机会均等的公共文化服务是应对当前问题的基本思路。当前我国的公共文化服务供给，正在由前期投入大量资金的"数量追求"思路转向顾及公平、效率和群众意愿的"质量追求"思路，在这一过程中，部分地区进行了"凭单制"供给模式的探索。但在实践中，这一模式仍然存在弊端。而基于新公共服务理论和民主公民权的倡导，公民参与等规范性价值深刻影响着公共服务质量改进运动。[1] 为此，发达国家纷纷进行改革，在公共文化服务领域鼓励公民参与，通过个性化、自助餐式的服务，将公共文化服务均等化推向更高的层次。在新思路下，把握我国"凭单制"供给模式存在的不足，借鉴国外的先进经验，研究构建将公民参与、政府购买、社会力量培育等相整合的"文化账户"模式，是突破现实困境、推进公共文化服务供给水平提升的有益尝试。

一、"凭单制"的发展及研究综述

"凭单制"作为一种公共服务供给的理念和政府购买公共服务的方式，最早起源于美国。[2] 1955年，著名经济学家米尔顿·弗里德曼首次提出教育券理论[3]，主张将教育选择权交给公众，在此模式下，政府为学龄儿童家长提供学券，家长凭学券自主选择学校，学校则凭获得的学券从政府获得改善教学

---

[1] 谢星全，刘恋. 基本公共服务质量：分层概念与评估框架 [J]. 重庆大学学报（社会科学版），2017，23（4）：122-130.

[2] 陈书洁，张汝立. 政府社会服务观与社会公共服务改革：英美政府购买社会公共服务的比较研究 [J]. 探索，2011（4）：147-151.

[3] 弗里德曼. 资本主义与自由 [M]. 张瑞玉，译. 北京：商务印书馆，1986：46.

条件的各种资源，依此循环。美国、英国等国家先后在其教育领域推行此制度，引发了较大的争议。经过不断改良后，这一理念由教育领域推广至医疗、保健、文化等领域。

我国在这方面的实践和研究起步相对较晚，始于"政府购买"在公共服务领域的发展。长期以来的政府垄断式公共服务供给，面对日益高涨的公众需求，越发显得力不从心。政府购买公共服务，通过引入市场机制，较好地解决了供给低效、低质问题。❶ "凭单制"作为政府购买公共服务的一条途径，在实践中被运用并发挥了重要作用。公共服务券是"凭单制"的一种具体形式，其在我国的早期实践中也是以教育券的形式出现，其中2002年浙江长兴的教育券改革称得上是"凭单制"公共服务供给的开端。❷ 随后，重庆2005年在黔江区试行的"公共卫生服务券"制度意味着"凭单制"供给理念在我国从教育领域开始向其他领域拓展。❸ 有学者更是基于这一实践对"凭单制"供给模式在城镇居民基本医疗保险中应用的可行性进行了探讨。❹ 随着我国公共文化服务体系建设目标的提出，政府开始鼓励并引导社会力量参与，❺ 政府购买服务的方式在公共文化服务中开始实践，"凭单制"的运用也拓展到了该领域。2012年在重庆市沙坪坝区实施的"文化惠民电影消费券活动"则是公共文化服务领域"凭单制"供给模式实践的先行者。❻ 随后在江苏泰州、北京、山东等地陆续展开，并在运行模式和监督评价机制方面逐步改良。在此过程中，有学者将"凭单制"细分为四类，即双竞争性公平凭单、双竞争性效率凭单、单竞争性公平凭单和单竞争性效率凭单，并对其适用范围进行

---

❶ 刘厚金. 国外公共服务市场化的实践与启示 [J]. 福建论坛（人文社会科学版），2010（5）：153-156.

❷ 詹国彬. 凭单制在我国教育领域中的适用性分析：一种基于新制度经济学的分析视角 [J]. 国家教育行政学院学报，2005（7）：48-53.

❸ 王箭. 政府购买服务机制比较：四直辖市例证 [J]. 重庆社会科学，2014（11）：5-13.

❹ 杨月娇. 凭单制用于城镇居民基本医疗保险的可行性 [J]. 卫生经济研究，2009（2）：22-23.

❺ 陈庚，崔宛. 社会力量参与公共文化服务的实践、困境及因应策略 [J]. 学习与实践，2017（11）：133-140.

❻ 荆晓燕，董劭伟. 社会力量参与基层政府公共文化服务的实践创新与经验启示 [J]. 中共青岛市委党校青岛行政学院学报，2018（1）：85-89.

了探讨。❶"凭单制"的运用推动了我国公共文化服务的发展,对其进行的理论研究也开始逐步积累。

二、公共文化服务"凭单制"供给的范式与评价

随着公共文化服务领域的"凭单制"实践增多,促进了对制度、流程等的总结,虽然各地有所差异,但整体的规范化和理论性逐渐提升,使其成为一种较为公认的供给模式。

(一)公共文化服务"凭单制"供给的基本范式

1. 满足"温饱"基础上的探索

采用"凭单制"供给模式的地区通常已脱离公共文化服务的"贫困"线,满足了公共文化服务的基本"温饱"需要,进而开始关注公共文化服务的均等化、多样性和效能优化问题,主要表现为供给主体单一,市场开放度不高,服务多样性不足和质量不佳;服务效果缺乏必要的评估,激励性与竞争性不强;公众参与和选择不充分,供需脱节、体验感不佳;不同类型的群体公共文化服务享有的均等性不一。"凭单制"正是在这样的背景下诞生的,并承担起解决上述问题的使命。

2. 政府主导下的多元主体参与

公共文化服务"凭单制"供给模式仍然以政府为主导。政府在准入标准、资格认定、过程监控、质量评价和资金支持等方面起到决定性作用,并作为组织者发起和控制各个环节。文化类企业、非营利组织、民间团体、文化骨干等多元主体有序参与,提供多层次、多样化的公共文化服务,接受监督和管理。

3. 以资格认定为核心的优胜劣汰

对公共文化服务供给主体进行管理的核心在于"资格"的认定。首先是通过准入标准,筛选出符合基本条件的准供给主体,予以初步的候选资格认定;其次是通过市场化的竞争议价和双向选择,实现供给资格确认;最后是通过政

---

❶ 季璐. 政府购买社会服务的政策工具箱和匹配性考察 [J]. 苏州大学学报(哲学社会科学版), 2015 (4): 56-61.

府与公众的监督、评价，实现资格的调整。是否拥有"资格"是供给主体参与并获利的关键，以此串联起相关激励约束制度，实现供给主体的优胜劣汰。

4. 凭单限定下的自由选择

该模式以服务券、消费券作为凭单形式，而凭单指向的既可以是单一文化服务项目，也可以是多个文化服务项目的组合，其内容灵活多变。但鉴于公共财政和供给主体的有限性，凭单的内容、范围和时效也有边界，且因地而异。公众在一定的范围内享有公共文化服务的自主选择权，可以根据偏好决定"券"的使用，以此表达公共文化需求，引导供给方向。

5. 先服务再结算的政府购买模式

"凭单制"供给模式作为政府购买服务的一种方式，从根本上体现了政府购买的基本准则，即通过市场机制让供给主体"竞争上岗"，用优质服务换取回报。与通常的政府购买服务所不同的是，采用的先服务再结算的购买流程。作为费用计算关键的"购买数量"取决于公众的选择数，即"券"的实际消费量，通过后结算的方式确保政府购买的文化服务与群众享受的相符。

(二) 公共文化服务"凭单制"供给模式的优势

公共文化服务的"凭单制"供给模式在我国发展多年后，对于改善公共文化服务供给质量、提升公众参与感和体验感都发挥了不可忽视的作用。

1. 通过实践回应理论构想

米尔顿·弗里德曼提出的教育券理论，在实践中不断得到改进和完善。不论是浙江长兴的教育券、重庆的公共卫生服务券和文化惠民电影消费券，还是泰州的文化惠民券，都以这一理论为基础进行探索。而这一尝试又契合新公共服务理论，珍妮特·V.登哈特和罗伯特·B.登哈特主张通过"掌舵而非划桨"向"服务而非掌舵"的理念转变❶重构政府公共服务的供给模式。在此理念的指导下，政府公共服务的供给不再是简单的数量供给和自上而下

---

❶ 珍妮特·V.登哈特，罗伯特·B.登哈特. 新公共服务：服务，而不是掌舵 [M]. 丁煌，译. 北京：中国人民大学出版社，2010：100-111.

的单向输出，而应转为建立双向沟通、引入竞争合作、注重质量的供给模式。"凭单制"供给模式的实践正符合这样的理论潮流，因此更容易被公众接受，同时有效地提升了公共文化服务的质量。

2. 通过"平台"整合服务资源

用抽象化的服务券对应一定范围内的多种服务，而非指定的、单一的服务，如江苏泰州文化惠民券提供了一定时间范围内准备的各类型文化演出，相比送演出下乡、入社区等传统模式中演出内容单一、公众被动接受而言，更容易激发公众参与文化活动的兴趣，满足其多样化的文化需求。进而服务券代表了一个平台，其具体内容可以根据各地群众的需求、财力物力等进行设定，灵活多变，既可以是独立的单一项目，也可以是多个项目的组合，既可以是电影，还可以变换为阅读、参观、旅游等众多项目，形成菜单式的"文化服务包"。

3. 通过公众参与提升竞争性和规范性

将服务券发放至公众、街道或社区，由其自行决定是否享受该项服务、享受哪家机构提供的服务，首先体现了对公众选择权的尊重。同时，通过公众用脚投票，一方面对公共服务的具体供给机构产生激励和制约作用，能有效促进服务机构提供满足公众需求的、高质量的、多样性的公共服务，从而提升整体服务水平；另一方面也是对政府监管行为的监督和检验，有助于政府不断优化服务范围设定、规范对服务机构的监督评价、完善相关制度和法规。

4. 通过服务流程再造强化政府监管

与传统的政府直接把资金补贴给服务供给机构，再由机构提供统一的服务不同，通过先服务后结算的流程再造，使政府资金更多地流向公众真正能享受到的、实在的服务，而非机构日常运营的费用。政府的监管职能得以强化，为了更合理、负责地结算费用，政府需要在服务承接机构准入资格考察、服务内容约定、服务效果评价等环节加以规范。同时，对服务承接机构也必须注重服务的全过程，而不只是前期的"谈判"阶段。

5. 通过多方参与激发基层活力

"凭单制"供给模式让政府真正实现了退居幕后，认真扮演规则制定者和运作协调者的角色，有效地调动起愿意参与公共服务供给的机构的积极性，不仅促进了这些机构在规模化、多样性上的发展，还用激励的方式促使服务质量和服务创新性不断提升；同时，让公共服务最直接的利益相关者——公众能切实参与服务供给过程，用"选择"表达需求和监督评价，逐渐改变公众过去被动接受、政府花钱不讨好的尴尬局面，确保政府购买的公共服务与公众需求和实际享有相符，激发公众参与公共服务的热情，而公众智慧又能为公共服务注入持久的活力。

(三) 公共文化服务"凭单制"供给模式存在的问题

"凭单制"供给模式在发挥其特有优势的同时也显露出一些问题，既有发展不成熟的短板，也有模式本身的先天不足。

1. 服务覆盖面不足

作为政府的重要职能之一，公共服务应面向全体公众，在服务的数量、质量上实现城乡间和地域间的相对均等。当前"凭单制"的供给模式基本都将服务对象限定在了较小的范围内，主要都是试点地区范围内的居民，公共服务的均等性没有得到完全体现。服务覆盖面不足导致"凭单制"供给模式依然没有真正解决当前公共文化服务发展不均等、不平衡的问题。

2. 服务内容有限

"凭单制"供给模式在我国的实践，从浙江长兴的尝试到泰州的进一步完善，每一次的探索几乎都仅针对一项服务内容。公共文化服务包含的内容繁多，而看电影、文艺演出等活动只是其中的组成部分。随着时代发展和我国社会主要矛盾的转变，公众的文化需求更为多元。"凭单制"作为一种供给模式，其所能提供的服务内容显然无法满足公众的实际需求。公众需要的是一种能够涵盖多样服务内容的供给模式，既能节约公众的时间和精力，又能囊括公众的不同文化需求，同时也可以节省服务供给方的成本。

3. 选择的代表性弱

"凭单制"供给意味着公众有权利选择自己喜欢的、需要的服务，而实际情况却未必如此。以泰州市的文化惠民券为例，其发放对象是街道和社区，并非公众个人，其服务内容是公共文化演出。这势必会产生一种现象，即街道或社区使用文化惠民券购买了一台公共文化演出，其代表辖区内公众行使了选择权，但所购买的公共文化演出并不代表辖区内每个公众的需求。这样的结果满足了有此需求的公众，但是对无此需求的公众而言，其所属的部分资金被花费到自己不需要的服务上，影响了部分公众的体验感，不利于制度的推行和公共文化服务的发展。

4. 公众监督乏力

在"凭单制"供给模式的实际运行过程中，公众监督力量的发挥受到一定的限制。在大多数的探索中，公众监督都体现为公众评价和投诉举报，泰州市则更进一步地设计了监督员这一环节对公共文化服务供给主体进行监督。然而，这样的公众监督显得较为被动，同时也产生了寻租的空间。部分供给主体为了保证自己的利益，会对公众监督的过程和结果进行诱导，导致最终的结果与实际供给情况不符，一方面影响了公共文化服务质量，另一方面浪费了政府专项资金。

三、"文化账户"供给模式的构建

"凭单制"供给模式作为一种有益尝试，在一定程度上对公共文化服务供给进行了改良，但因其应用范围有限，同时选择的服务无法代表全部公众，所以这一模式仍难以满足公众的多元化、个性化需求。为了推进公共文化服务均等化，为公众提供机会均等的文化服务，须对服务供给模式再行改进。而国外在公共文化服务领域的发展较为超前，将服务供给与灵活福利的理念有机结合，提出"文化自助餐"理念，旨在更好地满足公众的文化需求。在吸取"凭单制"供给模式已有实践经验的基础上，借鉴国外的"文化自助餐"理念，以及当前在养老和医疗保险中的账户模式，可以试点建立公民文化基金，配套"个人文化账户"，将政府购买公共文化服务、公民参与文化服务和公共文化服务评价整合到运行系统中，通过赋予公民文化选择权，利用市场机制，引导公共文化服务在良性竞争的基础上向供给均等化、机会均等化迈进。

(一) 基本思路

"文化账户"供给模式从基层试点入手，逐步向全国推开。建立专用于公共文化服务的公共文化基金，以中央和地方按比例从文化预算中划拨的资金、社会赞助捐款、个人捐资等为资金来源。设立专门的部门统筹管理基金运行，包括资金筹集、分配、结算，公共文化服务项目范围核定，公共文化服务供给资格及项目管理，系统内运行评估等。同时设立"个人文化账户"，每年根据基金总量情况定期向"个人文化账户"注入文化消费金，定向地用于公共文化领域划定的服务范围和项目中。通过政府主导和自愿两种方式，筛选确定公共文化服务项目及供给机构，形成服务机构名单。赋予公民文化服务项目选择权，鼓励群众根据文化需要积极选择并消费文化金，变传统对公共文化服务的直接性财政补助为间接、竞争性转移支付。对公共文化产品和服务的质量、供给机构的收益和运行情况，以及群众的满意度和参与程度进行评估，以指导文化机构筛选、优化服务供给管理。

(二) 五维理念

公共文化服务作为政府公共服务职能的组成部分，旨在优质、高效地保障公众的基本文化权利，在"文化账户"供给模式中则体现为基本性、竞争性、均等化、参与性和共享性五种基本理念。

1. 基本性

保障公民的基本文化权利是政府供给公共文化服务的出发点。其中的"基本文化权利"与基本文化需求相对应，区别于个性化、高层次的文化诉求。同时，基于政府财政的有限性和社会经济发展带来的地区差异性，满足公众的所有文化需求也不现实。因此，公共文化服务的目标应是满足公众的基本文化需求，在"文化账户"供给模式中则体现为测算个人文化账户额度、筛选公共文化服务项目时主要以公众的基本文化需求为依据。

2. 竞争性

自新公共管理理论将私营部门引入公共服务领域，"竞争"就成为绕不开的命题。公共选择理论、民营化理论、"选择—竞争"模式都不约而同地强调了引入市场机制、竞争择优对提高公共服务的供给效能必要性。发达国家公共文化服务的发展实践也充分证明了适度市场化的优势。为了激发公共文化服务供给主体的能动性，提升公共文化服务供给效能，"文化账户"供给模式将以政府购买方式引入市场机制，以公众选择性消费强化竞争性。

3. 均等化

解决发展中的不均衡问题，使发展成果更多、更公平地惠及全体人民，是当前国家的战略重点。公共文化服务领域同样面临文化经济发展差异带来的群体间、城乡间和区域间的文化需求差异与享受不均等问题。"文化账户"供给模式通过设立个人文化账户、提供开放可选的文化服务项目，实现公众获取公共文化服务机会的均等，促进公共文化建设成果的广泛享有。

4. 参与性

公共文化服务体系的建设构想，即不同群体共同参与公共文化，建立互相扶持的人际网络，重塑文化认同和心理归属感。[1] 因而，"参与"承载了将自上而下的服务制度与自下而上的现实需要相融合的使命。文化参与度成为公共文化服务能力的直接反映，是衡量公共文化服务体系建设水平的重要标准。"文化账户"供给模式以公共文化服务平台为依托，使公众的文化需求、意见评价能够得到顺畅表达，多元供给主体得以展示、竞争和交流，以体现广泛参与的原则。

5. 共享性

政府信息公开是民主社会发展的必然要求和趋势，互联网、大数据技术和共享经济时代的全新理念大大提升了信息公开的便捷性，刺激了信息共享的迫切度。"文化账户"供给模式的竞争性、参与性原则也需要信息的充分开放和流动作为基础。因而，在公共文化服务平台上集成公众需求、供给主体资格、文化服务内容及过程、评价监督情况等信息，做到信息公开、共享、

---

[1] 颜玉凡，叶南客.城市社区居民公共文化服务弱参与场域的结构性因素［J］.南京师范大学学报（社会科学版），2016（2）：58-66.

是"文化账户"供给模式的基本原则之一。

(三) 构成组件

"文化账户"供给模式依托公共文化服务平台，以文化账户管理中心为核心，整合多元服务供给主体，在完善的监管体系和法律制度保障下，实现公共文化服务的高效供给。

1. 公共文化服务平台

充分运用现代信息通信科学技术，建立公共文化服务平台，由政府部门统一管理维护，主要发挥三大作用：①信息收集和分析。主要针对公众需求的相关信息进行处理。通过公众自主反馈、政府问卷调查等多种方式收集公众文化需求信息，汇总归纳后公布在公共文化服务平台上，一方面接受公众监督，另一方面给潜在公共文化服务供给主体提供指导。在把握公众需求的同时，按需供给，提升公共文化服务效能。②供给主体管理。在划定的文化消费范围内，通过政府购买形式引导私营企业、社会组织等多元供给主体有序进入。利用服务平台，对各供给主体进行全程管理。供给主体按规定准备材料以申请服务资格，政府审核后决定是否予以许可。另外，在服务过程中，及时地对违法、违规的供给主体实施惩戒措施。③服务项目管理。得到许可的公共文化服务供给主体，按规定将自己可提供的服务项目上报政府部门审核，审核通过后发布在公共文化服务平台上供公众自主选择。同时，政府可以在服务平台上发布服务项目以供各具有服务资格的供给主体申报。另外，政府部门应在服务项目运行过程中对供给主体进行监督，对违规、违法的项目及时实施惩戒措施并进行追责。

2. 文化账户管理中心

"文化账户"供给模式以公共文化基金和个人文化账户为基础，并建立文化账户管理中心进行统筹管理。首先，设立公民文化基金，旨在拓宽文化资金来源渠道。发达国家在公共文化服务的资金来源上无一例外地坚持多元化道路，让社会资金能通过多种途径注入公共文化发展的资金池。因此，"文化账户"模式可在借鉴国外成熟政策制度的基础上出台鼓励社会捐资的优惠政策，将捐资公共文化与税收优惠、贷款优惠等挂钩，或者以文化活动票券的形式予以回馈，调动广大民众和企业的捐资热情，增强社会的文化氛围。其次，设立个人文化账户，账户中的资金来源于政府按规定拨付的公共文化服务预算金。个人文化账户中的资金仅供公民购买公共文化服务，不可提现。最后，设立文化账户管理中心。其作用体现为三点：第一，对公共文化基金的资金募集进行运作，保证公民文化基金的健康、良性循环；第二，对公共文化基金进行划拨，按照预算将公共文化基金中的资金划拨到个人文化账户中，供公众参与公共文化服务；第三，对公共文化基金和个人文化账户的具体运作进行统筹管理与监管，保证"文化账户"的正常运行。

3. 服务供给主体

公民用脚投票的前提是选择多元化，打破政府单向供给的局面、推进政府购买都要以大量专业化的公共文化服务社会组织的存在为基础。在此要求下，"文化账户"供给模式应尽量从数量和构成结构上丰富服务供给主体，积极引入社会组织、文化企业和民间团体等。首要任务是政策、资金、平台、环境多管齐下实现增量。具体来说，可以通过以下方式丰富服务供给主体的数量和结构。第一，降低社会组织准入门槛。一方面，可以参照公司登记的方法，对非营利性组织实行分类登记管理；另一方面，简化登记手续，除法律法规、政策文件规定外，将工商经济、公益慈善、社会福利类社会组织和社区社会组织的业务主管单位改为业务指导单位，实行由民政部门直接登记。第二，进一步完善社会组织培育政策，出台扶持社会组织参与公共文化服务的优惠政策和激励机制；政府主动向社会组织宣传公共文化服务购买政策，鼓励其参与委托、承包、采购等政府购买过程，引导其总结经验、再接再厉。第三，引导各类服务供给主体加强文化人才队伍建设。有计划地储备和发掘文化服务骨干人才；定期对一线文化服务人员进行知识和能力的专业化提升；加强与高等院校的联系，以获取持续的专业人才支持；采取加强跨地区文化人才交流等措施，提高自身的竞争能力和长期发展能力。第四，指导服务供给主体提升自身造血能力。通过大力宣传、资质评级等途径，提升承接政府购买项目且评价优异的社会组织的公信度，借助政府牵线搭桥以及财税制度配合,促进社会资本和慈善资金向社会组织聚集,降低财政上对政府的依赖。第五,建立健全监督体系,加强服务供给主体诚信和自律建设,规范从业行为,在推进服务供给主体与政府脱钩的基础上,形成独立的责任承担意识和能力。

4. 监管体系

政府通过购买的方式供应公共文化服务意味着参与主体的多元化和供给环节的复杂化。为了保证公民可选公共文化服务项目的品质,不仅需要加强对社会组织的监督,也需要加强对政府行为的监督。监管体系的核心是建立多主体参与的绩效评估机制,对公共文化服务的目标实现情况、成本效益、公众满意度等进行评估,并加强评估结果的运用。❶ 因此,监管体系的建立应兼顾三个方面:第一,引入多元评估主体。将政府内部评估、文化行业协会、专业第三方评估机构、群众等整合到评估体系中,分别参与对不同指标的评价。特别需要积极发展文化领域的第三方评估机构和引导群众有序参与评价。第二,将公共文化服务数量、质量、时效、参与规模、群众满意度等纳入评价指标。引导供给主体在服务过程中的思路和行为始终将满足群众文化需求放在第一位,同时避免政府购买中的文化政绩工程、形式主义。第三,强化评估结果的运用。及时向社会公布评估结果,接受质询。将评估结果与承接主体的资金支付、等级评价、合同续约,相关政府人员的绩效评价、培训、奖惩等挂钩,强化评估的价值。

5. 配套法律制度

"文化账户"构建牵动的是整体公共文化服务体系,规范化是其基本要求。因而,在政策制度层面,首先应尽快对公共文化服务的各种方式、途径、群体、内容都制定相应规范,保障实践有据可循。对于相对成熟的制度,积极推进标准化进程,以更为科学量化的方式促进均等化发展;对于还处于试点探索阶段的举措,则鼓励地方政策标准的编制,为下一阶段国家层面的工作奠定基础。其次,进一步完善相关法律体系。特别是对于政府购买公共文化服务、文化资金管理、文化项目评审评估等容易滋生腐败的重要环节,应

---

❶ 杜荣胜. 政府购买公共服务问题和对策研究 [J]. 财政研究, 2014 (6): 29-32.

积极参照国际惯例、结合我国的发展趋势和国情,建立健全法律法规,完善实施细则,使公共文化服务在规范化、法治化轨道上快速发展。

四、"文化账户"供给模式的运行

"文化账户"供给模式不仅需要完整的结构组件作为骨架,还需要紧密协同的机制为经络驱动其顺畅运转。运行体系以信息为纽带、资金为基础、技术为保障,形成了信息流、资金流、技术流三条主线。

(一)信息流

文化账户的运行首先要建立信息传递沟通机制,让多方需求、意愿得以顺畅表达,打破信息孤岛,以信息的充分公开换取资源的高效整合。信息流(见图1)中存在着需求收集与整合、信息发布与筛选、过程信息公开与监督、评估与反馈四个关键点。

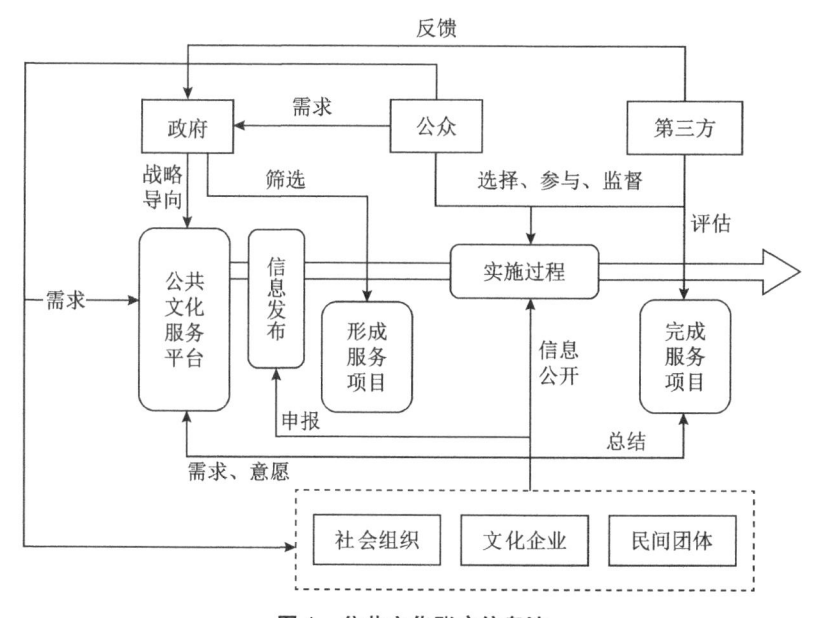

图1 公共文化账户信息流

1. 需求收集与整合

文化需求的收集并非单一渠道、单方向沟通,而是在多样化的互动中完成的。公众的文化需求既可以通过各级政府机构，特别是社区文化服务人员反映，也可以通过社会组织、团体的渠道传递，还可以通过公共文化服务平台提出。收集方式还有问卷调查、走访、个别反馈等多种。政府将自上而下的文化战略导向需求与自下而上接收的公众文化需求相结合，以公共文化发展规划、文化需求菜单等形式呈现于公共文化服务平台。社会组织、文化企业、民间团体等基于服务过程中与公众的直接对话，获取公众需求，结合自身文化服务意愿、优势特长，以文化服务团队或供给菜单的形式展示于公共文化服务平台。

2. 信息发布与筛选

公共文化服务平台定期或不定期地发布文化服务招标项目及供给者资格，有意向的社会组织、文化企业和民间团体进行申报后，由政府牵头组织相关机构进行资格认定和筛选，最终形成服务项目。为了增强服务供给的竞争性和公众的可选择性，服务项目的供给者不止一个，即使服务内容相同。多家文化供给者以签约形式进入服务项目中，供公众选择。

3. 过程信息公开与监督

每个入围服务项目的供给者都需要在公共文化服务平台上公开服务的具体方案和实施过程，以便公众进行比较、选择和参与。实际中，由于竞争性的存在，各个供给者还会通过社区公告、宣传单、网络链接、专人定点等诸多方式宣传造势以吸引更多公众的关注。信息公开还便于公众监督，以及第三方机构进行项目评估时取材。因此，在逐渐规范化、标准化的发展中，信息公开的内容应根据公众知情权和第三方评估的需要有所规定。

4. 评估与反馈

在公共文化服务项目完成后，供给主体提交项目总结，第三方独立机构启动评估程序。评估的信息来源于公共文化服务平台的公开信息、对公众的抽样调查以及第三方的现场观察等。评估结果一方面反馈至政府相关部门，作为下一次供给主体筛选的参考；另一方面则发布于公共文化服务平台，接受公众、供给主体的监督，促进各个供给主体学习比较、自我完善。

(二) 资金流

文化账户运行的资金流（见图2）以多源资金注入为源头，以竞争性政府购买为核心，通过将资金划拨到个人文化账户实现权力均等，通过公众的选择性消费实现竞争择优，最终使供给优质文化服务的主体获得相应的回报。

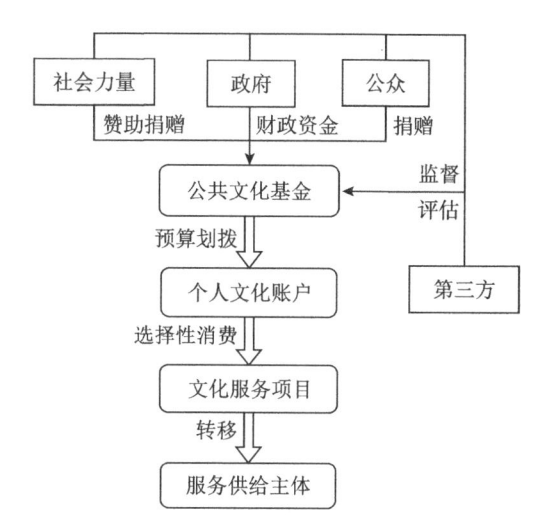

图2　公共文化账户资金流

1. 多源头资金注入

当前公共文化基金的资金仍然需要以政府财政为主，辅之以社会赞助、个人捐助。将中央划拨的文化资金与地方财政预算的文化资金中用于购买公共文化服务、扶持公共文化组织发展的一部分注入公共文化基金，从过去的政府直接购买服务转变为经个人文化账户选择性购买服务。随后，不断加大对公共文化服务的价值宣传和社会捐资的政策引导，逐步增加社会、个人捐资在公共文化基金中的比例。

2. 个人文化账户划拨

文化账户管理中心每年根据文化发展战略、公共文化基金总额，综合测算个人文化账户额度，以文化金、代金券等形式发放。个人文化账户的额度以保障公众基本文化需求为标准，实行等额划拨；个人文化账户中的资金不可转移、不可提现，并配合管理技术实现专款专人专用；限定文化金、代金券的使用时限，以激发公众的文化消费热情。

3. 选择性消费与竞争性转移支付

个人文化账户以文化卡为载体，公众在给定的服务项目范围和供给者范围内，根据兴趣喜好、质量判断，自由选择所需消费的公共文化服务项目和供给者，每次消费对应既定的金额或代金券，以刷卡确认选择。公共文化服务供给者在项目结束后，以划入的金额或代金券进行结算，完成转移支付。供给者服务回报的多少完全由公众的选择性消费决定。

4. 资金监督与评估

一方面，文化账户管理中心定期在公共文化服务平台公布公共文化基金的收支明细，接受捐资主体的监督和质询；另一方面，定期邀请第三方评估机构对公共文化基金和个人文化账户资金运行状况进行评估。以此判断基金活力、个人文化账户活跃度等，为后续的资金募集、账户额度测算及管理提供基础。

(三) 技术流

文化账户要实现信息共享、多方互动，还需要门户网站、客户端 App 以及后台数据处理等一系列技术支撑。第一，打造公共文化服务门户网站，设置发展战略与政策、资金公示、文化服务计划、服务项目、学习讨论等板块，公众、文化工作人员、社会组织、民间团体、文化企业等均可注册加入，并在网站上完成需求表达、意愿展示、项目申报、信息查询、意见反馈、交流互动等。第二，开发与公共文化服务平台对应的客户端 App，便于各主体的移动式参与。同时，运用大数据的信息提取和共享机制，主动获取使用者有关文化偏好的各类信息，由后台处理后有针对性地推送文化服务项目，加大公共文化服务的曝光度。第三，后台数据处理。随时监控公共文化服务平台的异常信息、违规操作，接收举报投诉，及时将信息传达到相关部门，以保证平台安全、稳定运行；定期对供给主体、服务项目、公众意见进行统计分析，形成专项报告，为供给主体筛选、文化服务项目设计、公众文化需求把控提供数据支撑。

五、结语

公共文化服务的"文化账户"供给模式既是延续，又是创新，延续了政府主导、竞争择优的理念，创新性地借助现代信息技术融合多主体参与，使公共文化服务向参与、均等、共享的目标又迈进一步。但其中对多元资金、第三方评估等的设想还有一个较长的实现过程，需要广泛宣传和政策引导；文化账户的持续、健康运行必须依托完善的法规制度，规范化、标准化也是后续发展和研究的方向。

参考文献

[1] 谢星全，刘恋. 基本公共服务质量：分层概念与评估框架 [J]. 重庆大学学报（社会科学版），2017，23（4）：122-130.

[2] 陈书洁，张汝立. 政府社会服务观与社会公共服务改革：英美政府购买社会公共服务的比较研究 [J]. 探索，2011（4）：147-151.

[3] 弗里德曼. 资本主义与自由 [M]. 张瑞玉，译. 北京：商务印书馆，1986.

[4] 刘厚金. 国外公共服务市场化的实践与启示 [J]. 福建论坛（人文社会科学版），2010（5）：153-156.

[5] 詹国彬. 凭单制在我国教育领域中的适用性分析：一种基于新制度经济学的分析视角 [J]. 国家教育行政学院学报，2005（7）：48-53.

[6] 王箭. 政府购买服务机制比较：四直辖市例证 [J]. 重庆社会科学，2014（11）：5-13.

[7] 杨月娇. 凭单制用于城镇居民基本医疗保险的可行性 [J]. 卫生经济研究，2009（2）：22-23.

[8] 陈庚，崔宛. 社会力量参与公共文化服务的实践、困境及因应策略 [J]. 学习与实践，2017（11）：133-140.

[9] 荆晓燕，董劭伟. 社会力量参与基层政府公共文化服务的实践创新与经验启示 [J]. 中共青岛市委党校青岛行政学院学报，2018（1）：85-89.

[10] 季璐. 政府购买社会服务的政策工具箱和匹配性考察 [J]. 苏州大学学报（哲学社会科学版），2015（4）：56-61.

[11] 珍妮特·V.登哈特,罗伯特·B.登哈特.新公共服务：服务,而不是掌舵[M].丁煌,译.北京：中国人民大学出版社,2010.

[12] 颜玉凡,叶南客.城市社区居民公共文化服务弱参与场域的结构性因素[J].南京师范大学学报（社会科学版）,2016（2）：58-66.

[13] 杜荣胜.政府购买公共服务问题和对策研究[J].财政研究,2014（6）：29-32.

重庆市农村公共文化服务体系中的农家书屋发展创新研究

——基于三个全国示范书屋的调查

寇桂涛 刘燕如 黄少彤[1]

摘　要：农家书屋工程是国家级重大公共文化服务工程之一，对于实施乡村振兴战略、满足农村地区人民群众的文化需求、保障人民权益具有重要作用。本文通过对重庆市三个全国示范书屋的发展现状进行调查，从服务对象、管理机制、书籍配置和基础设施四个方面展开对比，剖析农家书屋建设中的"书屋功能"，即目标功能、运行功能、核心功能、基础功能上存在的功能弱化问题，最后结合农村公共文化服务体系建设这一宏观背景，提出了加强农家书屋现代功能的对策建议。

关键词：农家书屋；农村公共文化服务体系；发展创新

---

[1] 寇桂涛，重庆大学公共管理学院本科生，研究方向：行政管理；刘燕如，重庆大学公共管理学院本科生，研究方向：行政管理；黄少彤，重庆大学公共管理学院本科生，研究方向：行政管理。

一、引言

加快构建和完善与社会主义市场经济与精神文明建设要求相适应、结构合理、高效而覆盖全部农村地区的公共文化服务体系，是当前和今后一段时期农村工作面临的重要任务。

"农家书屋"工程作为一项惠民工程从 2004 年开始试点，2007 年正式在全国范围内实施，在 2012 年完成全面覆盖所有行政村的任务。其间，农家书屋的创办对我国农村公共文化服务体系的构建发挥了不可替代的作用，但同时也暴露出一系列问题，如发展资金受限、管理机制不完善、书籍内容不符合农民需求、缺乏可持续发展动力等。当前，党和国家正在大力推进乡村振兴战略的实施，农家书屋迎来良好的发展机遇。

在这种情况下，对农家书屋的发展进行创新研究，对于进一步激发农家书屋的活力、完善农村公共文化服务体系、满足农民的基本文化需求和实现乡村振兴战略具有重要意义。

二、农家书屋国内相关研究介绍

(一) 对"农"的研究——服务对象

农家书屋是为农村居民搭建的学习平台，所以其服务对象为农村居民。黄雪丽认为，农家书屋未能充分发挥作用的根本原因在于村民自身不能参与农家书屋建设和选择其需要的书籍，他们虽然是农家书屋的服务对象，但对于这一政策本身的认可度较低，也没有充分认识到农家书屋的功用。❶ 李静通过实地访谈发现农民注重实用，一些农民还没有接受通过学习知识增加收入的观念，他们认为书本上的知识既难以理解，也未必对自己的生产有实际的指导价值。❷

---

❶ 黄雪丽. 农家书屋政策执行：困境分析与破解之道 [J]. 图书馆论坛，2017 (3)：44-50.
❷ 李静. 贫困地区农家书屋可持续发展的对策思考：以陕南地区为例 [J]. 陕西理工学院学报（社会科学版），2018 (1)：12-17，23.

(二) 对"家"的研究——管理机制

管理机制影响着居民参与的热情。周文认为，当前大部分农家书屋的管理员由村委工作人员兼任，村基层工作纷繁复杂，工作人员的精力集中在处理日常村务工作上，对农家书屋的管理心有余而力不足。[1] 张孝飞认为，农家书屋的管理混乱是由于基层没有承担起应该承担的责任，没有充分认识到村民自主管理的要求，对于书屋管理员的岗位职责和身份没有严格的限制，因而难以保证书屋的正常开放时间。[2]

(三) 对"书"的研究——书籍配置

书籍配备的质量直接决定了书屋的服务质量和服务能力，关系着书屋的长远发展。陆和建等通过在池州市横渡村进行扶贫调研，得出当前书屋不能依据民情挖掘民众的文化需求而有针对性地调整书籍结构，不能满足读者的差异化需求的结论。[3] 姚朝进通过实地调研发现，一些农家书屋自建成以来其书籍一直没有得到补充，"农"味不浓，藏书结构、藏书数量与农民的实际需求存在脱节。[4]

(四) 对"屋"的研究——基础设施

农家书屋的基础设施包括书屋的硬件设施、选址等。相关文件强调农家书屋的面积不应小于20平方米，藏书量不能低于1500册。邵菲和刘舸认为，农家书屋的硬件设施与地区经济发展水平呈现出较为明显的正相关关系，经济水平较高地区的硬件设施相对完善，而经济落后地区的一些书屋却没有满

---

[1] 周文. 精准扶贫背景下农家书屋参与区域图书馆联盟建设探究：以河源地区实践为例 [J]. 办公室业务, 2018 (1)：165-166.

[2] 张孝飞. 西藏农家书屋运行中问题分析及可持续发展对策研究 [J]. 图书馆工作与研究, 2017 (5)：101-105.

[3] 陆和建, 涂新宇, 张晗. 我国农家书屋开展文化精准扶贫对策探析 [J]. 图书馆情报知识, 2018 (3)：35-44.

[4] 姚朝进. 西部贫困地区"农家书屋"现状的调查与思考：以黔西南州为例 [J]. 兴义民族师范学院学报, 2018 (2)：54-57.

足最低要求。❶ 赵中源等认为,农家书屋一直在发展,其各方面设施和活动开展情况应该随着时代变化而进步,然而目前书屋的数字化、电子化状况没有达到理想的标准,这也是影响农家书屋发挥作用的重要因素之一。❷

综上所述,国内学者对农家书屋的研究较为全面,对于服务对象、管理机制、书籍配置和基础设施四个方面的问题都有较为详细的阐述。然而,农家书屋政策自开展以来已有数年时间,其"热度"已然逐渐消退,新时代下如何利用好建成的农家书屋是当前学者应该考虑的一个重要问题。

本研究在前人研究的基础上进行,从服务对象、管理机制、书籍配置和基础设施四个角度聚焦农家书屋的建设,对比重庆市三个全国示范书屋的发展现状,发现其中存在的问题,力求更好地利用农家书屋,推动重庆市农村公共文化服务体系的建设。

三、重庆市三个全国示范农家书屋的发展现状对比

重庆市农家书屋的建设进程较快,2008年已经在全国率先完成任务。为了深入了解农家书屋的发展现状,本文选取2012年重庆市获评"全国示范农家书屋"中三个具有不同特色的书屋作为研究对象,分别是经济新区江北区院子村(以下简称Y村)农家书屋、文化名区沙坪坝区威灵寺村(以下简称W村)农家书屋和工业老区九龙坡区海兰村(以下简称H村)农家书屋,并从服务对象、管理机制、书籍配置和基础设施四个方面展开对比。

(一) 村情概况

由表1可知,Y村的青壮年外出务工率远高于W村和H村,且其在村人群主要以留守儿童和老年人为主,W村因加工型小企业发展得较好,还有不少外地务工人员居住在村里。此外,以农业为主导产业的Y村的经济发展水平明显低于分别以工业和服务业为主导产业的W村和H村,村民居住得较为

---

❶ 邵菲,刘舸. 农家书屋管理服务创新机制研究:基于全国86个农家书屋调研数据的分析[J]. 中国出版,2017(13):20-24.

❷ 赵中源,杨亮,陈倩. "农家书屋"建设的时代审视[J]. 广州大学学报(社会科学版),2016(10):50-55.

分散，电话和网络的普及率也较低。

表1 三村基本情况对比

村别	人口数量（人）	在村人口比例（%）	青壮年外出务工情况（%）	主导产业	距书屋最远步行时间（分钟）	电话、网络普及率（%）
Y村	1498	58.3	>80	农业	≈50	48
W村	2870	80.0	≈30	工业	≈20	100
H村	2480	85.0	<20	服务业	≈20	100

（二）服务对象

虽然在村情概况中，我们已经指出Y村、W村和H村在在村人口组成及经济发展方面有较大的差异，但通过对三个村村民的问卷调查以及深入访谈，可以发现三个村的村民对农家书屋的认知度、参与度与满意度具有极大的相似性。首先，在村民对农家书屋的认知度方面，三个村子的大部分村民都不知道村里有农家书屋，即使知道有农家书屋，对农家书屋的性质和功能也不是很了解。其次，在对农家书屋的参与度方面，三个村子也呈现出极大的相似性：农家书屋的参与者主要是儿童及党员干部，其他村民几乎从未去过农家书屋看书或者借书。最后，在对农家书屋的满意度方面，除了对农家书屋根本不了解的村民，由于自2012年以来的农家书屋标准化建设，三个村的农家书屋在基础设施、管理机制、书籍配置方面都有极大的相似性，大多数村民都因为书屋建设的保健因素到位但激励因素不到位，而处于一种对书屋没有不满意也没有满意的状态。

这充分体现出在重庆市农家书屋的发展过程中，农民主体的积极性没有被调动起来是大多数地区都存在的通病。加强对书屋的宣传，调动农民参与农家书屋建设的积极性是农家书屋创新发展的重中之重。

（三）管理机制

在开放制度方面，因为农家书屋在很大程度上是依赖村委会建立起来的，所以书屋的开放时间大致与村委会的上班时间一致,且因为村委会工作人员与村民相互之间比较熟悉以及人员自身的问题,书屋的开放比较机动灵活,大多数情况下是有村民想看书才开门,在这一点上,三个村子没有太大的差别。在借阅制度方面,在借书登记册上登记借阅者姓名、图书书名、借书日期即可,但由于 W 村的人口流动性较大,经常有外来人口来该村工作,因此借阅手续较 Y 村和 H 村农家书屋完善,村民借阅书籍需要出示身份证,进行相关登记。在书屋的管理员任用方面,W 村和 H 村都是由村文化专干或村委会其他工作人员兼任,而 Y 村的书屋管理员是由村里聘请的残疾人担任专职管理员。

综上所述,可以看出书屋的开放制度和借阅制度需要进一步严格执行,有制度约束才能保证书屋的正常运转和书籍的正常流动,不打击村民的阅读积极性。此外,在书屋管理员制度的创新方面尤其值得我们思考。

(四) 书籍配置

在书籍的供给主体和渠道方面,三个村子的书籍主要均由镇政府相关部门统一配送,兼有社会爱心捐赠,但爱心捐赠占的比重较小。在访谈中了解到,重庆大学在 Y 村农家书屋成立之初向其捐赠过图书。对比三个村子的书籍种类(见表2),可以发现 W 村科技类书籍的数量大于 Y 村,而 Y 村的生活类书籍和儿童类书籍的数量则高于 W 村,这与两村的村情密不可分。Y 村人口主要由老人和留守儿童组成,以农业为主,故书籍以生活类和儿童类为主;而 W 村以工业为主,村中仍有大量的青壮年劳动力,故书籍以科技类为主。对比 Y 村和 H 村的书籍种类,可以发现 H 村的生活类书籍较多,这与该村服务业发达密不可分。总的来说,书籍种类和数量基本能够满足农民的需求,但图书更新速度较慢,新的书籍较少,书籍的配置在一定程度上考虑到了该村的发展情况。通过访谈得知,各村书籍在 2015 年就是这样的规模,书屋的书籍得不到及时补充,也就无从发挥其正常功能。

表2 三村书籍配置对比　　　　　　　　　　　　　　　单位：本

村别	书籍总数	生活类	科技类	儿童类	政经类	文学类	综合类
Y村	2412	635	560	565	252	200	200
W村	2400	550	750	450	250	200	200
H村	2046	702	526	408	210	100	100

（五）基础设施

在书屋的选址方面，三村均已建有现代化的"一楼一场"（综合楼、篮球场）村级公共服务中心，这里既是村"两委"的办公地点，也是面向村民的多功能服务中心，书屋就设在中心内。W村和Y村的书屋都修建在一楼，便于村民借阅书籍，H村的书屋设在村委会二楼，这在一定程度上不利于书屋的使用。在硬件设施方面，因为农家书屋在2012年统一实行了标准化建设，所以三个村子没有太大的区别。但值得注意的是，Y村的农家书屋配备了计算机，这更有利于书屋的数字化、信息化发展。

表3 三村基础设施对比

村别	建筑面积（平方米）	书架数（个）	桌椅数（套）	阅读席位（个）	计算机等办公设备（台）	空调（台）	制度牌和借阅手册等
Y村	35	14	4	20	1	1	完整
W村	50	12	6	30	0	1	完整
H村	40	11	4	20	0	1	完整

四、农家书屋建设中存在的基本问题

通过对比重庆市三个具有代表性的农家书屋的基本情况，本文分析了农家书屋在建设过程中存在的共同点和差异，针对这些情况，由点及面地从小部分农家书屋存在的问题折射出当下大部分书屋建设过程中存在的共性问题。本文具体从书屋的目标功能、运行功能、核心功能、基础功能四个方面展开讨论，并进行深入分析。

(一) 目标功能：农民参与积极性不高

农家书屋的目标功能在于服务村民，提高他们的文化素质。但由于农村居民对于相关政策不够了解，造成对书屋的价值认识不够充分。第一，一部分村民根本不知道农家书屋的存在，遑论对农家书屋的正确认识；第二，在知晓农家书屋存在的村民中，一些村民由于干群关系或农家书屋实际使用情况的影响，产生了农家书屋只是村里为了应付上级检查而做的面子工程这一错误认知，认为建立农家书屋只是为了应付领导检查，有个放书的房间就能满足要求。这种认知显然是错误的，而这种错误的认知导致了书屋的闲置。

一些村民认为，看书是学生应该做的事，成年人已经步入社会，其读书的功效比孩子读书的功效要小得多，不如去做其他更有实际功效的事情；村干部中有人将阅读学习当成一种政治任务，而不是提高自身修养的有利途径；还有人将其他人的阅读行为看作一种装腔作势，要么嬉笑嘲讽，要么冷眼相待。并且，大多数村民没有阅读习惯，其业余生活主要是打麻将、跳广场舞和闲聊，随着电视、手机、计算机等的普及，村民能够方便地从这些媒介上获取他们所需的资讯，所以其阅读积极性较低。

(二) 运行功能：书屋制度落实不到位

大多数农家书屋的开放时间不固定，由于书屋管理员由村干部兼任，开放时间就与村委会的工作时间相同。因而，村民如果想去农家书屋读书或者借书就需要提前和管理员联系好。在农忙和节假日期间，这些管理员没有时间管理书屋，导致书屋开放时间达不到要求。

另外，各个书屋的纸质材料虽然比较齐全，但没有建立电子管理制度，没有形成统一的标准，这对于书籍的索引和记录的保留都造成了不便。管理员对书屋的日常管理工作不熟悉，缺乏热情，没有足够的时间学习专业知识，在管理上只负责传统的借还服务，不能保证农家书屋的日常开放时间，也不负责书籍的宣传工作，不利于图书功能的发挥和阅读活动的推广，影响了农家书屋的可持续发展。

(三) 核心功能：书籍资源配置不合理

目前，由于农家书屋的建设资金大多依靠政府财政支持，形式单一，真正用到书屋建设上的资金无从计算，直接影响到书屋书籍的更新换代。调查发现，很多书屋的藏书基本上还保持着当初建造时的规模，许多刊物以及技术类的书刊都已经过时。同时，书籍更新缓慢，对农民的阅读兴趣造成了一定的影响。农民主要关注技术，如果这类书籍得不到更新，而是介绍过时的技术，势必无法跟上农业科技更新换代的速度，农家书屋自然无法发挥其应有的作用。

部分农家书屋一味地根据政府的要求确定书籍配置，没有按照当地村民的实际需求配备书籍，致使留守在农村的老人、儿童和妇女想读的书籍配送不到位。虽然每个农家书屋的藏书都不少于1500册，但真正满足农民需求的经济、法律和特色种养殖加工类书籍却寥寥无几，农村留守儿童教育书刊则更少，在一定程度上影响了农村居民的读书学习兴趣。由于缺乏阅读兴趣，致使阅读率低。农家书屋是为农家而开，为农民所用，与生产、生活密切相关的实用型图书自然是他们所盼、所需的。因此，进入农家书屋的图书、报刊应该以满足农民文化应用需求为原则，并不断满足他们对法律知识、基本经济常识等方面的需求。

(四) 基础功能：书屋设施更新不及时

为了便于管理，一些农家书屋设在村委会办公大楼内。而设在村活动中心的书屋的读者比设在村委会大楼内的要多，设在村委会一楼的农家书屋的读者比设在一楼以上的要多。受干群关系的影响，有些农民对村干部有一种排斥感，因此不愿去村委会的农家书屋。另外，农家书屋建在村委会办公大楼内，其开放时间与农家书屋管理人员的作息时间同步，导致村民农忙时书屋开放，村民农闲时书屋关闭。便于管理的出发点虽好，但在某种程度上限制了农家书屋作用的发挥。

农家书屋这一惠民工程，在最初建设时便定位于为农民服务，为农村公共文化建设服务，这就要求书屋的建设必须与时俱进，只有这样才能让书屋长久地发展，其价值和作用才能得到充分的发挥。项目组通过调查发现，虽然农家书屋在建设初期获得了足够的政府财政支持，但建设时标准不统一，基础设施配备参差不齐，部分书屋基础设施不到位，并且在日常运行中，支付管理员的工资、引进图书、举办活动、维修设备等费用得不到落实。随着时代的发展，科技日新月异，项目组调查过的农家书屋仍处于初始建设时的状态，没有持续性的资金投入，计算机、空调等硬件设备未达标，管理员服务水平等软件配备也跟不上。同时，维持书屋的运营需要长期、稳定的资金来源，单纯的财政拨款并不能满足书屋需求。农家书屋建设资金不能及时到位，硬件、软件都跟不上来，基础文化设施建设落后，书屋的藏书得不到更新，必然会影响服务工作的开展。

五、加强农家书屋现代功能的对策建议

农家书屋虽小，却在农村公共文化服务体系建设中扮演着重要的角色。农家书屋功能弱化的问题实际上具有一定的普遍性，折射出整个农村公共文化服务体系中值得注意的问题。农家书屋和农村公共文化服务体系是相互依存的关系。对此，可以从功能创新入手，从农村公共文化体系建设的角度提出完善农家书屋建设的对策建议。

(一) 目标提升，让农家书屋"火"起来

在目标功能上，农村公共文化服务体系最基本的作用是满足农村居民的文化需求，保障和实现农村居民的基本文化权益。体现在农家书屋建设上就是要以农为本，深入农家，满足村民的阅读需求。为此，可以通过以下方法让村民"动"起来，让农家书屋"火"起来。

第一，推行活动吸引法。书屋可以结合本地实际，在农闲时节和重大节假日引入商业公益模式，开展各类主题文化活动，如开展群众喜闻乐见的当地特色手工操作大赛、阅读"接力"、文艺表演等不同形式的活动，激发农民的读书热情和兴趣。

第二，采用"1+N"经营模式。在农家书屋内开设心理咨询室、娱乐休息室，引进收发快递、手机业务等服务，这样既能解决农村居民的邮寄等问

题，又能充分利用农家书屋这一设施，提升农家书屋的影响力。

第三，提倡"典型引路"方式。多角度、全方位地宣传一些地区农家书屋的有益经验，加强交流和推广；组织开展农村阅读达人、优秀农家书屋管理员的评选、表彰活动，深化"以奖代补"机制，在农村地区营造积极向上的"全农阅读"氛围。

（二）管理创新，让农家书屋"活"起来

在管理功能上，农村公共文化服务体系提倡多元参与，农家书屋的建设也要实现管理方式的多样化、管理主体的多元化。农家书屋的管理人员有限，有必要保证书屋开放的全天候、书屋借阅制度的有效性以及管理人员的多元化。管理人员"多"起来，农家书屋才能"活"起来。

第一，学生协管。书屋可以和当地学校联合建设，采取"学生协管"的方式，在本村学生中民主推选1~2名较高年级的学生，将其聘选为书屋管理员，负责在周末或节假日期间的借阅工作，并给予一定的物质奖励。

第二，专人专管。要想方便群众借阅，更好地利用图书，需要有专门的人来管理书屋。可以在村里招募一些退休教师、残疾人等进行管理，给予一定的薪资，既使书屋得到有效的管理，也在一定程度上解决部分人的就业问题。

第三，社会托管。与高校、社会组织建立联系，创建"志愿者驻扎基地"，鼓励高校大学生和社会组织参与书屋建设，大学生可以作为志愿者为村民开展各种文教活动，促进农村文化振兴。

（三）书籍优化，让农家书屋"靓"起来

在核心功能上，农村公共文化服务体系提倡优质服务，农家书屋也要实现服务的优质化、书籍的优选化。在不增加投资的前提下，着力解决农家书屋的现有问题，发挥农家书屋的作用，因地制宜地利用好现有资源。书籍优化"灵"起来，农家书屋才能"靓"起来。

第一，实施"化整为零"策略。鼓励"农家书屋"在周边的便利店、企业、工地等农村群众和外来建设者聚集的地点设置"农家书架"，进一步延伸

"农家书屋"的服务触角。

第二，实施"功能升级"策略。在保障"农家书屋"读书看报功能的基础上，逐步将其开发为农村群众身边的"健脑室""健心室""聊天室"，增强设施的服务引力。

第三，实施"村民选书"策略。书籍的针对性问题经常导致书屋无人光顾。把选择看什么书的权利交到村民自己手中，既让他们感受到上级领导的体贴，有利于干群关系的转变，也能更好地利用书籍资源，买到村民真正需要的书籍。

(四) 基础扎实，让农家书屋"立"起来

在基础功能上，农村公共文化服务体系要夯实基础设施，利用"互联网+"技术，农家书屋也要实现书屋的数据化、设施的立体化。书屋的基础设施直接影响农民的阅读积极性。一个硬件设施落后的农家书屋，很难受到农民的欢迎。基础设施"硬"起来，农家书屋才能"立"起来。

第一，建设数字书屋。数字信息资源具有可供多人同时共享、复制成本可忽略不计和随时登录随时使用不受时间限制的特点，这些优势都是传统纸介质所无法比拟的，这应该是农家书屋发展的新方向。

第二，改善基础设施。配备计算机、空调和饮水机。计算机可以逐步实现"农家书屋"无纸化，电子图书可以实现的存储量远大于纸质图书，读者更容易找到自己感兴趣的书籍。天气炎热时，书屋可以防暑降温；天气寒冷时，书屋可以驱除严寒，这样的书屋不仅可以让农民学到知识，也可以提供一个舒适的环境。饮水机的作用虽然只是提供饮用水，但能给农民一种家的感觉。

参考文献

[1] 黄雪丽. 农家书屋政策执行：困境分析与破解之道 [J]. 图书馆论坛，2017 (3)：44-50.

［2］李静. 贫困地区农家书屋可持续发展的对策思考：以陕南地区为例［J］. 陕西理工学院学报（社会科学版），2018（1）：12-17，23.

［3］周文. 精准扶贫背景下农家书屋参与区域图书馆联盟建设探究：以河源地区实践为例［J］. 办公室业务，2018（1）：165-166.

［4］张孝飞. 西藏农家书屋运行中问题分析及可持续发展对策研究［J］. 图书馆工作与研究，2017（5）：101-105.

［5］陆和建，涂新宇，张晗. 我国农家书屋开展文化精准扶贫对策探析［J］. 图书馆情报知识，2018（3）：35-44.

［6］姚朝进. 西部贫困地区"农家书屋"现状的调查与思考：以黔西南州为例［J］. 兴义民族师范学院学报，2018（2）：54-57.

［7］邵菲，刘舸. 农家书屋管理服务创新机制研究：基于全国86个农家书屋调研数据的分析［J］. 中国出版，2017（13）：20-24.

［8］赵中源，杨亮，陈倩. "农家书屋"建设的时代审视［J］. 广州大学学报（社会科学版），2016（10）：50-55.

第四编　公共服务案例观察

农村人口空心化背景下精准扶贫的实施困境与破解路径*

赵 琴[1]

摘 要： 精准扶贫由"大水漫灌"向"精准滴灌"治理模式转变助推扶贫工作瞄准度与精确度的提升，部分地区农村人口空心化现象的加剧影响了农村生产建设主体与治理主体的扶贫积极性，进而影响了贫困个体的脱贫意愿与脱贫动机。本文在描述农村人口空心化背景下精准扶贫工作实施困境的基础上，剖析困境成因并提出相应的对策建议。

关键词： 农村人口空心化；精准扶贫；实施困境

---

* 基金项目：西南政法大学"十九大"专项重点项目"深度贫困精准治理研究"（2017XZZXZD-12）研究成果。

[1] 赵琴，西南政法大学政治与公共管理学院公共管理硕士研究生，研究方向：治理创新。

一、农村人口空心化背景下精准扶贫的研究现状

(一) 研究问题及背景

精准扶贫政策所扶的贫困村几乎都面临一个相同的情况,即农村人口空心化。

农村人口空心化是指农村青壮年劳动力大量流入城市,导致农村人口减少和农村青壮年人口比例下降,农村剩余人口多是老人、妇女、儿童。❶ 农村人口空心化主要表现为居住中心的空巢化、宅基地的空置化、政治权利主体的空洞化、精神文化的空虚化。❷ 可以看出,农村人口空心化现象使农村常住人口的年龄、知识、受教育程度等构成极不平衡,农村发展力不从心,高素质人力资源匮乏,农村生产建设主体和乡村治理主体严重缺失与弱化,影响了农村的政治、经济与文化发展,也必定对基层精准扶贫政策的实施产生不可忽视的影响。

笔者通过实地调查发现,精准扶贫战略下农村人口空心化现象对贫困村的脱贫过程产生了直接的影响。本文将以曾经的一个贫困村为案例,分析受农村人口空心化的影响,精准扶贫政策实施过程中面临的困境以及如何破解这些困境。

(二) 文献综述

李广志主要研究了农村人口空心化背景下所面临的扶贫对象的精准识别和精准帮扶两方面的实施困境,并提出准确把握精准扶贫设计理念、瞄准精神文化层面与创新减贫手段三个方面的建议;❸ 吴江华提出农村人口空心化趋势凸显,从而造成农村本地人口年龄比例失调、人力资本匮乏,以及村民自治等农村社会治理弱化等,影响精准脱贫的精准性,农村人口"空心化"实

---

❶ 周祝平. 中国农村人口空心化及其挑战 [J]. 人口研究, 2008 (2): 45-52.
❷ 郭国仕. 城镇化过程中的农村空心化问题研究 [J]. 龙岩学院学报, 2013 (3): 88-96.
❸ 李广志. 农村空心化背景下精准扶贫的实施困境及对策研究 [J]. 成都行政学院学报, 2016 (4): 57-61.

质上是农村的经济与社会等综合功能在整体上的逐渐退化，对精准脱贫的负面影响极大。❶ 王艺通过对广西精准扶贫的实际案例进行调查，探讨了农村人口空心化从扶贫对象的缺位和基层自治组织的缺失所带来的扶贫人口"自我造血"能力不足以及扶贫政策执行环境弱化等困境；❷ 郑万军基于人力资本的视角，主要从主体培育——建设主体村民与组织主体村两委——提出建议，通过主体培育来增强脱贫主体的发展能力，增强其内源动力；❸ 沈菊从农村人口空心化背景下精准扶贫对象主体意识培育研究角度出发，认为精准扶贫实践中应调动扶贫对象的主动性，加强对精准扶贫对象主体意识（包括主体地位意识、主体能力意识、主体价值意识）的培育，提升精准扶贫效果。❹

我国自改革开放以来经济迅速发展，农村人口随着打工经济转移及其导致的二次问题一直广受媒体和学者的热议。笔者对现有的文献进行梳理后发现，将二者结合起来探讨农村人口空心化背景下精准扶贫实施的困境与对策的文献相对有限，结合实际案例进行研究的文献更少，所以本文结合案例对农村人口空心化背景下精准扶贫的困境进行研究具有一定的价值。

二、农村人口空心化背景下精准扶贫的实施困境

（一）脱贫意识不够，村民参与度不足

大量青壮年劳动力外流，留守村民的文化素质、思想觉悟相对较低，"等、靠、要"的思想依然存在。留守村民对于精准扶贫这项政策实施的积极性并不高，部分想要参与其中的人又受自身素质的影响不能有效地参与，常年在外务工的村民因为了解不到详细的扶贫信息，也难以参与贫困户的识别与帮扶程序，村民总体参与度不足，脱贫意识不够，是脱贫内源动力不足的

---

❶ 吴江华. 精准脱贫中影响精准的问题与对策研究［J］. 当代经济管理，2017，39（9）：34-37.
❷ 王艺. 农村空心化视域下广西精准扶贫研究［J］. 柳州职业技术学院学报，2016（5）：1-5.
❸ 郑万军. 农村人口空心化下精准扶贫：困境与路径［J］. 中国党政干部论坛，2016（7）：82-84.
❹ 沈菊. 农村空心化背景下精准扶贫对象主体意识培育研究［J］. 农业经济，2018（3）：64-66.

表现。虽然村民进行基层自治，贫困户识别认定应是公开、公平的，但受限于人口空心化和留守人口的普遍素质，再加上村两委对村民与政府之间的信息不对称利用，自治民主难以实现，精准识别难以精准。

（二）家庭情况不稳定，精准识别与帮扶困难

打工经济造成了农村人口空心化，外出打工的青壮年以从事体力劳动行业为主，所从事的工作的短期性与流动性较高，收入自然也不稳定，加之与留守的老弱妇孺长期分离，如果村干部入户调查，也不能通过留守村民掌握外出村民的实时状况，不能得到有效的入户调查结果。同时，留守村庄的村民多数缺乏农业生产能力，而且身体状况较差，无力提高自身生活水平，容易产生新的因病致贫或者返贫状况，也从另一方面使得家庭情况的不稳定性增强。由于留守村民素质有限，对于帮扶措施的效果无法形成有效预判。这些情况都容易导致识别的偏差，给精准识别与精准帮扶增加了困难。

（三）大量人口外流，精准扶贫生产建设主体缺位

精准扶贫是一改以往的"救济式"扶贫的新的"开发式"扶贫，需要村民积极参与扶贫生产及建设。由于青壮年劳动力外出，人力资源外流，留守居多的老人与妇女的文化程度相对较低，参与发展建设的能力与积极性弱，没有足够的劳动力参与扶贫工作，扶贫生产建设主体缺位，村落发展缺少根本内在动力。普及技术没有普及对象，发展土地种植业没有种植者，协商筹划没有协商者，建设基础设施没有建设者，贫困地区的人力资源匮乏，产业发展难以实施。

（四）乡村治理主体整体素质弱化，精准扶贫政策执行力低

每村设立的驻村工作队与第一书记一般由村两委成员以及个别乡镇府工作人员组成，由他们组织完成针对贫困户的精准识别、精准帮扶与精准管理工作。由于人口空心化，导致选任出的村两委成员总体素质较低、能力欠缺，且村干部普遍年龄偏大，使得整个基层组织对于精准扶贫政策的执行力被削弱，扶贫政策难以达到预想效果。例如，在进行精准识别时，在农村这个讲

究亲缘地缘关系的地方，驻村工作队难以做到"扶真贫"，他们会选择与自己亲近的、收入增加可能性大的农户作为贫困户，这样能够在短时间内完成脱贫任务。这种选择性治理手段可能引发村民之间的矛盾。这种自上而下的"戴帽"贫困户评选方式既不能覆盖真正的贫困户，还容易由于村两委的主观性导致认知偏差。

(五) 缺乏有效监督与建议，扶贫资源被滥用

留守村民不能对村两委的扶贫工作起到有效监督作用，提出有建设性的意见更困难，村民与村两委之间无法形成有效互动，整村脱贫的内源动力不够，扶贫资源的利用难以得到有效反馈，不能实现效果更大化。人口空心化状态下的贫困村一般都伴随地理条件差、基础设施建设落后以及资金技术缺乏等现象，致贫原因由此类型多而复杂，但贫困户的脱贫方案大都是千篇一律的，欠缺针对性和有效性，扶贫资源没有得到较好的利用。方案制定后执行效率低，缺乏动态性监察且执行缓慢，驻村工作队和帮扶人员对于贫困户的发展状况没有进行有效的动态监管，缺乏对有关方案的指导与修正。

三、农村人口空心化背景下精准扶贫困境的破解路径

(一) 准确识别，精准扶贫

一是要精准识别扶贫对象，要在村民间就精准扶贫相关政策进行广泛宣传，公开明示评选认定贫困户的具体标准程序，规范操作，公示名单，鼓励村民提出异议并进行讨论，将自上而下和自下而上的贫困群体识别结合起来，把识别权交给群众，做到"扶真贫"。

二是精准识别贫困户的致贫原因。入户调查准确识别贫困原因，然后就致贫原因进行分类管理并制定分类扶贫措施，切实做到因户施策，取代"大一统"的扶贫措施，并提高脱贫方案的针对性和有效性，做好滴灌式"真扶贫"。

三是完善并落实兜底保障政策。实施开发式扶贫，遵循"一户一策、分类扶持"的原则，对于有劳动能力的贫困对象应提供职业技能培训、金融扶

持等鼓励其就业与创业；对于农村中因病致贫、因残疾致贫等情况则需要进一步完善兜底保障措施，在医疗保险、新农合方面给予更多的支持。

四是实时调整脱贫方案。帮扶人员应该实时了解被帮扶贫困户的动态，确保一定的联系频率，及时了解脱贫方案的进程，进行督促和必要的修改，保证脱贫方案的顺利实施。

(二) 培养贫困村的内生发展动力，增强脱贫的长效性

一是鼓励与培养当地德才兼备、具有一定号召力的乡村精英带头脱贫致富，做到"爱才惜才"。政府应该出台相关的优惠政策鼓励乡村精英带动贫困户共同致富，鼓励外地务工的致富能手回乡创业传授经验，从政策上给他们创造机遇与条件。在注重培养精英的同时，应该通过信息公开、党员与村民监督等方式避免精英俘获现象，避免扶贫资源的内卷化。

二是组织各种培训教育，培养良好的人力资本，做好"育才"工作，增强脱贫结果的长效性。基于农村人口空心化的现象，农村的精准扶贫要寻求长效性与稳定性，应精准于主体培育，提升贫困农民的自我发展能力和致富能力。其一，要加强精准扶贫的政策宣传，帮助困难群众克服落后的"等、靠、要"的依赖思想，使群众能够自觉参与扶贫开发的相关工作；其二，在技能上，应对普通农民进行职业技能培训，并保证培训的针对性和实效性，以提高农民的致富能力。

(三) 因地制宜发展地方特色产业，吸引劳动力就近就业

增强人口空心化贫困地区的"造血能力"，一方面要发展产业，通过听取村民的意见与建议，充分结合地方实际情况，与村民一起参与产业发展，避免产业扶贫"一刀切"现象；另一方面要留住产业，留住本地人才，为乡村经济发展提供持久动力。只有让农民在当地有提高收入的发展路径，农民才会留下来。政府应大力扶持本村以及乡镇已经存在的产业或者企业，积极帮助本村农产品拓宽销路，提高农民生产建设的积极性，从而吸引外出农民回流农村建设，增强空心化村的扶贫"造血"能力。

（四）加大力度培育乡村基层扶贫工作者

一是完善乡镇一级及驻村工作队和帮扶人员工作机制。一方面，进一步明确有关驻村干部工作方式、工作任务、帮扶措施等方面的操作性规定，加强帮扶人员的业务培训。有的帮扶人员并非来源于本村或政府组织，需要就如何进行本村扶贫工作对其进行培训，提升服务能力，改善工作作风。另一方面，完善干部考核机制，正确的考核机制能够及时地督促和纠正干部的行为，考核应该兼顾脱贫的质量和数量，调整比例，重视质量，重点放在扶贫的效果和资金运用等方面，考核重在数量会导致被脱贫现象普遍存在。

二是打造稳定且具备高素质的基层工作者队伍。首先，提高现有农村扶贫工作者的待遇，合理考虑其晋升机制等，激发治理主体的积极性；其次，充分挖掘利用本地区人才，在资金、政策上给予支持，吸引更熟知贫困村情况的人才成为扶贫工作者；最后，每年在高校毕业生中通过制定激励政策等形式吸引一定数量的大学毕业生从事农村扶贫工作，为基层精准扶贫工作者队伍注入高质量人员。

（五）建立多元协同扶贫格局

新形势下对乡村进行有效的精准扶贫，政府、农民和社会组织都应该在具体的扶贫问题上发挥自身特长，使扶贫格局由单元主体变成多元协同。在精准扶贫中，一是政府要发挥主导性，优化扶贫资源的配置，完善政府服务职能，从资金、技术、人员等方面给予农民脱贫保障；二是要大力支持社会组织的发展，社会组织是独立于政府与农民的第三方力量，可以成为农民与政府交流的平台和媒介，在监督与缓和社会冲突、促进公共利益和协同政府治理等方面有着出色的表现，农民可以从中得到帮助，政府也可以通过社会组织了解群众的诉求和想法，很多时候可以通过社会组织为农民提供公共服务。

四、结语

从当地贫困治理实践来看，脱贫应该探索出贫困户当前可承受、长远可持续的思路，增强贫困地区的自我发展能力，完成从"输血式扶贫"到"造血式扶贫"的转变，拔掉"穷根"，帮助村民稳定、有序地脱贫。精准扶贫工作已经进入决胜期，一方面，由于国家的扶持力度不断加大而使扶贫工作变得更有成效；另一方面，农村空心化现状下精准扶贫难度也不容忽视。在经济社会功能整体退化的空心化农村，应当做到培育扶贫工作者，发展农村合作组织，建立多元主体扶贫格局，这样才能推动贫困户早日致富。

参考文献

[1] 周祝平. 中国农村人口空心化及其挑战 [J]. 人口研究，2008（2）：45-52.
[2] 郭国仕. 城镇化过程中的农村空心化问题研究 [J]. 龙岩学院学报，2013（3）：88-96.
[3] 李广志. 农村空心化背景下精准扶贫的实施困境及对策研究 [J]. 成都行政学院学报，2016（4）：57-61.
[4] 吴江华. 精准脱贫中影响精准的问题与对策研究 [J]. 当代经济管理，2017，39（9）：34-37.
[5] 王艺. 农村空心化视域下广西精准扶贫研究 [J]. 柳州职业技术学院学报，2016（5）：1-5.
[6] 郑万军. 农村人口空心化下精准扶贫：困境与路径 [J]. 中国党政干部论坛，2016（7）：82-84.
[7] 沈菊. 农村空心化背景下精准扶贫对象主体意识培育研究 [J]. 农业经济，2018（3）：64-66.
[8] 聂平平，邱平香. 社会治理过程中的农村"空心化"与精准扶贫 [J]. 中国民政，2016（20）：36-37.
[9] 王文彬，张军. 农村空心化下精准扶贫的困境与破解路径 [J]. 地方财政研究，2018（2）：88-92，112.
[10] 万秀丽. 精准扶贫视野下"空心化"农村治理探析 [J]. 甘肃社会科学，2017（2）：118-122.

社区社会组织参与社区治理作用分析

——以重庆市××社区为例

李 星[1]

摘 要：打造共建共治共享的社会治理新格局，要充分发挥社会组织的作用，实现政府治理、社会调节、居民自治的良性互动。重庆市××社区基层社会治理面临着治理能力不足、社区行政化倾向较重、居民参与度不高的挑战。在此背景下，社区通过组建"微益坊"，提供社会组织孵化基地，使其成为多元主体协同治理平台，不断整合可利用资源，提升服务能力，谱写了社区治理的新篇章。

关键词：社区社会组织；社区治理；协同治理

党的十九大报告明确指出，人民日益增长的美好生活需要和不平衡不充分的发展之间的矛盾已经成为我国社会的主要矛盾。这种多样化、高要求的需要，不断考验着基层的社

---

[1] 李星，中共重庆市委党校（重庆行政学院）行政管理专业硕士研究生。

会治理，是否对这种需求给予及时回应与精准提供，关系着社会的稳定、人民群众的幸福感和获得感。重庆市南岸区××社区自 2015 年起，整合资金和资源，着力打造社区"微益坊"，探索出一种"多元主体协同治理、成果共享"的基层社区治理模式，取得了良好的治理效果，这种社会治理方面的创新之举，让我们看到了如何充分发挥社会组织的力量来提升社区的自我服务能力，打造"三益"社区，满足社区居民的多样化需求，保障社会的和谐稳定。

一、重庆市××社区基层社会治理面临的困境

重庆市××社区紧邻南坪商圈，位于南岸区的中心区域，是典型的"老、旧、散"小区，治理初期存在住宅老旧、商贸门面混乱、交通拥堵、人口流动性大、社会治安问题多等问题，基层社会治理面临重重考验，主要表现在以下三个方面。

(一) 社区矛盾错综复杂，治理能力捉襟见肘

社区日常管理工作涉及方方面面，需要解决各种与居民生活有关的问题，具有很强的综合性。但随着居民生活水平的不断提高和社区利益关系的日益复杂，各利益主体的诉求因个体间的差异呈现出多样化的特点，需要更加专业化的社区治理，这一要求与社区本身综合性、"一刀切"的管理方式产生了矛盾，因此，尽管以社区为主体开展了大量服务工作，依然难以回应居民的利益诉求。如何利用有限的资源搞好社区敬老院、幼儿园等基础设施建设，构建完善、有效的服务体系，满足居民的多元化需求，是社区工作的重要抓手和着力点。相关数据显示，××社区曾在一年时间里收到群众诉求高达 1600 次，矛盾集中体现在三个方面：一是社区居民与周边企业的矛盾。××社区辖区内有 300 余家企业，附近的几条主要交通干道从小区内穿过，道路两旁大量的门面被企业和私营业主使用，一些人在经营过程中私搭乱建，占道经营，对居民的出行造成了影响，还有一些门面使用高音喇叭不停播放音乐，干扰小区居民的生活作息，引起业主和周边企业的矛盾与冲突。二是社区居民之间的冲突。表现为"特殊群体与普通群众的需求不同，流动人口在社会融入、家庭等方面与普通群众的需求不同，灵活性、针对性的特殊需求与整齐划一

的需求之间也存在偏差"❶。一方面，社区作为老旧小区，房子年久失修，经常会出现由于房屋质量问题引起的漏水事件或噪声事件，导致邻里之间发生冲突；另一方面，一些广场舞爱好者在锻炼身体时音乐的音量过大，没有考虑到其他居民的感受，产生了不必要的冲突，导致社区内的人际关系紧张。三是社区生活环境难以满足居民需要。××社区早先没有物业公司进行管理，排水管道和下水道时常出现堵塞，夏天经常会污水横流、臭气满天，导致居民怨声载道。此外，居民对于小区的治安环境也十分关心，大量的流动人口给社区的治安管理提出了很高的要求，早先出现过因治安不力导致物品失窃等事件，错综复杂的社区管理工作在此基础上难度更大，加上社区缺乏专业的管理人员、管理手段和技术陈旧，不能及时化解矛盾和冲突，治理能力捉襟见肘。

(二) 社区存在行政化倾向，压缩了居民自治空间

作为群众性自治组织的居委会，其设立之初的目的是在充分调动社区居民参与社区管理的积极性的同时，对政府部门的相关落地措施进行协助和提供渠道，并不属于政府组织。但现实状况呈现出的是政府在转变职能的过程中，因一些部门的职能不到位、职责不明确、服务不到位，政府部门和街镇对社区随意下达指令性任务，各类争先评优工作都落在社区，不停地对社区进行"考核"，导致许多工作名为"协助"实为"主抓"，政府工作"进"社区变成"交给"社区，间接地将社区变为政府的代表部门，违背了其本身的性质。由于社区承担了大量的行政工作和任务，其主要精力都放在了应付行政工作上，没有更多的精力和人员开展社区的居民自治与社区服务工作，社区居委会成员对社区居民的情况不熟悉、不了解，难以充分了解群众的需求，更多的是使用行政方式应对利益诉求和矛盾，在供需双方信息不对称的情况下，一些公共服务的提供就无法满足居民的需要，久而久之，社区在公共事务的处理中由"配角"转变为"主角"，以行政手段取代服务职责，由服务

---

❶ 谢来位. 搭建互动协商平台 加强基层社会协同治理 [J]. 重庆邮电大学学报（社会科学版），2015（5）：18-23.

居民变为管理居民,不断压缩居民的自治空间。"人们一旦能够控制自己的环境,就比在受他人控制的情况下更能够负责任地采取行动"[1],但在自治空间被压缩的情况下,说与不说一个样、做与不做一个样,居民的主动性和积极性被行政权力冲击与稀释而大打折扣,进而导致后文所说的居民参与程度不高的问题。

(三) 居民参与程度不高,共建共治格局难以建立

公众被视为社区治理的重要参与者,其参与程度与社区治理有效性呈正相关关系,是影响治理效果的重要一环。社区参与程度低,正式和非正式参与渠道有限,参与能力不足等普遍性问题同样存在于××社区内。一是职能边界不清导致治理缺失。"在未推行'三事分流'之前,社区内政府、社会、居民的职能边界不清,积累了大量无人管、无钱管、无法管的问题。"[2] 二是自主治理的意识不足。由于××社区30%的居民为企业退休职工,先前"单位人"的记忆使他们在遇到问题时仍然保留着传统的观念,即有问题政府会帮忙解决、只要将事情反映到居委会就行。因此,在参与社区治理的过程中,这部分人对居委会、政府的依赖性过强,在主观上没有意愿参与社区治理,导致参与的积极性不强。三是居民文化水平参差不齐,存在"搭便车"心理。××社区的老年人口和流动人口的比重超过了70%,其文化水平、知识结构有差别,对公共事务的理解不尽相同,在参与过程中不能很好地建言献策,长此以往便丧失了参与的兴趣。同时,由于务工的性质,导致他们的关注点更多地在金钱上,生存压力使他们无暇顾及对社区公共事务的治理,因社区治理结果具有外部性,"搭便车"心理比较严重,在一定程度上导致其参与程度较低。在这样的情况下,居民对于参与治理仅采取消极配合或完全置之不理的态度,议事氛围差,反映渠道窄、反映速度慢,管理部门难以充分吸收多数居民的意见和建议,制定的相关解决方案的代表性不足,在推行过程中必然会出现或多或少的问题,引起居民的不满。

---

[1] 奥斯本,盖布勒. 改革政府 [M]. 周敦仁,译. 上海:上海译文出版社,2006:45.
[2] 包雅钧. "三事分流":社区治理的南岸试验 [J]. 决策,2015 (11):54-55.

二、构建"微益坊"破解社区治理困境

怎样落实"三事分流"的各项内容,在切实破解社区矛盾复杂、行政任务重、治理格局不完善的困境的同时,培育和促进社区社会组织发展,更好地满足群众多样化的需求,"微益坊"给出了答案。在区政府和××社区的支持下,应运而生的"微益坊"以"党建引领、共享共建、协同发展、服务社会"为目标,搭建多元参与治理平台,通过不断整合公共资源,问需于民,按需供给,精准高效,在不断的实践中形成自身的特色。

(一)组建"微益坊",提升社区治理能力

自我治理能力的重建是提升社区治理能力的第一步,也是改变社区重行政、轻自治,重管理、轻服务现状的出发点。因此,在××社区、街道、社会单位等多方的筹措之下,400多平方米的志愿服务中心——"微益坊"应时落地,将"微益坊"的功能界定为社区社会组织的孵化、活动、展示基地。2015年3月16日,南岸区民政局作为牵头单位,制定了南岸区××社区"微益坊"实施方案,该方案对其组织架构、工作目标、实施细则以及工作制度进行了相应的规定和解释,尤其是对"微益坊"的运作模式、入驻条件以及如何发挥自身的作用服务社区进行了详细的说明,充分地强调了入驻的组织必须是能够为居民提供低偿、优质、便民服务的相关组织单位。对于批准入驻的社会组织,按实际情况提供100平方米左右的办公场所,统一规划、管理和布置,为每个入驻的社会组织提供一部电话及若干办公设施,开展活动的经费由街镇、社区自筹,区民政局酌情给予经费补贴。

同时,社区党委充分发挥党员的模范带头作用,以党建促进社会组织建设,将社会组织党建与社会组织服务工作相结合。××社区在孵化和培育社会组织建设及发展的过程中,鼓励党员在条件允许的情况下在社区社会组织中积极发挥作用,配合社会组织和社区工作人员扩大党组织工作的覆盖面,正确引导社区社会组织的发展方向,指导社区组织完善基层党建工作。××社区利用社区内一些老党员的优秀技能,让他们在社区组织生活中发挥动员和带头的作用,起到了很好的示范作用。截至目前,"微益坊"已经进驻了××人

家报、巧手工坊、方寸俱乐部等社会组织，涵盖公益、慈善、家政、文体、教育、关爱老人儿童等多个领域，同时还吸收了党员护绿清洁、马上来、邻里守望等42个志愿服务组织，志愿服务项目涉及社区服务、互助自治、民生帮扶、社区事务、专业服务以及其他服务。相关措施的出台提高了社会组织的整体质量、规模，以及成员的专业技术和服务能力。通过完善功能布局，为辖区社会组织发展提供支持，全面提升社区治理的基础能力。

(二) 借助"微益坊"，搭建多元参与治理平台

治理区别于管理，其强调多元参与，通过协商共治的方式来解决问题，"微益坊"的成立，搭建了社区多主体参与社区治理的平台，为多元主体参与治理奠定了基础。

一是提供了正式的议事场地，为共建共治提供了基本条件。场地的建立不仅解决了原先社区居民想参与而没有渠道的困难，也有益于形成参与议事的氛围。于社区而言，建立正式的场地是落实对居民的承诺；于居民而言，会改变其原有的观念，逐步唤醒主人翁意识，游离分散的意见也有了统一的归集地点。

二是划清权责范围，各司其职。"三事分流"是指在开展基层议事协商时将群众诉求按照"大事""小事""私事"进行分类处理，合理界定政府部门、社区组织、居民群众个人的职责边界和互补共生关系。政府部门管理"大事"；社会组织管理"小事"，在推进"三事分流"的过程中，社会组织扮演着重要的角色，承担着"最后一公里"的任务，具有不可替代的作用。

三是提供了一整套议事机制，确保参与有序、高效。对于下水道堵塞这样的"小事"，居民通过"微益坊"提出召开会议，区里的社会组织互助会向社区汇报相关情况，居民参与商议解决方案，按照相关原则，迅速完成了化粪池改造。"××安全卫士""××自治委员会"一年来协调纠纷66起，义务巡逻达3000小时，保障了社区平安。这样的示范性作用每天都会上演，有助于充分调动社区居民的志愿精神，带动更多的人参与社区公共事务治理，积极发挥居民参与自治的作用，共同商讨研究社区事务，促进社区与居民、楼栋与居民之间的沟通和交流，增进感情，将社区管理与群众自治有效结合。

(三) 利用"微益坊",整合资源,完善服务能力

在主体多元的情况下,如何对各类服务资源、资金资源进行整合来服务社区,满足需要,是"微益坊"更高层次的使命。

一是整合社会组织资源。一方面,"微益坊"作为枢纽型的平台,将社区居民对不同类型服务的需要和相关社会组织建立联系,通过政府购买服务、公益站承办等形式,向社区居民提供各类公共、公益服务,解决社区公共事务矛盾和居民的问题。[1] 所有社会组织进驻"微益坊"后,都会对组织资料进行备案和归档,相关信息会生成组织清单,为日后政府购买社会服务提供参考,同时,依托"微益坊"的品牌效应,社会组织在进行政府购买的竞争中更具有优势和竞争力。另一方面,"微益坊"内部社会组织通过加强交流和互动,通过商议制定了社会组织管理制度,定期整理档案,定期召开会议研究组织服务状况,互相学习借鉴,做到优势互补,提升各组织的整体素质。

二是整合资金资源。缺少资金支持是老旧小区进行整体改造时的突出问题,因此"微益坊"在着手申请公益基金时,还在社区范围内进行广泛的动员,对象包括社区居民和周边的门面、企业,获得了足够的资金对社区进行改造,增强了社区的"自我造血"功能。此外,面对日益发展的社会,变革将是一种惯例。当前"互联网+"模式的影响和意义非常深远,"互联网+社会组织"将是"微益坊"进一步发展的动力源泉,借助互联网这一技术工具,线上线下联动发力,"微益坊"积极开拓思路,借助"互联网+"的东风,一方面将"生意"做到了网上,组织成员在专业社工的指导下,在淘宝网上开了一家店铺,取名"××微益坊",店铺将社区居民闲时做的手工艺品发布到网上进行售卖,精致的造型和实用的功能积累下良好的口碑,取得了良好的收益,将这部分收益作为善款注入"微益坊"的公共基金中,用来帮助更多的困难居民以及完善社区居住环境。另一方面搭载"互联网"基因,催生新社会组织。某居民独家秘制冷吃兔美食的报道刚一被发布到某平台,就吸引

---

[1] 微公益 大用场 南湖社区有个"微益坊"[EB/OL]. (2020-06-24) [2023-11-06]. https://www.cqna.gov.cn/zwxx_254/qxdt/202006/t20200624_7612429.html.

了××社区5个同样爱好美食的妈妈，她们成立了"妈妈厨房"社会组织，采用类似的模式，某平台已经孵化出20多个社区社会组织。

三是整合服务资源。当前，随着"微益坊"运行机制的不断完善、社区居民的不断参与，其发挥的服务功能变得越来越突出。××社区公益站自2014年10月成立以来，筹集资金5万元，实施公益项目4个，惠及居民5000人次；党员护绿队认领绿地面积1200平方米，带动居民加入保护绿地的阵营中，社区环境得到极大的改善；"邻里亲俱乐部"主要是关爱空巢老人，对他们进行帮扶和照顾；"小太阳四点半学校"充分利用小学生放学后至家长下班时间之间的空档，对他们进行作业辅导和托管，消除了家长的后顾之忧。这样的服务资源仅仅是众多社会组织提供的服务中的一部分，在"微益坊"，只要你需要，就能找到相应的社会组织提供服务，这样的一站式服务模式极大地便利了居民的生活，在不断提供服务的过程中，"微益坊"得到了更多居民的认可与信任，为和谐社区、"三益"社区的建设立了下功劳。

三、治理探索的价值与意义

××社区通过"微益坊"大量孵化和扶持社会组织的发展，不仅解决了老旧小区管理中棘手的问题，更重要的是，基层政府对社会组织由不信任转变为合作伙伴，共同参与社会治理，不再依靠传统的管制的方式，而是"放权于社会组织，促进公共服务提供的高效化和精准化，将政府从烦琐的事务中解脱出来，形成了由社会管理向社会治理转变的共建共治的局面。"❶ 纵观其治理探索的过程，能够看到以下闪光点。

（一）承接公共服务职能，"减负"作用明显

社会组织在承接公共服务的过程中不仅得到了历练，丰富了自身的服务技能，整合了资源，提高了服务水平，同时，老旧小区改造和流动人员的融入问题也在这些组织发挥作用的过程中得到解决。通过社会组织的发展和项

---

❶ 周红云. 社会管理创新视角下的社会组织发展：宁波北仑区社区社会组织发展的案例研究[J]. 中共宁波市委党校学报，2011（6）：30-39.

目的推动，提高了社区居民的参与程度，及时、准确地反映了群众诉求的不同方面，增强了社会自治功能，有力地促进了社会建设全面协调发展。例如，"心连心党员帮扶基金"社会组织十多年来募集资金10余万元，先后帮扶3名贫困学生顺利完成学业，慰问辖区居民132户，发挥了很好的便民、利民作用。

社会组织的壮大还为政府"瘦身"，成长为能够分担政府公共服务的重要载体。××社区虽为老旧社区，但社会组织在社会救助、医疗卫生、养老和社区服务中发挥了应有的积极作用，也承接了社区建设、社会组织管理服务、社工服务、法律援助、慈善救济、人民调解、社区矫正、流动人口管理、安置帮教、公益宣传等方面的职能，涉猎的方面越来越广。例如，"无围墙的养老院"——九九驿站，为老年居民提供养老服务，缓解了政府在养老方面的压力。

(二) 形成民主治理机制，提升居民参与度

"微益坊"作为社会治理"载体"、枢纽型平台，其发挥功用的过程中体现了"参与民主"的民主形式，形成了民主治理机制。这样的机制不再是形式上的投票，而是实质性地参与对公共事务的管理。面对纷繁复杂的利益诉求，在处理实际的公共事务时，不再是传统意义上自上而下的安排，而是借助这样一个平台真正地问需于民，充分调动社会组织、社区居民参与决策过程，形成良性互动，达到资源共享、优势互补的理想状态。

(三) "善治"理念贯穿始终，形成治理的良性循环

"治理与善治的本质特征，就在于它是政府与公民对公共生活的合作管理，是政治国家与公民社会的一种新颖关系，是两者的最佳状态。"[1] 善治模式具有合法性、开放性、责任性、回应性、参与性、协商性、有效性、公正性、稳定性等特征。社会组织作为新的治理主体，同政府一样具有合法的地

---

[1] 俞可平，李景鹏，毛寿龙，等. 中国离"善治"有多远："治理与善治"学术笔谈 [J]. 中国行政管理，2001 (9)：15-21.

位，相较于政府，其对于社区居民的需求具有更好的回应性、开放性、协商性，也更具有责任性、公正性。××社区大力孵化和扶持社会组织发展，充分体现基层政府治理理念的转变，达到多元治理、和谐治理的社会形态，将矛盾化解于制度、机制之中，而这样的最佳状态会推动社区治理走上良性循环的道路。

总体来说，社会组织的孵化和培育对政府部门来说，能够承接部分职能，及时、有效地解决社区治理中存在的问题；对居民来说，能够满足其日益多样化的需要，也是其参与社区治理的途径和平台。虽然当前社会组织得到成长、发展和承接公共服务的能力存在差异，但××社区的探索与实践给我们展示了一条政府如何培育和发展社会组织，让社会组织参与社会治理的路径。政府部门应当充分认识社会组织的价值，真正让其参与社区治理，推动基层社会治理体系和治理能力的现代化建设。

参考文献

[1] 谢来位. 搭建互动协商平台 加强基层社会协同治理 [J]. 重庆邮电大学学报（社会科学版），2015（5）：18-23.

[2] 奥斯本，盖布勒. 改革政府 [M]. 周敦仁，译. 上海：上海译文出版社，2006.

[3] 包雅钧. "三事分流"：社区治理的南岸试验 [J]. 决策，2015（11）：54-55.

[4] 微公益 大用场 南湖社区有个"微益坊" [EB/OL]. (2020-06-24) [2023-11-06]. https://www.cqna.gov.cn/zwxx_254/qxdt/202006/t20200624_7612429.html.

[5] 周红云. 社会管理创新视角下的社会组织发展：宁波北仑区社区社会组织发展的案例研究 [J]. 中共宁波市委党校学报，2011（6）：30-39.

[6] 俞可平，李景鹏，毛寿龙，等. 中国离"善治"有多远："治理与善治"学术笔谈 [J]. 中国行政管理，2001（9）：15-21.

公共管理视角下城区生活垃圾治理研究

——以重庆市××区为例

明 鑫[1]

摘 要：党的十九大报告提出了"美丽中国"的理念，但随着现代化社会的不断发展，城市化进程不断加快，城市问题也随之出现，其中较突出的是城市生活垃圾处理问题。目前，我国在这方面与发达国家相比存在一定差距，不管是处理方法还是公民环保意识和管理方式，都存在一定不足。研究城市生活垃圾处理问题，有利于提高城市生活垃圾处理水平，促进城市生活垃圾分类收集，为城市居民营造一个宜居的生活环境。本文以重庆市××区为例，通过对××区生活垃圾处理情况的调查，对其生活垃圾处理情况有了一个系统的了解。通过对调查结果的分析，发现××区生活垃圾处理陷入了效率低下、效果欠佳、制度不健全等困境。笔者主要以新公共管理理论为指导，从政府管理的角度，探讨××区陷入生活垃圾处理困境的原因并提出相应的对策。

关键词：生活垃圾处理；政府管理；新公共管理理论

---

[1] 明鑫，西南政法大学政治与公共管理学院公共管理硕士研究生。

一、引言

随着科学技术的不断发展、生活水平的不断提高，人们对生活质量的要求也随之提高。生活垃圾处理与人们的生活息息相关，关系着人们生存条件的好坏，其处理方式也引起了人们的重视。目前，我国在城市生活垃圾处理水平、管理体制等方面较发达国家还存在一定的差距。合理处置生活垃圾，有利于创造良好的宜居环境，提高居民的生活质量。但目前，重庆市××区生活垃圾处理存在管理体制不健全、处理方式落后等多方面的问题。一方面，城市生活垃圾处理不当会影响社会稳定。如果政府无法给居民提供一个宜居的环境，居民的生存安全受到威胁，必然会引起民心不稳，影响社会的安定团结。另一方面，城市生活垃圾处理不当会破坏生态环境。若垃圾处理不当，在进行处理的各个环节都有污染环境的隐患。如何科学、合理地处理生活垃圾，从管理方法、处理方式方面，都给我们带来了很大的挑战。因此，城市生活垃圾处理问题至关重要。为了研究我国城市生活垃圾处理存在的困境并提出合理的解决措施，笔者通过实地调查了解到重庆市××区生活垃圾处理现状，然后分析其原因，针对这些原因，有效地利用新公共管理理论并借鉴国外成功经验，提出转变政府职能促进城市生活垃圾处理转型，改变我国传统的城市生活垃圾处理模式，建立科学合理的、适应我国国情的城市生活垃圾处理政府管理机制等对策。

二、重庆市××区生活垃圾处理现状介绍

（一）基本情况

××区位于重庆市西部，城区常住人口较多，约占全区常住人口的一半，城镇化率相当高且仍在不断提升。因此，整个××区的垃圾产生量较大，并且在城市化进程不断推进的过程中，整个××区垃圾产生量逐年攀升（见表1），快速增长的垃圾处理量与目前的垃圾处理能力不成正比，城市垃圾处理配套设施无法满足发展的要求。除了此前已停用的黄瓜山垃圾处理厂，目前××区仅有一座垃圾处理厂，位于陈食镇，由此可见，目前××区的垃圾处理存在很

大压力。

表1 ××区生活垃圾日均产生量　　　　　　单位：吨/天

区域	2012年	2015年	2020年
城区	285	440	550
乡镇	165	260	350
合计	450	700	900

(二) 处理方式

从全球来看，目前生活垃圾处理方式主要有卫生填埋法、堆肥法和焚烧法，其中卫生填埋法占据大部分比例，而重庆市××区主要也采用卫生填埋法（见图1），将城市垃圾统一收集到垃圾处理厂进行填埋处理。

图1　××区生活垃圾处理方式

(三) 垃圾收运处理情况

××区园林局、新城建管委、凤凰湖工业园区负责整个××区的生活垃圾清运工作，其中部分学校、企业等社会单位则是自行清运。

城区生活垃圾经收集后运往各个中转站，经过压缩、脱水等处理后，再统一运往陈食垃圾处理场进行填埋处理。部分职教院校、工矿企业等社会单位将垃圾收集（压缩）后自行运往陈食垃圾处理场集中处理。

三、重庆市××区生活垃圾处理面临的困境

(一) 生活垃圾处理效率低下

对图 2 所示数据进行对比，可以发现，××区生活垃圾日均处理量低于日均产生量，垃圾收运不及时，滋生了一系列环境污染问题。

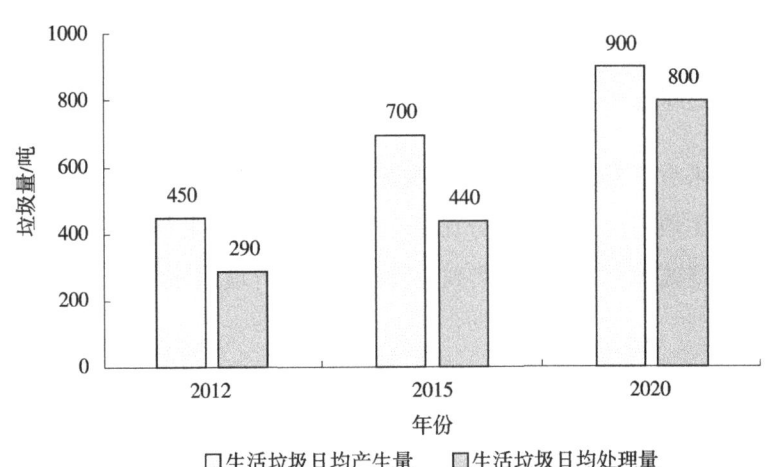

图 2　××区生活垃圾日均产生量和日均处理量对比

(二) 生活垃圾处理资金缺乏

城市垃圾处理涉及的环节较多，并且目前整个××区日均垃圾处理量巨大，由此耗费的财力的也是巨大的（见表 2）。此外，仅"十三五"期间，××区就投资约 6.552 亿元建设生活垃圾无害化处理设施，资金耗费巨大。虽然实行资金分级负担制度，即垃圾中转站建设、收运设施设备购置、压缩站及后端的运行费用由区财政整合安排资金解决，压缩站前端的运行费用由各街道承担、区财政补助，但长此以往会增加政府的财政负担，造成资金短缺，不利于垃圾处理工作的顺利开展。❶

---

❶ 关于提升永川"双百"大城市生活垃圾处理能力的调查及建议 [EB/OL]. (2012-10-07) [2023-11-06]. http://www.ycqzx.gov.cn/scdy/spdybg/201704/t20170424_310220.html.

表2　2016年××区垃圾处理设施设备费用一览表

名称及数量	费用/万元
16 t 拉臂钩垃圾车 12 台	700
拉臂钩箱 28 个	560
3m³ 拉臂钩垃圾车 45 台	450
3m³ 拉臂钩箱 500 个	400
分类垃圾桶 14000 个	560
建设生活垃圾压缩中转站 8 座	640
合计	3310

（三）生活垃圾处理成本过高

首先，处理城市生活垃圾需要投入巨大的资金来建设垃圾处理设施以及购买设备，另外，环卫工人清理垃圾的工资、垃圾处理车的运输费用、填埋以及技术处理费用等都需要资金支持。"十三五"期间，全区生活垃圾无害化处理设施建设总投资高达 6.552 亿元。其次，××区采用填埋式垃圾处理方式，这种方式的成本较高，同时这种方式要求场地远离城区，这变相增加了运输成本。最后，××区所采用的填埋式垃圾处理方式对垃圾处理场地选址的要求也较高，对填埋场地相关基础设施的要求严格，同时要求具有较大面积的场地，占用的土地资源较多。另外，垃圾处理涉及多个环节，各个环节所耗费的物资也较多。

（四）存在造成二次污染的风险

在对生活垃圾进行处理前，由于未妥善分类以及未及时运输，或者有的区域采用露天堆放生活垃圾的方式，易造成周边空气污染。

目前，××区垃圾处理主要采用填埋法，该方法对垃圾处理场地选址要求较高，一般要求远离市区。另外，若防护措施不当，其产生的垃圾渗滤液有可能对水体、大气、土壤造成二次污染。此前就出现过污染事件：××区已停用的位于黄瓜山的垃圾处理场因渗滤液渗透和雨水冲刷等，曾导致卫星湖街道 10 多公里的河水被污染，从而导致水源受到污染，影响了居民用水。黄瓜山垃圾处理场虽然已于2010年不再接收新的生活垃圾，但此后每天仍会产生30余吨污水，需要利用车辆运输至城市污水处理厂进行处理。另外，陈食镇垃圾处理场自投入使用以来，已经发生多次阻工（运）事件，每天约产生100吨污水，这些污水都要通过管道运输至城区污水处理厂处理，有时会出现气阻爆管问题，填埋取土日趋困难。❶

（五）公众环境保护意识不强

针对××区不同年龄段、不同受教育程度的100个调查对象，共发放100份问卷，实际收回100份。对××区居民环保意识部分调查结果进行展示与分析，见表3~表6。

表3 居民对世界环境保护日的知晓情况

选项	选择比例（%）
A. 6月5日	25
B. 5月6日	12
C. 4月5日	41
D. 不知道	22

表4 居民对是否会制止乱扔垃圾行为的选择情况

选项	选择比例（%）
A. 不会	68
B. 偶尔会	16
C. 经常会	10
D. 其他	6

表5 居民是否会对生活垃圾进行分类的情况

选项	选择比例（%）
A. 会	8

---

❶ 关于提升永川"双百"大城市生活垃圾处理能力的调查及建议 [EB/OL]. (2012-10-07) [2023-11-06]. http://www.ycqzx.gov.cn/scdy/spdybg/201704/t20170424_310220.html.

续表

选项	选择比例（%）
B. 偶尔会	12
C. 经常会	7
D. 不会	73

表6 居民参加环保组织的情况

选项	选择比例（%）
A. 有，并且积极参加组织的活动	10
B. 有，但从未参加过组织的活动	70
C. 没有	20

通过对问卷中部分题目进行分析，发现只有25%的人知道世界环境保护日是哪一天，68%的人选择不会制止乱扔垃圾的行为，高达73%的人不会对生活垃圾进行简单分类，仅有10%的人会参与环保活动。这说明广大民众对环保事业缺乏关注，并且很少用自身行动来支持环保事业，缺乏垃圾分类的环保意识。这一方面说明政府及相关单位对这方面的要求不高，不够重视；另一方面说明居民的环保意识薄弱，有待提高。综上得出，××区居民的环保意识不强。

四、重庆市××区生活垃圾处理面临困境的原因

(一) 生活垃圾处理管理体制落后

××区城市生活垃圾处理以政府为主体，承担垃圾处理业务的是政府环卫单位。在现有体制下，政府对垃圾处理单位缺乏有效的激励和约束，生活垃圾处理效果是否达到环境保护标准与处理单位的收益无关；各种成本不易控制，资金运用效率难以提高。

目前，××区生活垃圾处理管理体制较落后，主要体现在以下两个方面。第一，目前城市垃圾处理工作由政府环保部门主管，但是存在管理机构不健全的情况，缺乏对相关垃圾处理管理环节的细化，全部由环保部门一手抓；第二，管理制度不健全，生活垃圾的处理缺乏切实可行的管理制度，如监督、

考核制度等。

(二) 生活垃圾处理费开征率及收缴率低

首先是开征率低，××区开征垃圾处理费较晚，在城区，目前针对居民主要采用按户收费的方式收取垃圾处理费，但收取的费用较低，仅为每户8元/月，其城区人口为65.87万，以每户3人计算，每年收取的总费用仅约为175万元，大大落后于垃圾处理产生的费用，收取的垃圾处理费同垃圾处理实际支出之间存在很大缺口。其次是收缴率低，对于垃圾处理费的收取，××区没有设立专门的收费机构，大多是采用人工上门收费的方式，这样的方式工作量十分大，并且不能保证收缴率，这就使垃圾处理费的收取存在一定的难度。另外，由于没有专门的收费机构，相关数据的录入也存在一些问题，大多采用纸质资料，不便于查找历史资料，影响了垃圾清运费的收缴工作。最后是居民对城市垃圾处理费相关政策的了解较少，政府对此缺乏宣传，导致居民缺乏缴费的积极性。

(三) 生活垃圾处理未引入竞争机制

生活垃圾处理是一项公共性事务，公共性事务在大多数人眼里都是由政府全权负责，这种传统的观念使目前××区的城市生活垃圾处理工作主要由政府统筹，各个环节都与政府挂钩，符合市场经济要求的垃圾处理运行机制尚未形成，难以吸引社会资金投资垃圾处理行业，社会和企业的积极性未能发挥出来，市场参与较少，如企业、个人、其他社会组织等。未采用招投标等公平竞争的方式将垃圾处理工作引向市场，吸引多方参与城市生活垃圾处理工作，垃圾治理没有竞争，这就使政府垄断了垃圾处理事务，导致效率较低，而成本高昂。[1]

(四) 生活垃圾处理方式及处理技术落后

目前，××区主要采用填埋式的垃圾处理方式。首先，这种方式选址困难，

---

[1] 潘顺昌. 城市垃圾处理现状与对策 [J]. 中国城市环境卫生，1999 (6)：11-12.

对场地的要求较高，一般要求远离市区。其次，采用这种方式有沼气爆炸的危险，还要防止滤液渗漏污染地下水和土壤，造成二次污染。最后，采用这种方式，垃圾彻底降解的时间较长，当同一个地方的垃圾降解量达到一定程度时，需要考虑更换新的场地，这就会浪费大量土地资源。另外，采用这种方式不利于资源的回收利用。

（五）对公众的环境保护宣传教育存在不足

公众环保意识的形成与宣传教育有很大关系，但目前××区的环境保护宣传教育较少，很多只是流于形式，同时也未针对不同的群体制订不同的宣传计划，没有达到理想的宣传效果。另外，由于一些人的环保意识较差，对于下一辈的环保意识教育也就更加有限。

（六）生活垃圾处理缺乏有效的监督机制

一方面是政府监督，政府是对城市生活垃圾处理进行监督的主力，但由于相关法律法规不完善，政府缺少监督的依据。同时缺乏一个完备的监督体系，政府部门既是监督机构，又是执行单位，自然存在监管不力的现象。另一方面是居民监督，居民作为城市的主人，是对周边环境最有发言权的人。但是，由于部分居民的环保意识薄弱，对垃圾处理相关政策及具体实施不甚了解，造成其无法对垃圾处理工作进行合理的监督。

五、走出重庆市××区生活垃圾处理困境的对策

（一）加快政府职能转变，引入竞争机制，推进市场化改革

在社会主义市场经济条件下，市场应该在资源配置中起决定性作用，对公共服务的提供也是一样。单纯以政府为主导，会出现如同"市场失灵"一般的"政府失灵"，不利于发挥政府的实际作用。城市生活垃圾处理作为公共性事务，本来是由政府全权主导的，但面对现实情况，垃圾处理不应仍采用传统的由政府全权包揽的形式。应该引入竞争机制，可采用公开招投标的方式，促进政府、企业、个人和相关自治组织多方参与；应该充分发挥市场的

作用，推进垃圾处理的社会化、市场化运营。❶

引入竞争机制不是否定政府的主体地位，政府应不断强化其在生活垃圾处理方面的主体地位，以制定相关的法律法规为主，并维护好相关制度。同时发挥其在财政方面的作用，保证财政扶持力度。另外，政府应加强对垃圾处理的监管工作。❷

政府公共部门由于其固有的特性，存在效率低下的特征，其效率通常低于企业，因此，在进行成本效率比对后，应适当引入企业等多方参与，采用PPP模式❸，即政府公共部门与私营部门进行合作。例如，采用建设—经营—转让（BOT）模式，通过政府提供资金建设公共服务所需的基础设施，经营一段时间后，再转让给企业运行。通过转让给企业运转，一方面可大大提高城市生活垃圾处理效率，另一方面可节约垃圾处理成本。再如建设—转让（BT）模式，由政府出资建设，再移交给企业经营，通过与企业签订合同，约定企业定期向政府返还一定比例的利润。❹

（二）完善生活垃圾清运收费制度

本着谁污染谁治理，谁排放谁负责的原则，政府应进一步完善生活垃圾处理费的收费管理制度。

针对生活垃圾处理费用开征率较低的问题，政府应通过实地调研等方式，结合居民收入、生活垃圾处理耗费的资金等多方面的内容，来制定并完善符合当地实际情况的垃圾处理费收费标准；针对收缴率较低的问题，对城市垃圾处理费用的征收工作应遵循统一领导、分级管理的原则，在区政府高度支持的前提下，设立城市生活垃圾处理费征收机构或小组，同时各部门积极配合，共同协调好生活垃圾处理费征收工作。对于故意拖缴或不缴生活垃圾处理费的行为，制定一套行之有效的惩罚措施。针对拖缴或欠缴行为，责令当

---

❶ 魏敏，魏丽莉. 新公共管理视角下城市生活垃圾处理的市场化 [J]. 经济体制改革，2008 (1)：179-181.

❷ 王琪. 我国城市生活垃圾处理现状及存在的问题 [J]. 环境经济，2005 (10)：23-29.

❸ 孟春，李晓慧，张进锋. 我国城市垃圾处理领域的 PPP 模式创新实践研究 [J]. 经济研究参考，2014 (38)：21-27.

❹ 刘韬. 浅谈特许经营制度在公用事业中的应用 [J]. 中国集体经济，2010 (5)：56-58.

事人限期改正并补缴费用，若无效，则可对其进行罚款等处罚，保证收费的公平、公正。❶

(三) 借鉴并引进国外先进垃圾处理方式及技术

我国城市生活垃圾处理不管是在技术上，还是在管理制度上，与发达国家相比还存在一定的差距，应该借鉴国外先进垃圾处理技术及管理制度。

在制度上，应建立完备的法律体系，通过法律手段来规范垃圾处理行为。例如，德国有多部垃圾处理相关法律法规，涉及多个方面及具体细节，如《避免垃圾与利用垃圾法》《循环经济与垃圾法》《环境责任法》等。❷ 同时，应大力推行垃圾分类制度，从源头上减少垃圾对环境的污染，同时对废弃物品进行再回收，提高资源利用率。例如，日本对生活垃圾分类有着近乎严苛的要求。

在技术上，应大力推行使用焚烧、堆肥等方式，减少使用填埋式的垃圾处理方式。例如，印度重视废物再利用，用堆肥、焚烧等垃圾处理方式代替填埋法，通过对生活垃圾进行特殊的焚烧处理来发电，既能保护土壤和水源，又能产生人类需要的能源，一举两得，达到了循环利用废物的目的。❸

综上所述，我国要借鉴国外先进的垃圾处理方式及技术。一方面应通过法律手段来规范各方行为，大力推行垃圾分类制度；另一方面要改变传统的垃圾处理方式，重视资源的回收利用。❹

(四) 加强宣传教育，提高公民的环保意识

一方面，利用传统媒介与现代媒介结合的方式，传统媒介如报纸、室外广告等，现代媒介如网络、公交广告等，充分宣传环境保护的重要性，提高公民的环境保护意识，引导其自觉遵守相关的环境保护规定，树立起环境保

---

❶ 孔令磊. 城市生活垃圾处理问题的财政视角分析 [J]. 经济与管理评论，2008 (1)：109-111；于立杰. 我国城市生活垃圾处置收费制度研究 [D]. 北京：中国政法大学，2011.

❷ 李湘洲. 国内外城市垃圾的处理现状与趋势 [J]. 再生资源研究，1998 (4)：31-34.

❸ 李晶，华珞，王学江. 国内外城市生活垃圾处理的分析与比较 [J]. 首都师范大学学报 (自然科学版)，2004 (3)：73-80.

❹ 李思思. 我国城市生活垃圾污染防治立法问题研究 [D]. 长春：吉林大学，2010.

护意识。另一方面，学校、家庭应该是宣传教育的主力，学校和家庭应对新一代青少年进行提升环境保护意识的引导，家庭成员平时应该以身作则地为孩子树立榜样。学校应定期对学生进行环保知识的传授，培养学生的环境保护意识。此外，还可以通过举办各类活动来提升环保意识，以社区为单位，定期邀请居民开展环境保护相关娱乐活动，使居民在游戏中潜移默化地提高环境保护意识。[1]

（五）完善城市生活垃圾处理的监督机制

城市生活垃圾处理涉及多个环节，各个环节紧密配合，才能合理地利用相关资源，节约成本。严格加强对垃圾处理的收集、运输以及填埋过程的监管，防止相关环节涉及的人员走捷径，省略重要环节，破坏相关设施设备，缩短相关场地的使用寿命，同时严厉打击违反相关规定的行为。

六、结语

我国正处于生态文明建设和城市化的重要阶段，生活垃圾处理问题至关重要。生活垃圾处理不当，会破坏人类赖以生存的环境。正确处理生活垃圾，从宏观角度来讲，有利于建设社会主义生态文明，构建和谐社会；从微观角度来说，有利于营造良好的居住环境，提高居民的生活质量。笔者通过在重庆市××区进行实地调查，同时在政府相关官方网站上查找数据，对得到的资料进行研究分析，得出重庆市××区城区生活垃圾处理存在效率低下、资金短缺等问题，并从政府管理的角度，针对××区城区生活垃圾处理问题提出了解决方案，主张城市生活垃圾处理市场化运营。由于部分资料获取存在一定的难度，以及本人知识储备有限，难免存在不足之处，所以对涉及城市垃圾处理技术的部分仅进行了浅谈。

综上所述，虽然我国在城市生活垃圾处理上机制还不够成熟，技术也不够先进，但也应该看到城市生活垃圾处理的发展潜力和广阔前景。在看到城

---

[1] 刘盛萍，蔡敬民，吴克，等. 城市生活垃圾处理现状及对策探讨［J］. 合肥学院学报，2005（4）：53-57.

市生活垃圾处理的复杂性的同时，也应该对我国城市生活垃圾处理的未来充满信心，今后应在技术上不断实现进步和创新，直至解决目前生活垃圾处理中的问题，实现城市的可持续发展。

参考文献

[1] 关于提升永川"双百"大城市生活垃圾处理能力的调查及建议[EB/OL].(2012-10-07)[2023-11-06]. http://www.ycqzx.gov.cn/scdy/spdybg/201704/t20170424_310220.html.

[2] 潘顺昌.城市垃圾处理现状与对策[J].中国城市环境卫生,1999(6):11-12.

[3] 魏敏,魏丽莉.新公共管理视角下城市生活垃圾处理的市场化[J].经济体制改革,2008(1):179-181.

[4] 王琪.我国城市生活垃圾处理现状及存在的问题[J].环境经济,2005(10):23-29.

[5] 孟春,李晓慧,张进锋.我国城市垃圾处理领域的PPP模式创新实践研究[J].经济研究参考,2014(38):21-27.

[6] 刘韬.浅谈特许经营制度在公用事业中的应用[J].中国集体经济,2010(5):56-58.

[7] 孔令磊.城市生活垃圾处理问题的财政视角分析[J].经济与管理评论,2008(1):109-111.

[8] 李湘洲.国内外城市垃圾的处理现状与趋势[J].再生资源研究,1998(4):31-34.

[9] 李晶,华珞,王学江.国内外城市生活垃圾处理的分析与比较[J].首都师范大学学报(自然科学版),2004(3):73-80.

[10] 刘盛萍,蔡敬民,吴克,等.城市生活垃圾处理现状及对策探讨[J].合肥学院学报,2005(4):53-57.

[11] 于立杰.我国城市生活垃圾处置收费制度研究[D].北京:中国政法大学,2011.

[12] 李思思.我国城市生活垃圾污染防治立法问题研究[D].长春:吉林大学,2010.

基层政府编外人员的公共服务动机研究

——以广州市××街道办事处编外人员为例

李 智 黄宝晴[1]

摘 要：随着政府职能范围的扩大，政府编外人员数量不断增加，编外人员的管理成为政府人事管理中的重要问题。在现有的研究中，对政府编外人员的研究多为现状与问题的分析，并没有涉及编外人员的公共服务动机。现有关于公共服务动机的研究文献中，研究对象基本上都锁定为具有公务员编制的政府公职人员，鲜有针对政府编外人员公共服务动机进行的研究。本文以广州市××街道办事处为个案，对该街道办事处编外人员的公共服务动机进行问卷测量和访谈。研究发现，基层政府编外人员具有良好的公共服务动机，性别、年龄和学历水平等人口统计学变量并不显著影响政府编外人员的公共服务动机。

关键词：基层政府；编外人员；公共服务动机

---

[1] 李智，广州大学公共管理学院副教授；黄宝晴，广州大学公共管理学院本科生。

一、问题的提出

随着政府职能范围的不断扩大,在强约束的编制制度和工作任务的双重压力下,政府编外人员数量不断增加。我们可以把政府"编外人员"列入政府公职人员序列加以研究,原因如下。其一,责任主体一致。政府"编外人员"协助或独立完成的工作原本应该由公务员完成,现在由"编外人员"协助或独立完成,功绩与追责最终都要诉诸政府或公务员。其二,工作目标一致。政府"编外人员"的工作目标与公务员一致,都是提供公共产品或公共服务,维护公共利益。其三,公共财政支出一致。"编外人员"在公共财政中单独列支,但也来源于公共财政。因此,"政府'编外人员'属于政府公职人员,与公务员共同构成了政府公职人员队伍"❶。近年来政府编外人员数量不断增加,特别是在基层政府部门,这一群体在工作中与人民群众接触甚多,负责行政辅助、协管、后勤等事务。他们与在编公务员在工资待遇、绩效考核、职业发展等一系列管理上存在较大的差异,又因为政府部门对编外人员的录用、管理等较为随意,进一步导致部分编外人员在工作上不作为、工作效率低,给政府相关工作造成一定的负面影响。

为了更好地对政府"编外人员"进行管理,必须首先了解这一群体。事实上,对政府"编外人员"的研究近几年已成为一个热点。相关研究主要集中在政府编外人员的规模、薪酬待遇,政府编外人员数量增加的原因及带来的问题和风险等方面。有些学者认为,传统的官吏分途演变成当下的科层内部市场化,次官僚被吸纳到官僚体系中。❷ 还有学者以公安机关对警务辅助人员的使用和管理为例,建构了一个不完全行政外包的理论分析框架,揭示了不完全行政外包的政府组织产生过程。❸ 上述研究有助于我们理解政府"编外人员"这个群体,并为更好地管理政府"编外人员"提供了启示。但为了更好

---

❶ 胡晓东. 我国政府"编外人员"隐形膨胀研究:一个基于我国地方政府的案例调查 [J]. 甘肃行政学院学报,2017(2):30-40.

❷ 倪星,郑崇明. 从官吏分途到科层内部市场化:次官僚与国家治理的有效性 以公安机关警务辅助力量为研究对象 [J]. 领导科学论坛,2016(9):29-34.

❸ 倪星,郑崇明. 非正式官僚、不完全行政外包与地方治理的混合模式 [J]. 行政论坛,2017(2):40-46.

地了解政府"编外人员"这个群体,我们还应知晓他们为什么要进入政府,成为没有公务员编制的临时人员;他们是否具备利他主义行为,等等。而这些问题恰好是公共服务动机理论的研究范畴。现有的对公共服务动机的研究多以具有公务员编制的政府公职人员为研究对象,鲜有以政府"编外人员"为研究对象进行的公共服务动机研究。基于此,本文提出如下问题:政府"编外人员"的公共服务动机是怎样的?这个群体的个体特征诸如性别、年龄和学历层次等人口统计学变量是否会影响他们的公共服务动机?

二、核心概念的界定和分析框架

政府"编外人员",是指由政府以各种形式聘用,由政府财政负担薪酬,却缺乏固定编制的工作人员。他们利用公共权力,维护公共利益,解决公共问题,提供公共产品或公共服务。[1]

佩里和怀斯(Perry and Wise)在1990年发表的论文中,正式提出公共服务动机的概念。他们认为公共服务动机是人们渴望消除或满足的一种心理需求,并将公共服务动机定义为"个人对公共机构重要或特有目标做出敏感反应的心理倾向"。[2] 此后,一些学者在对公共服务进行深入探索和研究的基础上提出许多不同的定义。瑞尼和斯坦伯尔(Rainey and Steinbauer)将公共服务动机定义为"一种服务于团体、地方、国家或全人类利益的利他主义动机"。[3] 这种动机足以使人们致力于公共服务事业,并不断提升其积极性。西梅奥尼(Simeone)将理想的公共服务描写为近似于爱的概念,公共服务使命感、强烈的目标和承诺感、自我奉献精神,都蕴涵于这种理想模式中。[4] 虽然佩里和怀斯的定义为许多学者所接受,但有批评者认为理性动机是追求自我

---

[1] 吕方. 中国地方政府的"影子雇员"与"同心圆"结构:基于街道办事处的实证分析 [J]. 管理世界,2015(10):106-116.

[2] PERRY J L, WISE L R. The motivational bases of public service [J]. Public Administration Review, 1990, 50 (3): 367-373.

[3] RAINEY H G, STEINBAUER P. Galloping elephants: Developing elements of a theory of effective government organizations [J]. Journal of Public Administration Research and Theory, 1999 (1): 1-32.

[4] SIMEONE A. The ideal of public service: The reality of the rhetoric [D]. Blacksburg: Virginia Polytechnic Institute and State University, 2004.

利益最大化，不应纳入公共服务动机；还有批评者认为，佩里和怀斯的定义是基于美国背景而提出的，难以适用于其他国家的研究。公共服务动机是一个多维度的抽象概念，是难以描述的内在心理过程，它会随时间推移而变化，且在不同的机关部门中的表现各不相同。凡德拉比（Vandenabeele）在整合多种观点的基础上提出了一个涵盖更广的定义，认为公共服务动机是一种超出个人和部门利益的信仰、价值观和态度，它关注的是更为广泛的政治组织的利益，并且激励个人在适当的时候采取相应的行为。❶

至于公共服务动机的结构，目前学术界最具权威性和代表性的是佩里的四个维度划分方法。首先，佩里通过对公共服务动机相关文献的梳理和整合，把公共服务动机划分为三种类型，即理性动机、规范动机和情感动机。❷ 理性动机指的是对参与公共政策制定的兴趣、对私人或公共利益的态度等；规范动机指的是对公共集体的忠诚度以及服务公众或维护公共利益的愿望强烈程度；情感动机指的是对公共集体的热爱或对他人的怜悯和同情程度。后来，佩里通过反复实证测量和研究，最终将公共服务动机内容分为四个维度，即对制定公共政策感兴趣、认同公共利益、具有奉献精神以及同情心，并以此为基础编制了可供直接测量的公共服务动机量表。❸ 本文以佩里关于公共服务动机的四维理论为理论框架。

三、研究方法

本文采用便于深度分析的个案，希望在对案例进行详尽描述的基础上，为今后该领域的理论建构提供经验事实和启示。之所以选择街道办事处，盖因为街道办事处是我国基层政府的派出机关，是国家与社会交接的地方，其公务人员与民众生活息息相关。本文基于对街道办事处的"编外人员"进行实证分析，来"窥一斑而见全豹"，以此推断并分析当前政府公务人员的整体

---

❶ VANDENABEELE W. Toward a public administration theory of public service motivation: An institutional approach [J]. Public Management Review, 2007, 9 (4): 545-556.
❷ PERRY J L. Measuring public service motivation: An assessment of construct reliability and validity [J]. Journal of Public Administration Research and Theory, 1996, 6 (1): 5-22.
❸ PERRY J L. Antecedents of public service motivation [J]. Journal of Public Administration Research and Theory, 1997, 7 (2): 181-197.

情况。本文所使用的案例材料主要来自 2017 年 11 月至 2018 年 2 月笔者在广州市××街道办事处所做的"田野"调查。在实地调研中,笔者综合使用了问卷调查法、访谈法和参与式观察等资料收集方法。①问卷调查法。笔者发放了 100 份编外人员的公共服务动机测量问卷,这些问卷的填写都是自愿的和匿名的。问卷数据回收后采用统计软件 IBM SPSS 21.0 进行数据分析,能够在较短的时间内对研究对象的公共服务动机有一个较为准确的把握。②访谈法。笔者对该街道办事处 10 名编外人员进行访谈和不定期交流,共访谈了两次,从访谈和交流中获取与公共服务动机相关的信息以及各方面的资料,为本文研究结论提供更深入的佐证,并为论文观点提供支持。③参与式观察。在调研期间,我们对被研究对象的行为、表达的环境做了大量细致的观察,并注重文字记录、现场拍摄、追问和反思。

四、××街道办事处编外人员公共服务动机测量与分析

(一) 公共服务动机的测量

目前对公共服务动机的研究,主要有以下三种测量方法:①间接测量。通过对公共部门与私人部门在报酬偏好上的差异进行对比,从而对公共服务动机进行间接测量。用个人的报酬偏好代替动机偏好,从而间接推断其公共服务动机。这种测量途径是最早出现并流行的一种测量方法,但是,以个人对报酬的评价为测量重点往往会受到社会期待效应的影响。❶ ②直接测量。采用佩里设计的量表进行公共服务动机的直接测量,佩里通过梳理已有的公共服务动机研究成果,以公共服务动机四个维度为基础,设计了包含 24 项内容的公共服务动机量表。佩里的量表是从不同维度的多个项目内容进行直接测量,相对全面和准确,目前已经成为广泛应用的直接测量问卷之一。③行为测量。通过观察亲社会行为或个体参与公共服务活动的态度等对公共服务动机进行间接测量。此观点认为,公共服务动机是一种内心活动,难以通过直接测量得出,但是其根据内在动机所做出的反应和行为是可以观察的,而且往往更具有真实性。但是,此方法需要经过长期的观察,并且个人的亲社会

---

❶ 曾军荣. 公共服务动机:概念、特征与测量 [J]. 中国行政管理, 2008 (2): 21-24.

行为也不一定是利他主义的。

（二）研究对象的选择及情况分析

××街道办事处是笔者进行田野调查的单位。通过日常观察和了解，该街道的编外人员主要从事安全管理服务、流动人员管理服务、行政辅助性事务、协管服务、后勤服务等。如表1所示，该街道办事处具有数量较大的编外人员，其比例高达74%，接近街道办事处总人数的3/4，以此为研究对象具有一定的代表性。

表1　广州市××街道办事处人员分布概况

项目	编内人员 （含行政编制和事业编制）	编外人员	总计
数量（名）	86	244	330
比例	26%	74%	100%

注：数据截至2018年2月。

（三）研究假设的提出

个体的公共服务动机水平受到多维度因素的影响，但现阶段国内外的研究表明，个体是影响公共服务动机的重要因素。佩里在1997年的撰文中分析了公共服务动机的前因，发现年龄、性别、学历水平等对公共服务动机有影响。其他诸如潘迪和怀特（Pandey and Wright）等学者研究发现年龄和学历水平较高的个体，其公共服务动机水平也相对较高。[1] 据此，本文提出以下假设：

（1）性别显著影响政府编外人员的公共服务动机。
（2）年龄显著影响政府编外人员的公共服务动机。
（3）学历水平显著影响政府编外人员的公共服务动机。

（四）政府编外人员公共服务动机问卷设计

本研究采用的量表主要参考了佩里设计的公共服务动机量表，根据编外

---

[1] PANDEY S K, WRIGHT B E, MOYNIHAN D P. Public service motivation and interpersonal citizenship behavior: Testing a preliminary model [J]. International Public Management Journal, 2008, 11 (1): 89-108.

人员的一些特性对测量量表进行合理的调整。另外，为了避免受访者做出中庸的选择，问卷设计中采用了李克特六级量表，以四个维度展开，共计 22 个项目（见表2）。在问卷中注明数据的收集仅用于研究，并且为匿名填写，以打消受访者的顾虑，希望最大限度地保证数据的准确度。

表 2　政府编外人员公共服务动机测量量表

维度	题项	李克特六级量表
PSM1：公共政策制定吸引力	PSM1.1　我有兴趣帮助改善公共服务	非常符合（6分） 非常不符合（1分）
	PSM1.2　我对协商制定有益于社会百姓的公共项目很有兴趣	
	PSM1.3　我很有兴趣与他人分享我对公共政策的看法和意见	
	PSM1.4　为公共项目和政策出力，有助于自我价值的实现	
PSM2：认同公共利益	PSM2.1　我对所在社区的事情很有兴趣	
	PSM2.2　为我所在的社区服务，我可以不计回报	
	PSM2.3　对我而言，有意义的公共服务是很重要的一部分	
	PSM2.4　有些公共规划对我不便，但是如果对大家都有益，我也愿意接受	
	PSM2.5　我把公共服务视为公民应尽的责任义务	
	PSM2.6　对于大多数公共政策，我都十分支持	
	PSM2.7　对我而言，造福社会比获得个人的成功更有意义	
PSM3：奉献精神	PSM3.1　我认为，"帮助他人就是帮助自己"	
	PSM3.2　我很乐意服务市民，即使没有人向我支付报酬	
	PSM3.3　我认为，比起索取，人应该更多地回馈社会	
	PSM3.4　我能不顾自身利益去帮助他人	
	PSM3.5　我愿意竭尽全力为社会做出贡献	
	PSM3.6　舍己助人者不多，但我是其中之一	
	PSM3.7　我崇尚责任高于一切	
PSM4：同情心	PSM4.1　我认为，人是相互依赖的	
	PSM4.2　看到他人的不幸时，我非常难受	
	PSM4.3　我同情社会上弱势群体的处境	
	PSM4.4　对我来说，关心他人的社会福利很重要	

(五) 政府编外人员公共服务动机访谈提纲设计

本文中编外人员公共服务动机访谈提纲是参考问卷测量量表中不同维度的一些项目设计的，以此为基础对受访者进行访谈和交流，受访者选取于××街道办的不同部门或者不同科室的编外人员。在××街道办调查的过程中，利用工作的来往关系，选取约10名编外人员进行关于公共服务动机的进一步访谈和交流，为本文研究和观点提供佐证。

五、样本数据分析与结果

(一) 信度与效度检验

1. 信度检验

数据收集完成后，经检验，本文测量问卷的 α 信度系数为 0.979，并且各个维度的 α 值均达到 0.900 以上，表明本次量表问卷具有良好的信度，见表3。

表3 公共服务动机量表信度系数

维度	PSM1：公共政策制定吸引力	PSM2：认同公共利益	PSM3：奉献精神	PSM4：同情心	公共服务动机总量表
项数	4	7	7	4	22
α信度系数	0.934	0.950	0.948	0.905	0.979

2. 效度检验

本文的问卷测量量表主要参考佩里的公共服务动机量表，并参考国内本土化的研究成果适当地调整相关内容，保证了效度和可操作性，见表4。在效度检验上，对测量问卷的项目进行因子分析，经过 *KMO* 量数和巴特利球形检验，发现 *KMO* 值为 0.944，且 *P* 值达到显著水平，说明适合进行因子分析。另外，各题项的累计解释总方差为 75.509%，说明因子具有可解释性。旋转后的因子荷载值大部分大于 0.5，维度四（PSM4）的项目因子荷载值为 0.3~0.5，但是该维度项目作为佩里经典量表中的一部分在此次研究中需要保留下来。

表 4 公共服务动机量表项目因子荷载值

项目	公共政策制定吸引力	认同公共利益	奉献精神	同情心
PSM1.1	0.836			
PSM1.2	0.789			
PSM1.3	0.828			
PSM1.4	0.788			
PSM2.1		0.632		
PSM2.2		0.711		
PSM2.3		0.720		
PSM2.4		0.755		
PSM2.5		0.748		
PSM2.6		0.719		
PSM2.7		0.724		
PSM3.1			0.700	
PSM3.2			0.676	
PSM3.3			0.632	
PSM3.4			0.747	
PSM3.5			0.800	
PSM3.6			0.826	
PSM3.7			0.707	
PSM4.1				0.420
PSM4.2				0.313
PSM4.3				0.333
PSM4.4				0.297

(二) 样本情况分析

××街道办的编外人员并不全都常驻在街道办事处，在该街道办工作人员的帮助下，收集了 100 份编外人员的公共服务动机测量问卷，这些问卷的填写都是自愿的和匿名的。经过数据分析，在这 100 名编外人员中，有 31 名是男性，69 名是女性；分别处于不同的年龄阶段，多为 35 岁以下（见图 1）；

最高学历多为大专和本科（见图2）；大多数编外人员在该街道办的工龄为2年以上，选择"3~5年（不含5年）"和"5~10年（不含10年）"的占比最多（见图3）。

从问卷样本的情况来看，当前××街道办事处编外人员大多数为年轻的和受过良好教育的人员，其工龄在1年以下的仅占10%左右，说明政府编外人员更加类似于"长期固定用工"，那么政府编外人员的公共服务动机研究就更具有现实价值。

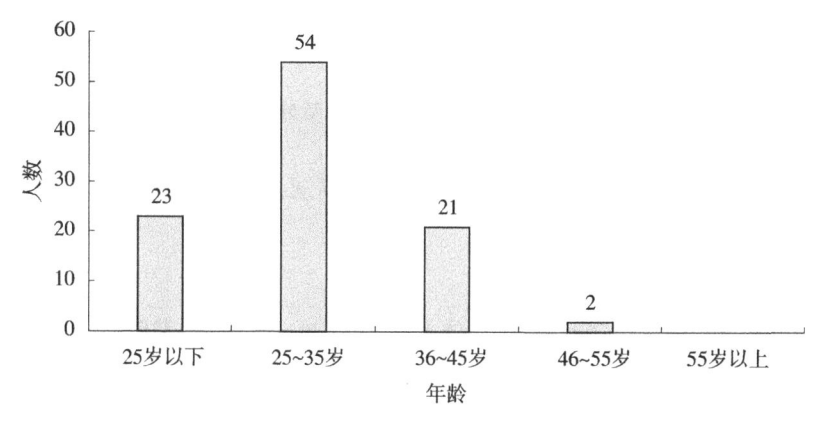

图1 被试编外人员的年龄分布

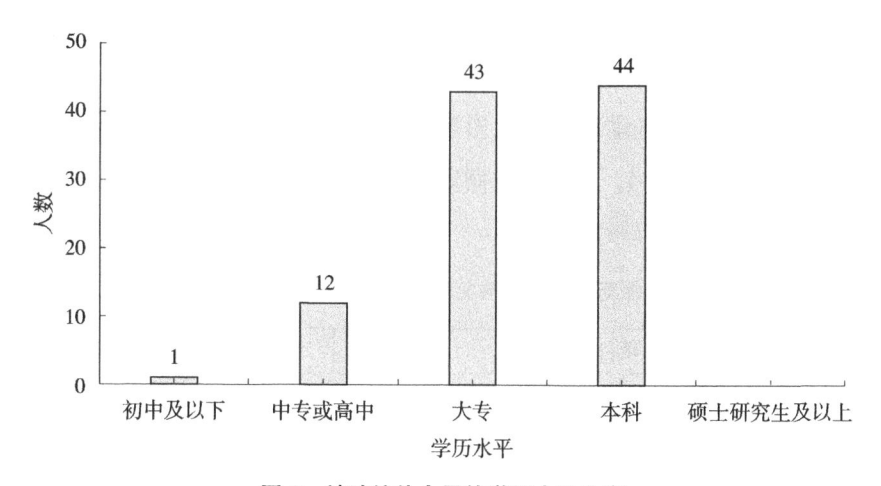

图2 被试编外人员的学历水平分布

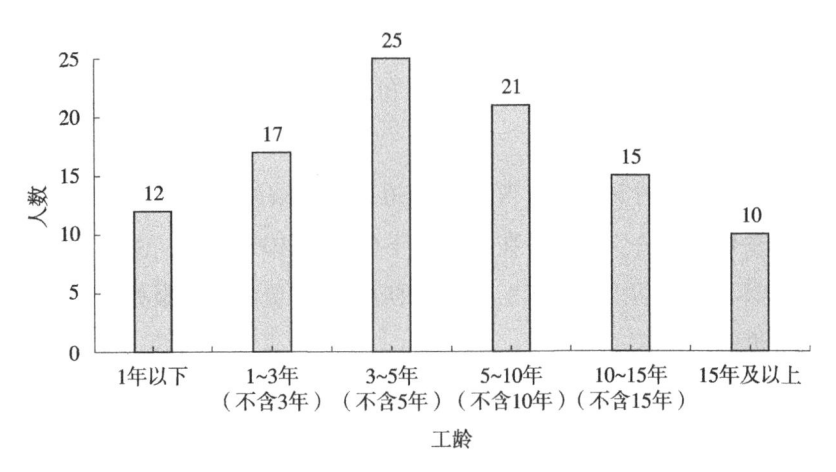

图3 被试编外人员的工龄分布

(三) 政府编外人员公共服务动机总体情况及各维度解读

1. 总体情况描述

根据表5，公共服务动机的总体水平均值为4.6282，表明政府编外人员的公共服务动机水平较高。首先，从对公共服务动机总体水平的贡献率来看，公共政策制定吸引力解释了公共服务动机的总体水平的82.3340%，认同公共利益解释了公共服务动机的总体水平的11.4750%，二者累计达到93.8090%，由数据可以得出，在公共服务动机的四大维度中，公共政策制定吸引力和认同公共利益是公共服务动机的两大影响因素。奉献精神均值为4.5829，认同公共利益均值为4.5714，公共政策制定吸引力均值为4.5475，可认为这一结果受到了编外人员岗位属性的影响。

表5 公共服务动机总体情况及各维度描述统计量 (N=100)

项目	均值	标准差	贡献率 (%)
PSM1：公共政策制定吸引力	4.5475	0.9479	82.3340
PSM1.1 我有兴趣帮助改善公共服务	4.6600	1.0070	
PSM1.2 我对协商制定有益于社会百姓的公共项目很有兴趣	4.5000	1.0200	
PSM1.3 我很有兴趣与他人分享我对公共政策的看法和意见	4.4500	1.0290	

续表

项目		均值	标准差	贡献率（%）
	PSM1.4 为公共项目和政策出力，有助于自我价值的实现	4.5800	1.0460	
PSM2：认同公共利益		4.5714	0.8911	11.4750
	PSM2.1 我对所在社区的事情很有兴趣	4.4600	1.0190	
	PSM2.2 为我所在的社区服务，我可以不计回报	4.2100	1.1490	
	PSM2.3 对我而言，有意义的公共服务是很重要的一部分	4.6200	0.9930	
	PSM2.4 有些公共规划对我不便，但是如果对大家都有益，我也愿意接受	4.6600	0.9970	
	PSM2.5 我把公共服务视为公民应尽的责任义务	4.6200	0.9620	
	PSM2.6 对于大多数公共政策，我都十分支持	4.8100	0.9610	
	PSM2.7 对我而言，造福社会比获得个人的成功更有意义	4.6200	1.0230	
PSM3：奉献精神		4.5829	0.9275	4.9410
	PSM3.1 我认为，"帮助他人就是帮助自己"	4.9600	0.9630	
	PSM3.2 我很乐意服务市民，即使没有人向我支付报酬	4.4400	1.2250	
	PSM3.3 我认为，比起索取，人应该更多地回馈社会	4.7900	0.9880	
	PSM3.4 我能不顾自身利益去帮助他人	4.2000	1.1550	
	PSM3.5 我愿意竭尽全力为社会做出贡献	4.6100	1.0530	
	PSM3.6 舍己助人者不多，但我是其中之一	4.4500	1.0090	
	PSM3.7 我崇尚责任高于一切	4.6300	1.0120	
PSM4：同情心		4.8875	0.8538	4.8870
	PSM4.1 我认为，人是相互依赖的	4.8600	0.9540	
	PSM4.2 看到他人的不幸时，我非常难受	5.0200	0.9100	
	PSM4.3 我同情社会上弱势群体的处境	5.0000	0.8650	
	PSM4.4 对我来说，关心他人的社会福利很重要	4.6700	1.1200	
公共服务动机总体水平		4.6282	0.8524	

2. PSM1：公共政策制定吸引力

关于"公共政策制定吸引力"的情况，编外人员在该维度上的均值是4.5475，四个子维度的均值无太大差异，其中"我很有兴趣与他人分享我对公共政策的看法和意见"的分值最低，这与编外人员的工作属性有很大的关联，一般来说，政府的编外人员从事的基本上是基层执行性和行政辅助性工作，鲜有机会表达其对公共政策的看法和意见，所以其对分享关于公共政策的看法和意见的热情较低。

看情况吧，因为实际上这样的机会很少啊，而且基本上也没有我们编外人员发言的份，一般话语权和决定权也都在上级领导那吧，所以就不凑热闹了。❶

我作为一名政府基层工作人员，平时同基层人员、群众打交道比较多，能从侧面了解到大家的需求，如果有机会参与制定公共政策的话，我就可以从基层人员需求出发提出相关意见或建议，为老百姓争取多点相关各方面的保障。❷

在访谈中，个别受访者认为自己身为编外人员基本没有决策权，因此参与热情较低；也有受访者表示如果有机会，愿意积极参与公共政策的制定，他们认为参与公共政策的制定有助于提高公共服务质量，公共服务的改善也必须通过公共政策的制定来实现，并且表示一项好的公共政策应该是倾向于公众利益的。

3. PSM2：认同公共利益

编外人员在"认同公共利益"维度上的均值是4.5714，该维度上7个子项目的均值最大的是对公共政策的支持，最小的是不计回报为社区服务，其他子项目差异不大。对公共政策的支持均值高达4.8100，这与我国文化中的高权力距离认同和权威取向有一定的关系。另外，编外人员在政府部门中一般担任行政辅助和后勤执行岗位的事务，通常不涉及决策层面，因此对政策

---

❶ 访谈记录编号 2017122503b。
❷ 访谈记录编号 2017122503c。

的支持率高有利于其工作的正常开展。

我最看不起那些损害公共利益的人和事情。如果可以选择,我会积极举报。损害公共利益或损害大多数人民群众利益的人和事情,给国家和社会带来损害,给纳税人增加负担,最终受害的还是人民群众。❶

我认为做损害公共利益的事情的人是极没素质的,这种人只顾自己的私利,枉顾真正有需要的人,损害了集体利益,必须举报从而维护公共集体的利益。❷

举报的话我会视损害程度而定。情况轻微时劝说,劝说无效或情况严重会举报,危害公共利益或损害大多数人民群众利益的行为不应容忍。❸

就"如何看待损害公共利益的人和事情以及是否进行举报"的访谈,大部分受访者认为对于损害公共利益的人和事情必须积极举报,他们认为,个体在集体中必须顾及集体利益,维护公共利益也是在维护个人利益。虽然也有受访者认为举报应该视情况而定,但其也认为损害公共利益的人和事情不应容忍。

4. PSM3:奉献精神

编外人员在"奉献精神"维度上的均值是4.5829,该维度上7个子项目的均值最大的是"帮助他人就是帮助自己",最小的是"我能不顾自身利益去帮助他人"。"帮助他人就是帮助自己"植根于我国的教育体制和文化中;志愿服务公众、回馈社会、崇尚责任都得到了较大的支持,表明编外人员在工作中崇尚奉献精神。中华人民共和国成立以来,我国政府部门一直强调"为人民服务",政府编外人员也是政府部门工作的一分子,自然也深受此价值取向的影响。虽然对"我能不顾自身利益去帮助他人"的认可度相对较低,但可以认为是受到工作身份的影响。政府编外人员相比于在编人员,容易受到他人对其身份的歧视,在一定程度上影响了其"无私"程度和奉献的积极性。

---

❶ 访谈记录编号 2017122505b。
❷ 访谈记录编号 2017122605e。
❸ 访谈记录编号 2017122505a。

5. PSM4：同情心

编外人员在"同情心"维度上的均值是 4.8875，该维度子项目"看到他人的不幸时，我非常难受"和"我同情社会上弱势群体的处境"的均值尤为突出，分别为 5.0200 和 5.0000。我国政府一直提倡和谐社会建设，关心弱势群体。政府编外人员作为政府基层工作人员，一般都会积极响应政府部门的号召，投入相关工作中，从而也会影响这种动机的发展。在访谈中，当被问及"是否做出捐献或献血这类行为及其原因"时，不同的受访者有不同的说法，其中包括同情心、责任感和使命感、奉献精神、集体主义等。

有啊，出于同情心，对他人的遭遇表示同情，帮助到别人，我自己也能得到满足感，这是一件很开心、很有成就感的事情。❶

当然有，我认为这是对社会的一种责任感、对他人的一种奉献精神。每个人都会有遇到困难需要他人的帮助，只有倡导这样一种无私为他人奉献的社会环境，才能让人与社会更和谐发展，所以要从自己做起。❷

有，尽自己所能帮助到更多的人，他人有难，我作为社会上的一员，应该出一份力，帮助他人就是帮助自己嘛。❸

访谈结果显示，有受访者表示受同情心驱使，是一种善意行为，自己从中也能得到满足感。同时，也有不少受访者表示这是一种责任感和使命感，是社会所需要的一种奉献精神和氛围。还有人认为作为社会上的一分子，应该出一份力。可见，编外人员在同情心维度的表现受到了"奉献精神"和"公共利益认同"的影响，"同情心"维度虽然存在，但具有不稳定性，会受到其他维度的影响。

（四）人口统计学变量下的政府编外人员公共服务动机分析

（1）性别、年龄、学历层次并不显著影响政府编外人员的公共服务动机。

---

❶ 访谈记录编号 2017122506a-f.
❷ 访谈记录编号 2017122706i.
❸ 访谈记录编号 2017122706g.

根据表6，在性别的均值比较上，女性的公共服务动机水平为4.65，男性的公共服务动机水平为4.58，女性的公共服务动机水平略比男性的高，但是差异不明显。从各自的四个子维度得分情况来看，男性的均值得分仅在"制定公共政策吸引力"的维度上比女性高，这受到了我国传统文化中"男主外女主内"分工模式的影响，一般来说，在行政体制中，男性通常被认为适合担任领导职务。进一步对均值差异进行检验，见表7：按性别分组的独立样本的t检验，由于四个子维度的双侧显著性水平均大于0.05，因此认为政府编外人员的公共服务动机在性别上并不存在显著差异，这与我国学者李小华、朱春奎、叶先宝的相关研究成果一致。

表6 人口统计学变量下的公共服务动机各维度均值分析

项目		N	PSM1	PSM2	PSM3	PSM4	公共服务动机水平
性别	男	31	4.64	4.46	4.58	4.69	4.58
	女	69	4.51	4.62	4.59	4.97	4.65
年龄	25岁以下	23	4.45	4.41	4.55	4.80	4.53
	25~35岁	54	4.53	4.59	4.56	4.87	4.62
	36~45岁	21	4.58	4.59	4.54	4.92	4.63
	46~55岁	2	5.88	5.79	5.93	6.00	5.89
	55岁以上	0	—	—	—	—	—
最高学历	初中及以下	1	5.00	5.57	5.57	5.00	5.36
	中专或高中	12	4.58	4.71	4.83	5.08	4.80
	大专	43	4.45	4.39	4.45	4.74	4.49
	本科	44	4.62	4.69	4.62	4.97	4.70
	硕士研究生及以上	0	—	—	—	—	—
工龄	1年以下	12	4.65	4.74	4.80	5.17	4.82
	1~3年（不含3年）	17	4.51	4.53	4.64	4.82	4.61
	3~5年（不含5年）	25	4.30	4.37	4.39	4.75	4.43
	5~10年（不含10年）	21	4.64	4.59	4.56	4.81	4.63
	10~15年（不含15年）	15	4.67	4.59	4.51	4.88	4.63
	15年及以上	10	4.73	4.89	4.86	5.18	4.90

表 7 按性别分组的独立样本 t 检验

项目		方差方程的 Levene 检验		均值方程的 t 检验					差分的 90% 置信区间	
		F	Sig.	t	df	Sig.（双侧）	均值差值	标准误差值	下限	上限
公共服务动机水平	A	0.0650	0.7990	-0.4410	98	0.6600	-0.08164	0.18505	-0.44887	0.28558
	B			-0.4390	57.0630	0.6630	-0.08164	0.18613	-0.45736	0.29107
PSM1	A	0.0160	0.9000	0.6320	98	0.5290	0.12985	0.20559	-0.27814	0.53784
	B			0.6440	60.6730	0.5220	0.12985	0.20158	-0.27328	0.53298
PSM2	A	0.1480	0.7010	-0.8310	98	0.4080	-0.16029	0.19298	-0.54324	0.22267
	B			-0.8370	58.9750	0.4060	-0.16029	0.19144	-0.54337	0.22279
PSM3	A	1.3690	0.2450	-0.0490	98	0.9610	-0.00988	0.20157	-0.40989	0.39012
	B			-0.0500	61.0560	0.9600	-0.00988	0.19713	-0.40406	0.38429
PSM4	A	0.3460	0.5580	-1.5340	98	0.1280	-0.28109	0.18320	-0.64465	0.08247
	B			-1.4480	50.7120	0.1540	-0.28109	0.19417	-0.67096	0.10878

根据表 6，在年龄的均值比较上，随着年龄的增长，编外人员的公共服务动机水平升高，两者呈现微弱的正相关关系。究其原因：一般年龄较大的编外人员多为业务骨干或部门的负责人，这类人员的工作主动性和责任感比较强，并且多数受到上级领导的重视和同事的尊敬与爱戴，因此工作的责任意识和奉献意识会更强，公共服务动机水平也就更高。为了检验均值差异性，进一步进行单因素的方差分析，但是单因素方差结果显示（见表 8），不同年龄群体在各维度和公共服务动机总体水平上并不存在显著差异。

表 8 单因素方差分析结果

项目	PSM1	PSM2	PSM3	PSM4	公共服务动机水平
年龄	0.2380	0.2140	0.2320	0.3030	0.2000
学历	0.8250	0.2610	0.4060	0.5200	0.4370

根据表 6，在学历层次的均值比较上，"初中及以下"和"中专或高中"教育层次的均值最大，但由于本次研究中这两个学历层次的样本量较少，故

其统计结果不纳入研究结论。从"大专"和"本科"层次来比较，本科学历的公共服务动机水平均值（4.70）比大专学历的公共服务动机水平均值（4.49）高，从而可以看出，学历水平与公共服务动机有一定的联系，但是单因素方差结果显示（见表8），不同年龄群体在各维度和公共服务动机总体水平上并不存在显著差异。

（2）随着工龄的增加，公共服务动机水平呈U形特征。

根据表6，在工龄的均值比较上，随着工龄的增加，政府编外人员的公共服务动机呈现U形特征。究其原因：新入职的政府编外人员基于对新工作的热情，公共服务动机水平会比较高，然而随着工作时间的增加，如果没有及时对公共服务动机进行正向强化，其公共服务动机会有所变化，从数据来看，公共服务动机水平有所下降。但是，如果工龄继续增加，政府编外人员的公共服务动机水平又表现出上升趋势，一般工龄较长的编外人员多为部门的领导或者核心人员，他们的工作主动性和责任感比较强，长期的工作积累使其有较强的奉献意识，公共服务动机水平也会更高。

各个工龄段的人员分布较为均匀，并且约有70%的人的工龄在3年以上，说明政府编外人员的用工情况接近"长期固定用工"，与传统意义上的"临时工"有一定的差别。数据的走向表明了刚入职人员和工龄较长的编外人员的公共服务动机水平较高，重视对刚入职编外人员公共服务动机的加强和深入延展具有重要的意义，以便公共服务动机能够更有效地作用于日常工作中。

六、结论

政府编外人员近年来成为研究的热点，而关于编外人员公共服务动机的研究却寥寥无几。本文尝试将佩里的公共服务动机理论运用于分析政府编外人员的公共服务动机。根据上述分析，可以得出以下结论。第一，政府编外人员具有较强的公共服务动机。尽管"公共政策制定吸引力"和"认同公共利益"这两大维度是影响政府编外人员公共服务动机的重要因素，但由于政府编外人员的工作属性，使得"奉献精神"和"同情心"这两个维度在这个群体中表现得较为明显。政府编外人员的公共服务动机研究在非物质层面对政府人事管理是一个重要的补充。第二，在此次研究中，性别、年龄、学历层次并不显著影响政府编外人员的公共服务动机,但人口统计学变量与公共服务动机存在一定的内在联系,在今后的公共服务动机理论研究中需要深入探究。新入职的政府编外人员的公共服务动机需要得到积极引导和加强,以维持和不断提升其公共服务动机水平。

应该承认,本文还存在诸多不足。首先,本文只是对广州市××街道办进行的个案研究,研究对象只限于该街道办的编外人员,不能代表其他基层政府编外人员的全貌。其次,佩里理论框架的运用问题。本文运用的是佩里的公共动机理论的四维分析框架,即公共政策制定吸引力、认同公共利益、奉献精神以及同情心,并以此为基础编制了可供直接测量的公共服务动机量表。此框架用于分析政府编外人员的公共服务动机是否合适?是否需要进行某种程度的修正?编外人员更多的是在执行政策,较少参与公共政策的制定,因此,这个群体对制定公共政策是否感兴趣?这些都是需要仔细考虑的问题。再次,本文研究街道办编外人员,是将其作为一个整体进行研究,没有对编外人员进行分类,不同部门的编外人员的公共服务动机是否存在差异?这也是一个值得考虑的问题。例如,街道城管执法中队的编外人员与社会事务办公室的编外人员的公共服务动机是否一样。最后,政府编外人员与公务员共同组成了政府公职人员队伍,在街道办中,既有政府编外人员,也有公务员。如果对编外人员和公务员的公共服务动机进行比较研究,也许会得出很有意义的结论。

参考文献

[1] 胡晓东. 我国政府"编外人员"隐形膨胀研究:一个基于我国地方政府的案例调查 [J]. 甘肃行政学院学报, 2017 (2):30-40.

[2] 倪星,郑崇明. 从官吏分途到科层内部市场化:次官僚与国家治理的有效性 以公安机关警务辅助力量为研究对象 [J]. 领导科学论坛, 2016 (9):29-34.

[3] 倪星,郑崇明. 非正式官僚、不完全行政外包与地方治理的混合模式 [J]. 行政论坛, 2017 (2):40-46.

[4] 吕方. 中国地方政府的"影子雇员"与"同心圆"结构: 基于街道办事处的实证分析 [J]. 管理世界, 2015 (10): 106-116.

[5] PERRY J L, WISE R. The motivational bases of public service [J]. Public Administration Review, 1990, 50 (3): 367-373.

[6] RAINEY H G, STEINBAUER P. Galloping elephants: Developing elements of a theory of effective government organizations [J]. Journal of Public Administration Research and Theory, 1999 (1): 1-32.

[7] SIMEONE A. The ideal of public service: The reality of the rhetoric [D]. Blacksburg: Virginia Polytechnic Institute and State University, 2004.

[8] VANDENABEELE W. Toward a public administration theory of public service motivation: An institutional approach [J]. Public Management Review, 2007, 9 (4): 545-556.

[9] PERRY J L. Measuring public service motivation: An assessment of construct reliability and validity [J]. Journal of Public Administration Research and Theory, 1996, 6 (1): 5-22.

[10] PERRY J L. Antecedents of public service motivation [J]. Journal of Public Administration Research and Theory, 1997, 7 (2): 181-197.

[11] 曾军荣. 公共服务动机: 概念、特征与测量 [J]. 中国行政管理, 2008 (2): 21-24.

[12] PANDEY S K, WRIGHT B E, MOYNIHAN D P. Public service motivation and interpersonal citizenship behavior: Testing a preliminary model [J]. International Public Management Journal, 2008, 11 (1): 89-108.

半熟人社会下的农村公共文化供给问题及对策

——以重庆市S区为例

何 伟[1]

摘 要： 随着社会经济的不断发展，农村社会发生了很大的变化。费孝通所说的农民生产、生活与人情的三位一体的熟人社会已经逐渐衰落，代之而来的是贺雪峰所说的半熟人社会。[2] 在这个半熟人社会，农村公共文化与以往相比也衰落下来，因为人与人之间显得不再那么熟悉了。更为重要的是，由于农村公共文化供给上的不足，农村社会中的人们将会变得日益陌生。在乡村振兴战略的大背景下，农村公共文化建设已经成为农村发展的关键。[3] 2018 年的"中央一号"文件明确提出要加强农村公共文化建设，为农村提供更好的公共文化产品和服务。而农村公共文化供给又是重中之重，因而

---

[1] 何伟，西南政法大学政治与公共管理学院政治学硕士研究生，研究方向：乡村治理。
[2] 贺雪峰. 华中村治研究（2016 年卷）：立场·观点·方法 [M]. 北京：社会科学出版社，2016：166.
[3] 贺雪峰. 乡村建设的重点是文化建设 [J]. 广西大学学报（哲学社会科学版），2017（4）：87-95.

对其现状进行研究分析,从而提出一系列对策,对于实现乡村振兴具有重要意义。

关键词：半熟人社会；乡村振兴；公共文化供给

自改革开放以来,我国农村社会的形态发生了巨大变化,已从费孝通所说的乡土熟人社会变成了新乡土半熟人社会。大量农民离开自己的土地、离开自己的家乡,这不仅造成农村日益空心化,也造成外出农民工社会归属感的缺失与留守农民的农村公共活动的锐减,进而导致农民整体的公共精神和农村公共性的消退。因而,农村社会形态的变迁对公共文化供给具有直接的影响。笔者通过对重庆市S区的调查来探究半熟人社会下农村公共文化供给问题的现状并提出解决对策。

一、研究的必要性

在乡村振兴战略背景下,农村公共文化建设被提升到新的高度。随着农村的变化与发展,尤其是半熟人社会特性的出现,农村公共文化建设与以往有了很大的不同,因而必须对农村公共文化供给问题进行研究。

(一) 农村公共文化供给已经成为当前乃至未来我国乡村建设的主要内容

实现乡村振兴是一项长期而艰巨的任务,不仅要求在经济建设、政治建设上,还要求在文化建设和社会建设上实现整体而系统的繁荣发展。而在这些建设中,文化建设是我国乡村建设的关键,是实现乡风文明的重要举措,关系到社会主义和谐社会的建成,关系到中华民族的伟大复兴,关系到我国的社会主义现代化建设。相比于城市,农村的公共文化供给不足,因而想要繁荣兴盛农村文化,就必须在农村公共文化供给上加大力度,这也是乡村建设的主要内容。

(二) 当前农村公共文化供给问题已经成为我国农村发展的软肋

虽然随着经济的发展,农村也存在一些公共文化活动,但普遍比较单一。诸多调查显示,一些农村配套的公共文化设施比较缺乏,看电视目前仍是农民的主要休闲活动,农村的文化娱乐活动比较单调,导致赌博等不良之风滋生蔓延,影响了农村居民的正常生活,进而影响了农村的精神文明建设。

(三) 农村公共文化供给影响农民的价值追求

改革开放以来,"打工经济"的发展以及农村主体吸收外来文化等导致农民的思想观念发生了变化。❶ 传统的农民思想中的人情观念、宗族观念、民间信仰等开始衰落,尤其是老年人,他们生活在农村社会中,虽然可能在基本的物质上得到满足,在精神上却存在困惑。正如贺雪峰所说的"文化建设是重建农民生活方式,恢复农民生活的主体性价值,通过农村娱乐活动等方式,增加农民之间的公共交往,并在这种交往中获得人生的体验和价值,最后达到一种低消费、高福利的生活状态。"❷

二、半熟人社会公共文化供给的特点

熟人社会是指在乡土社会,人们因存在公共生活变得熟悉而亲密,尤其是在乡土逻辑、价值观、自我实现、公共性、公私观念、闲暇、人情等方面,每个农民都有相似的认识。半熟人社会是对于传统的、相对封闭的乡村结构的解体,村庄之间的边界日益模糊,村庄社会出现了多元化和异质化,以前习以为常的规范逐渐解体,农民之间的深入交往减少了,公共文化活动也减少了。❸ 吴重庆对当前的农村社会进行了分析,他认为当前的农村社会是一个"无主体熟人社会"。农村大部分青壮年出于社会经济发展的原因而外出务工、经商,村里只剩下老人和孩子,这些年轻人只有在逢年过节时才会周期性地返家,因而在实际的农村生活中已经不存在主体,熟人社会的特征只有在逢年过节的时候才会显现出来。❹

---

❶ 田立莉. 关于新生代农民工思想状况及对策探析 [J]. 中国劳动关系学院学报,2014 (4):54-58.

❷ 贺雪峰. 乡村建设的中心是文化建设 [J]. 小城镇建设,2005:9.

❸ 贺雪峰. 华中村治研究 (2016 年卷):立场·观点·方法 [M]. 北京:社会科学出版社,2016:178.

❹ 吴重庆. 从熟人社会到无主体熟人社会 [J]. 读书,2011 (1):60-64.

（一）农民日益增长的公共文化需求与公共文化供给不足之间的矛盾

改革开放以来，随着经济的不断发展，农民的生活水平也有了大幅度的提高，从以前的温饱水平达到如今的小康水平，农民在物质生活上基本都得到了满足，但在精神生活上并未得到满足。❶ 在如今的市场经济以及网络技术的发展下，农民也能感受到城市中公共文化的丰富，因而农民的文化需求也越来越多样化，以往单一的公共文化活动已经不能满足人们的需要。但是，农村的公共文化活动相比于城市较为贫乏，难以满足农民对公共文化多样化的要求。

（二）缺少非政府主体的公共文化服务提供者

在转型过程中，农村的社会秩序发生了明显的改变，尤其是靠以往的宗族规范建立起来的秩序开始衰落。家庭内部关系、邻里关系中产生的矛盾只能依靠村庄外部力量——政府来协调。在这个半熟人社会的社会形态下，社会人口流动加快，农民之间的不熟悉导致其乡土情结淡薄，也不再关注村庄共同生活，农民自身参与农村公共文化活动的意向也降低了，或者说即使有意向参与农村公共文化活动，也由于上述原因而无法参与。加之农村普遍存在"搭便车"的行为，因为这些农民知道其他人也必然需要，长此以往，农民自办公共文化活动也难以为继，只能依靠乡镇政府。因而，在农村的公共文化建设中，政府是最主要的公共文化供给主体。如果没有政府自上而下的文化建设的行政命令或者文化下乡活动，农村很难真正有机会发展自身的公共文化建设。其他社会力量在半熟人社会条件下，在没有乡村主体、没有经济效益的情况下，很难深入农村提供公共文化服务，以至于缺少非政府主体的公共文化服务提供者。

（三）农民有特定的文化需求

随着城市化进程的不断加快，农村社会出现了巨大的变化，农村的面貌

---

❶ 刘亦民，肖汉仕. 农村嬗变过程中的农民精神贫困问题：基于湖南两县农民精神生活状况调查 [J]. 南京人口管理干部学院学报，2010（4）：70-75.

焕然一新，农村居民与城市居民在生活方式上的差距也在不断缩小。然而，不可否认的是，农村虽然经历着现代化的变化，但相对而言，农民之间还是比较熟悉的。农民在闲暇时间可以一起聊天、拉家常，在村庄内部的红白喜事中依然有他们的身影。农民喜欢在一起打扑克牌、打麻将、下象棋，相比于看报纸和读书，他们更喜欢看电视。农民的公共文化生活也许并不需要过于现代性的东西，他们需要的是现代性与传统性的文化生活相结合的方式，这样才能使农民的公共文化生活需求得到满足。

三、重庆市 S 区农村公共文化服务供给问题

S 区位于重庆市主城区的东北部，是全国的产粮大区，是重庆市最大的蔬菜瓜果基地，农业人口约占全区总人口的 2/3。同时，S 区也承接着重庆工业的转移，第二产业有了很大的发展，是一个典型的既受到城市化又受到传统影响的农村乡土文化区域。因此，S 区农村在一定程度上可以展现从熟人社会到半熟人社会的变化，所以选取 S 区作为此次研究的样本。

（一）公共文化活动基础设施匮乏

随着经济的不断发展，S 区的农村公共基础设施建设也有了很大的改观，生活在村庄中的农民对于公共文化有了更多的需求。然而，农村的文化活动基础设施建设却没有满足农民日益增长的公共文化生活的需求。在笔者所调查的几个村中，公共文化设施包括广播电视"村村通"、简单的娱乐健身场地等，有些村设有农村图书室，但图书数量不足，无法满足农民读者的需要。然而，大多数村庄都没有专门的文化活动中心，更不用说棋牌室、网络影视厅等文化场所。在一些文化设施建设相对完善的村庄，设有老年人活动中心，供老年人聊天、打牌、下棋，但文化设施较少，而且存在文化设施老旧、损坏的问题，这些公共文化基础设施的匮乏严重制约着农村公共文化活动的发展。

（二）农村公共文化服务供给单一、形式化严重

据笔者在重庆市 S 区的走访调查，S 区有文艺表演下乡、电影下乡放映等

活动。S 区政府要求每村每年举办正规活动不少于 3 次，每村每年放映电影不少于 1 部。但在实际工作中这是很难达到的。其他形式的公共文化供给活动一般不存在，只有在某个特殊的时间响应国家号召时才可能出现。这样的文化活动没有从根本上提高农村居民参与公共文化活动的主动性和积极性；相反，应付检查可能导致农民厌烦这种活动，以后便会拒绝参加这种活动。最终后果是依靠村干部的熟人关系以及基于命令要求，农民才会参加活动。一些村庄很少举办群众性的文化活动，这主要是为了保持村庄的稳定，避免村民聚在一起时发生群体性事件。由此可见，农村公共文化活动供给显得单一和形式化。

(三) 农村公共文化活动缺乏核心人物

与城市社区相比，农村社区缺少自发组织公共文化活动的核心人物。农村社区不同于城市社区，城市社区的公共文化活动深受当地政府的关注，因而在公共文化供给上的经费支持较多，文化活动基础设施建设得更为完善。并且，城市社区的居民文化素质一般高于农村，因而城市居民有更迫切的公共文化生活需求，也不缺乏公共文化活动的组织者和参与者。而农村居民缺乏公共文化活动基础设施，也缺少公共文化活动的组织者和参与者。据笔者调查，S 区的一个村一直想组建一支文艺表演队伍，这也是区政府一直提倡和要求的。但是，由于缺乏文艺表演人才，也没有人有能力带动村民加入，因而文艺表演队伍一直没有组建成功。

(四) 政府一元供给，层级供给为主

自取消农业税以来，政府行政化力量开始远离村庄，农村缺乏整合公共事业的能力。整个农村公共文化活动的供给基本上都要依靠政府。市场化的社会主体在没有利益的情况下很难成为农村公共文化服务的供给者，尤其是在半熟人社会的形态下，农民之间的合作变得更加倾向于利益化。没有政府的公共文化服务供给，农村公共文化事业基本上就会面临瘫痪的状态。更为重要的一点是，农村的公共文化服务供给主体是乡镇政府，尤其是乡镇的文化部门。在我国的整个纵向行政体制下，在这样的科层制下，乡镇很难有足

够的财政资源去发展农村公共文化事业，去组织农村公共文化建设。这就加剧了农村公共文化服务供给不足的情况。

四、对策分析

针对 S 区农村公共文化服务供给现状，笔者提出以下对策。

(一) 增加农村公共文化设施的经费投入，加强农村公共文化基础设施建设

农村公共文化基础设施很难满足农村居民需求的主要原因在于缺少相关经费投入。农村在文化设施经费投入上为何如此之少？因为自取消农业税以来，乡镇政府失去了从农村获得的资金收入，在财政上比较拮据。加之分税制改革，致使乡镇政府的财政收入更少了。因而，乡镇政府一般不会将大笔资金用于农村公共文化基础设施建设。另外，在半熟人社会，农村居民已经变得不稳定，他们随时可能流向其他地方。因而，一些乡镇政府认为没有必要大力建设农村的公共文化基础设施。但是，真正需要参与公共文化活动的并不是外出务工的年轻人，而是一直在农村生活的老年人。农村的年轻人更加懂得现代化的娱乐方式，因而很少参与传统的公共文化生活。老年人的生活方式更加传统一些，一些老年人不了解现代化的娱乐方式，他们迫切需要各种公共文化设施。因而，在农村投入资金，大力建设公共文化设施是值得的，也是必要的。

(二) 丰富农村公共文化服务供给的内容

农村的公共文化服务供给内容单一是不争的事实，农村公共文化服务不仅包括公共文化基础设施等硬件方面，而且包括农村文化活动组织、优秀文化传播等软件供给方面。但是，在实际的农村工作中，除了建设公共文化活动场所等硬件设施，在软件方面的投入也是不够的。在公共文化服务供给上，农村需要的不仅是硬件，包括特定的公共文化活动场所、农家书屋、农村网络影视屋等，还需要组织真正意义上的文化活动促进整个农村文化活动的开展。例如，在农村开展思想文化建设、文明村风建设、科学文化建设、艺术文化建设等活动，全面提升农村居民的文化素质，开展音乐、戏剧、体育等活动，培养农民对公共文化活动的兴趣，使其积极参加文化活动。对农村的一些非物质文化遗产、特色民俗活动，政府要加以保护，使其能够传承下去。更为重要的是，政府对农村公共文化服务的供给不能是临时性的，要让农村公共文化建设成为长期坚持的基本策略，从而真正解决农村公共文化服务供给形式化的问题，使农村公共文化建设得到发展。

（三）培育农村公共文化建设的核心人物

相比于城市社区，农村没有真正实现公共文化繁荣的原因在于缺乏核心人物。农村公共文化供给经费不足，完全依靠政府自上而下的投入是远远不够的，需要依靠农村自身的建设，这就需要培育农民参与公共文化活动的自觉性。因而，乡镇政府不一定需要投入过多的资金，而是可以培养农村的文艺表演人才，这样花费的时间和资金都会少得多。在农村拥有了一些公共文化方面的核心人物后，再由这些人带领和组织，这种以点带面的方式很快就能使农村的公共文化活动丰富起来。而这些农村本土的公共文化组织者具有较强的稳定性，可以提升公共文化参与的影响力，实现公共文化活动规模的扩大，具有长期的效果。因而，要实现农村公共文化的繁荣，就要大力培育农村本土的公共文化核心人物。

（四）引入公共文化服务供给的社会主体

农村普遍存在的问题是过多地依赖政府，各类活动都需要上级的加入才能很好地完成。村委会也大多按照乡镇政府的行政命令办事，自治活动较少。但政府的精力是有限的，因而，乡镇政府管得太多也就难以管好，更好的方式是加大社会主体在农村公共文化中的参与力度。第一，政府应允许社会组织参与农村公共文化服务供给，对这些能够参与农村公共文化服务供给的社会主体给予优惠政策。第二，政府是社会主体参与农村公共文化服务供给的监督者。S区的政策就已经提出要选择政府购买服务，使社会组织加入农村公共文化服务供给，但目前社会组织也亟待发展。因而，培育社会组织也是当前的任务，只有社会组织发展起来，才能将其更好地引入农村公共文化服务供给中。

五、结论

半熟人社会这一社会形态的出现，要求我们在观察和认识农村问题时采用新的视角。因而，在农村公共文化服务供给上，也要有针对性地认识到农民需求与供给之间的矛盾、政府在农村公共文化服务供给中的地位以及农民特定的文化需求。农村公共文化服务供给的基础设施不足、供给单一和形式化、政府一元供给等问题，是现在农村公共文化服务供给中的普遍问题。所以，笔者提出需要在农村加大公共文化设施建设、丰富供给内容、培育农村核心人物，以及鼓励社会主体参与农村公共文化服务供给等措施。当然，农村的公共文化服务供给是复杂多样的，笔者只选取了一个地区作为研究样本，因而还有很多不足之处亟待完善。

参考文献

[1] 贺雪峰. 华中村治研究（2016年卷）：立场·观点·方法 [M]. 北京：社会科学出版社，2016.

[2] 贺雪峰. 乡村建设的重点是文化建设 [J]. 广西大学学报（哲学社会科学版），2017（4）：87-95.

[3] 田立莉. 关于新生代农民工思想状况及对策探析 [J]. 中国劳动关系学院学报，2014（4）：54-58.

[4] 吴重庆. 从熟人社会到无主体熟人社会 [J]. 读书，2011（1）：60-64.

[5] 刘亦民，肖汉仕. 农村嬗变过程中的农民精神贫困问题：基于湖南两县农民精神生活状况调查 [J]. 南京人口管理干部学院学报，2010（4）：70-75.

供给导向下 C 市 B 区农村公共文化服务策略研究

秦 庆 刘 浪[1]

摘 要：农村公共文化服务的繁荣发展是新时代背景下健全基层公共文化服务体系的要义使然和要旨所归。科学、有效的农村公共文化服务供给是保障农民群众充分享有文化权益、满足其公共文化服务需求的基础和条件。然而，在实践层面，农村公共文化服务存在供需错位、供给乏力、需求表达不足等问题。为此，本文以 C 市 B 区农村场域为研究考察对象，提出 C 市 B 区农村公共文化服务应当充分坚持政府主导与社会参与协同并重，构建政府、市场、社会相统筹的多元供给体系。

关键词：供给导向；农村公共文化服务；文化权益

农村公共文化服务是我国公共文化服务的重要组成部分，也是乡村振兴战略的应有之义。农村公共文化服务质量的提高，能够促进中国特色社会主义文化发展，满足农民日益增

---

[1] 秦庆，西南政法大学政治与公共管理学院公共管理专业硕士研究生；刘浪，西南大学国家治理学院行政管理专业硕士研究生。

长的精神文化需求,使众多农民共享经济发展成果,是加快城乡统筹融合进程的内在要求,也是新时代下构建社会主义和谐社会的必要条件。

一、C 市 B 区农村公共文化服务现状分析

目前,C 市 B 区有效依托文化旅游农家乐和文化农业生态园两大农村新兴产业,已建成农村特色文化大院十余个。茶余饭后,相邻村(居)民在文化大院组织开展形式多样、喜闻乐见的文化娱乐活动,在愉悦身心的同时促使大量游客慕名而来,文化旅游接待量倍增,一方面建设了基层文化服务阵地,另一方面辐射提升了农村经济效益。全区不断优化农村公共文化产品的供给结构,加快完善农村公共文化服务制度,始终坚持以需求为导向,充分采用网络调查、座谈、新媒体等多种方式和途径问需于民,确保提供优质的农村公共文化服务。

(一) 文化设施供给稳步推进

C 市 B 区农村基层基础文化设施建设稳步推进,在改善村民生活居住条件和环境的同时,也为农村公共文化服务供给提供载体和平台。C 市 B 区以发展农村中心村和农村社区服务中心为突破口,依托 C 市建设涉及的重点乡镇,立足企业驻地村、乡镇驻地村以及具有明显区位优势的大村,积极采取多项政策措施,利用有效途径,投入专项资金,完善农村文化基础设施建设,健全农村公共服务体系。其中,C 市 B 区最早建成的文化大院是位于 D 村的 KL 文化大院,2011 年政府以项目补贴的方式为该大院购置了计算机等电子阅览设备十余台、各类纸质图书 3000 余册、多种文体器材 10 余套以及数套惠民电影放映架设备等。此外,当地镇政府还积极引导文化大院自身筹集吸纳社会资金,同时修建文化阵地近 500 平方米。

(二) 社会参与供给形式多样

C 市 B 区还制定了《社会力量参与公共文化服务管理办法》,以充分调动社会组织和各界力量参与农村公共文化活动的积极性,为各类文创企业搭建参与农村公共文化服务供给的平台,实现了由"政府大包大揽大办""政府独

唱"的局面转变为政府引导、各界携手、多方参与的"百花齐放"新格局。此举充分发挥了政府、社会组织以及文化团体的协同作用,为农村公共文化服务供给多元化注入了新的生命力。由政府向社会外包、购买农村公共文化服务已成为常态,私营部门主办文化活动、商业赞助的模式已在多个乡镇(街道)得到实施。例如,XJ 集团在 S 城修建文化艺术中心,并以此为平台常年举办各类民间文艺演出、民间书画展、通俗文化大讲堂等活动;由 SG 地产公司创办的"樱花烟花节"大型活动得到了广大村民、市民的喜爱和追捧。上述成功的农村公共文化活动案例在使广大村(居)民体验文艺节目等丰富多彩的文化活动的同时,也充分体现了积极、乐观、向上的农村公共文化精神。

二、C 市 B 区农村公共文化服务存在的问题

(一)供给观念短板——农村公共文化与经济发展拿捏失衡

供给观念存在短板,不能科学地处理农村公共文化和经济发展之间的关系,两者发展失衡,转变发展理念是关键。健全和完善服务型公共部门是有效转变供给观念的重要途径。[1] 倡导建设服务型公共部门就是要强化公共部门的服务功能。农村公共文化服务理念的转变是服务型公共部门的内在要求,也是有效供给农村公共文化服务的基本前提。[2] 在公共部门组织结构中,乡镇政府作为末端层级,具有基层性和服务性的特点,是连接公共部门和群众的直接纽带,也是政策落实到最后"一公里"的终点站。因此,该类公共部门关于农村公共文化服务供给的认知水平和偏好对农村公共文化服务供给水平具有直接影响。

笔者基于实地调研发现,个别基层公共部门的供给思路及工作人员的认知观念存在短板,看待农村经济发展与农村公共文化发展关系片面,拿捏失

---

[1] 胡守勇. 农村公共文化产品和服务供给研究综述 [J]. 河南大学学报 (社会科学版),2014 (2):74-81.

[2] 张天学,阚培佩. 我国现行农村公共文化产品供给的制度困境与对策 [J]. 理论月刊,2011 (5):166-169.

衡，缺乏协同。关于农村公共文化服务供给，认识不足或认知失当的观点主要有以下几种。其一，农村公共文化服务供给应一切顺其自然，完全依靠市场就行。此类观点忽视了主管公共部门积极、科学的供给和规范引导功能，过于散漫和随意，缺乏必要的指导和规范容易诱发农村基层公共文化发展乱序，致使一些具有封建迷信、愚昧、颓废、庸俗、媚俗特性的落后文化伺机进入，扰乱农村公共文化健康发展秩序，浊化农村公共文化生态，危害社会主义农村公共文化建设。其二，农村公共文化服务供给要让步于农村经济发展，经济要先发展，文化要后发展，经济发展之后再回过头来搞农村公共文化服务供给建设。该类观点认识浅薄、片面，缺乏有机统一，只顾眼前利益。此外，还有部分人将农村公共文化服务供给视为农村经济建设的附属品，强调只有对经济建设有明显作用的公共文化元素才值得供给。这些观点缺乏辩证分析、全面视角和战略思维，说明该地区农村公共文化发展建设的认知观念还有待提高。

（二）资金供给困境——有限支持与财政依赖并存

随着社会主义文化建设和新农村建设的不断深入，农村地区得到了很大的发展，尤其是在公共文化服务方面。同时，近年来国家高度重视农村公共文化建设，多次下发的惠农文件有效提高了农村居民的文化素质，大幅度提升了其公共文化需求，让广大农村居民更加积极、主动地去了解政府公共产品供给情况。❶然而，基层政府的财政力量薄弱，是影响农村公共文化服务供给的重要因素。C市B区有近180个行政村，其中财政收入状况良好的村很少，绝大多数行政村在进行农村公共文化建设的过程中主要还是依靠上一级政府的财政支持，而仅依靠政府的力量显然是不够的。上一级政府的财政支持还要用于诸如农业生产、经济建设、基础设施投资等农村建设的方方面面，其中能够用于农村公共文化产品的生产和供给的资金则少之又少。单纯依赖上一级政府的财政支持来开展农村公共文化建设不具有开创性和可持续性。

---

❶ 徐世雨. 新型城镇化背景下农村社区公共文化产品网络供给模式研究 [J]. 河北科技大学学报（社会科学版），2014，14（4）：29-33.

一方面，主要依靠财政支持开展公共文化建设的方式导致农村公共文化产品供给结构具有刚性，在内容上不能及时满足广大群众的柔性需要；另一方面，政府专项财政支持有限，几乎只能勉强保证开展一些简单的农村公共文化活动，而对于农村公共文化建筑设施后期的维护、运营、修缮、管理以及长期有序、高质量的公共文化活动的开展则缺乏持续、充足的资金保障。

导致乡镇基层政府财力较薄弱的原因主要有两个，除了受当地经济欠发达的影响，还与财政政策的历史调整有关。1994年实施的分税制改革，对中央和地方的财权关系进行了进一步的调整，此次调整在某种程度上缩小了乡镇政府的财权范围，使大多数乡镇仅能满足基本运转要求，并且乡镇政府的财权与事权不匹配，少许的经费还要用于其他项目开支。尽管国家层面加大了对农村的转移支付力度，但仍有待提高。❶ 在 C 市 B 区，大部分乡镇政府主要依靠上一级政府的财政支持，例如，某镇财力薄弱，其自身运行的费用就已经占去财政支出的半壁江山，外加其他支出，能够专项用于农村公共文化产品供给方面的费用就少之又少。农村公共文化产品的供给过度依赖政府，受公共财力的约束，导致供给缺乏活力，同时也不利于农村公共文化产品的开拓创新、优化升级。

（三）供给流程僵化——部门协调与政社协同创新不足

在农村公共文化服务供给的过程中，部门之间的协同度低、协调困难。农村公共文化服务作为准公共服务，常见的供给方式有公共部门直接供给、委托供给以及合同外包供给三种方式。❷ C 市 B 区采用的是以公共部门直接供给为主，以委托供给为辅的供给模式。这种模式具体是指，各乡镇的综合文化站（馆）以及各示范村的农家书屋的场所由乡镇政府提供土地和负责建设，之后配套设施交由区文化主管部门负责。文化主管部门通过竞投标，使用相关配套资金，委托信誉高、资质好的生产机构进行公共文化产品和服务的生产供给，乡镇政府在生产过程中只起协调、监督和调控的作用。这种供给

---

❶ 阙培佩. 我国农村公共文化产品供给研究综述 [J]. 四川行政学院学报, 2011 (1): 19-23.
❷ 马仙玉. 新农村建设中的文化产品供给现状及对策研究 [J]. 南京航空航天大学学报（社会科学版）, 2009 (2): 25-29.

模式存在以下两个较为显著的弊端。一方面，过程复杂，涉及众多第三方文化招标机构，机构选择标准难以统一。此外，乡镇政府本身事务众多、精力有限，难以很好地进行监督协调，增加了乡镇政府的工作压力和困难。另一方面，文化主管部门与乡镇政府所处的立场不同、职责功能不同、公共价值利益导向不同，在具体工作中协同困难。由于缺乏成文的、有效的协同机制，责任划分不清、互相推诿的现象时有发生，长期、有效的公共文化服务供应链尚未形成。

政社协同创新不足，缺少社会力量的参与和社会资本的支持，在一定程度上也制约了C市B区的公共文化服务供给。通过对多个行政村的走访调查发现，很少有社会公益组织、志愿服务团队、企业、基金会等社会第三方力量参与农村公共文化建设，即使有个别第三方机构参与农村公共文化服务供给，也是短期行为，并且该机构本身带有一定的组织任务，对提升农村公共文化服务质量效果并不显著，甚至没有效果。一位C市B区文化局的工作人员在访谈中这样表述："现阶段农村公共文化服务供给还是主要依靠公共部门的专项资金，尽管开始有社会资本进入，但还处于初级阶段，尚不成熟。此外，社会力量的参与还需要大力引导。除了偶尔有为数不多的大学生志愿者开展文化下乡活动外，第三部门、私人企业提供农村公共文化服务尚且不足，在未来的发展中希望能看到这些力量参与其中。"

三、C市B区农村公共文化服务对策分析

（一）创新供给模式与广泛融资并举

1. "补贴+凭单式"新型模式

政府创新公共文化服务供给模式对提升农村公共文化服务效能具有重要作用。"补贴+凭单式"农村公共文化服务供给模式是一种基于需求导向的综合性供给方式，在该模式中，公共文化主管部门扮演"引导者"和"中介方"的职业经理人角色，通过构建参与平台、整合资源等方式，引导社会多元主体参与农村公共文化服务供给和公共文化设施建设。在该模式中，"补贴"即公共部门提供的一系列物质以及非物质的资源性补助，主要对象是社

会中的营利性及非营利性文化组织，这类组织在社会机制和市场机制的双重作用下能够不断优化所提供的农村公共文化服务的品质，提升农村公共文化水平。通过公共部门的资源性补助，在优化品质的同时，也有助于营利性组织降低生产成本。"凭单制"主要是指在农村公共文化服务市场外包的过程中凭单签发和凭单收集两个方面。公共部门通过对各类营利性公共文化组织所提供的公共文化服务内容进行筛选、排序、评定，并对最终符合要求的相关组织发放签证许可的过程即凭单签发。凭单收集是指各类公共文化服务供给主体对农村公共文化服务对象的需求信息进行收集、整理和分析的过程。凭单收集一方面为凭单签发提供考核依据，另一方面也促进农村公共文化的供需相匹配。

2. 政府引流广开融资渠道

目前，农村地区的公共文化资金供给主要为二元制的供应方式，包括制度内的资金和制度外的资金两种主要类型，其中主要依靠制度内的资金。[1] 制度内的资金主要由中央及地方政府的财政资金提供，制度外的资金则是结合了各类民间提供的资金。以上两种渠道一直是我国农村地区公共文化资金的基本来源，而随着金融系统的更加完善，各级政府出台的各种政策文件将进一步拓宽我国农村地区的公共文化资金来源，更好地保障农村地区公共文化产品的供给。据此，C 市 B 区应加强政府的政策支持，鼓励商业性资金加大对公共文化服务的投资力度。农村公共文化产品属于准公共产品，但是其运营成本较小，适合风险承受能力有限的资金投入主体，这就意味着市场上有大量的资金可以进入农村公共文化产品投资。而农村本身就意味着广阔的市场，随着农村经济水平的提高，文化产品将逐渐争夺这一庞大的市场。虽然现阶段农村公共文化产品的发展水平不高，但也足以吸引市场主体进入。积极鼓励扶持农村公共文化产品的供给，允许其在政府的监管下进行产品的推广和运作。同时，应大力发挥第三部门的作用，第三部门能以更广的视角更精准地捕捉农村公共文化需求，并且能创造性地、高效地提供满足村民需求

---

[1] 胡守勇. 农村公共文化产品和服务供给研究综述 [J]. 河南大学学报（社会科学版），2014 (2)：74-81.

的农村公共文化产品。

(二) 重构公共文化服务供给需求表达机制

1. 农民诉求表达能力培育

供给匹配的关键在于按需定供，而对需求的准确把握关键在于对象的需求表达。农民作为公共文化服务需求表达机制的主体，其需求表达能力尤为重要，这就要求农民具备一定的素质。因此，一方面，应注重对农民文化知识的教育。农村地区由于经济发展水平低，教育设施和教学资源匮乏，农民无法得到较为系统的教育。因此，应加强对农民文化知识的教育，整合教育资源，使农民的文化素养和认知水平得到提升，使其能够在表达需求的过程中采取更加理性的方式，提高需求表达的质量。另一方面，应注重对农民法律政策方面的宣传教育。法律是通过国家强制力有效保障人民合法权利的手段，在保障人民权利方面起着相当重要的作用。通过对广大农民进行普法教育，使其在行使自身合法的监督权受到阻碍时，能够以法律途径来保障自己的需求表达权益。此外，应加大对国家政策的宣传力度，引导农民实时关注和掌握国家政策导向，将自身需求与国家政策结合起来，进一步提升其表达自身公共服务需求意愿的能力。

2. 供给方案问需于民

公共文化服务的提供主要以政府为主导，所提供的公共文化服务的种类、数量、质量等由相关公共部门决定，在一定意义上，这种"自上而下"的公共文化服务供给模式造成了公共文化资源的无效供给和浪费，农民的需求没有被充分融入供给方案中，出现供需结构失衡现象，阻碍了农村公共文化体制的建设和发展。因此，农村公共文化服务方案问需于民尤为关键。一方面，政府应该制定民主化的决策程序，将农民的意愿表达作为决策程序中必不可少的环节；另一方面，政府应该在对公共文化服务供给进行决策时，开展各类民主会议，让村民在会议上表达自己多样化的需求，使政府获取真实的需求信息，这有利于提升村民对公共文化服务的满意度。只有在农民能够有效表达其对公共文化服务需求的情况下，才能使公共文化服务的供给更加具有针对性和实用性，从而推进农村公共文化建设。

3. "互联网+村组织"的需求表达渠道建设

一方面，完善农村信息化建设。在"互联网+"盛行的现代化社会里，信息传播速度加快，信息量也在不断增加，公共文化服务智能化已经成为一种必然趋势。其一，C市B区农村应实现网络全覆盖，为村民融入网络化社会提供必要的条件，进而普及网络知识教育，让农民学会通过网络这一方便快捷的渠道来合理表达其对农村公共文化服务的需求。其二，政府应建立专门的农村公共文化服务网络信息平台。政府通过这一平台能够快速、及时地采集信息，了解农民的需求，并对农民的需求进行科学的分析，实时把握需求动态，从而为农民提供及时、准确的公共文化服务。另一方面，建立农村公共文化需求表达组织。农民由于经济实力较弱，就个人来说处于弱势地位，但集体的力量是强大的，因而以组织为主体的利益表达具有更大的公共效益。在大多数农村地区，除"两委"这一主要的农村集体组织，没有其他较为有力的组织团体。政府应该鼓励C市B区农村地区建立农业文化协会、文化活动中心等农村组织，借助集体的力量来切实地表达农民最迫切的需求。

（三）发挥农民在农村公共文化服务中的主体角色功能

1. 培育农民的主体角色功能

农民群众是农村公共文化服务的主要对象和消费者，同时扮演农村公共文化服务参与者和供给人的双重角色。如果该群体自身认知不足、主人翁意识缺乏，在一定程度上会制约农村公共文化服务供给的质量和效用。实际上，培养和加强农民的公共文化服务主体意识，充分发挥其在公共文化服务中的积极性和创造性，日益成为影响农村公共文化服务供给效率的关键要素。让农民群众充分认识到其是农村公共文化服务的主体，唤醒其公共意识和自我需要意识，有利于保障主体权利。而这需要政府给予引导。一方面，公共部门作为公共权利和公共利益的"掌舵人"与"裁判者"，应当积极采取措施确保农民的主体权利得到有效落实；另一方面，农民应充分享有农村公共文化服务的参与权和知情权。通过培育和增强农民的主人翁意识，使其积极地参与公共文化服务的供给，充分发挥其主体作用。

2. 增强农民的自组织意识

为了增强农民的主体意识，应着力提升其自组织意识。新时代的农村文化建设是以满足广大农民的精神需求为目的，要达到这种目的，就应该在政府主导的基础上，发挥农民的自主性作用。一方面，我国是文化大国，乡土文化底蕴深厚，乡风民俗各具特色。在此背景下，新乡贤的积极作用不可忽视，由他们带动当地农民根据本地区不同的文化背景、文化内容和文化需求来组织开展文化服务活动，突出各地区特色，传承当地的风俗民情，防止大包大揽，以适应当地的文化氛围。另一方面，政府应该大力支持农民群众自主组织文化活动，自主提供公共文化服务，政府提供一定的资金和技术支持，让农民都加入提供公共文化服务这一行动中，感受到自己作为主体为本地区文化建设所做出的切实贡献，大大提升其积极性和创造性，增强其主体意识。

参考文献

[1] 胡守勇. 农村公共文化产品和服务供给研究综述 [J]. 河南大学学报（社会科学版），2014（2）：74-81.

[2] 张天学，阙培佩. 我国现行农村公共文化产品供给的制度困境与对策 [J]. 理论月刊，2011（5）：166-169.

[3] 徐世雨. 新型城镇化背景下农村社区公共文化产品网络供给模式研究 [J]. 河北科技大学学报（社会科学版），2014，14（4）：29-33.

[4] 阙培佩. 我国农村公共文化产品供给研究综述 [J]. 四川行政学院学报，2011（1）：19-23.

[5] 马仙玉. 新农村建设中的文化产品供给现状及对策研究 [J]. 南京航空航天大学学报（社会科学版），2009（2）：25-29.

公共文化服务标准化建设的实施效应及其完善对策

——以国家级试点区重庆市××区为例*

陈 路 张慧敏 汪 彦[1]

摘 要：公共文化服务标准化建设是我国公共服务体系建设的重要组成部分。本文通过对国家级试点区重庆市××区公共文化服务标准化建设现状的分析，探讨其实施效应，分析现存问题，最后提出加快推进公共文化标准化建设、丰富公共文化服务活动类型、健全公共文化服务考核机制等对策建议，以期进一步推动示范区的公共文化服务标准化建设。

关键词：公共文化服务；标准化建设；实施效应；完善对策

一、问题的提出

党的十九大报告指出，我国社会的主要矛盾已经转化为人民日益增长的美好生活需要和不平衡不充分的发展之间的

---

* 基金项目：本文系第八届重庆大学大学生创新项目"公共文化服务标准化建设及其实施效应研究"（项目编号：CQU-SRTP-2016002）研究成果。

[1] 陈路，张慧敏，汪彦，重庆大学公共管理学院本科生。

矛盾。其中，公共文化服务领域的不平衡发展也是上述主要矛盾的内容之一。标准化和均等化是目前构建覆盖城乡、实用高效、保基本、促公平的现代公共文化服务体系的重点，公共文化服务标准化可以保障公民享有优质而有效的公共文化服务。但是，由于文化具有心理性、融汇性和独特性，因此公共文化服务内容多、定量难。所以，如何在标准化过程中兼顾公共文化本身的特殊属性成了该领域的研究难题。

所谓公共文化服务标准化，即运用标准化的原则和方法，制定和实施公共文化服务标准，推进基本公共文化服务规范化和均等化的创新性工作，以保障公民享有优质而有效的公共文化服务。我国目前正在深入开展国家基本公共文化服务标准化试点工作，在全国范围内确定了国家级试点地区，探索标准实施的具体路径，进一步推动建立公共文化服务标准化体系框架。重庆市××区作为国家级公共文化服务标准化试点地区之一，围绕公共文化服务保障标准、技术标准、评价标准的制定和实施，在试点过程中取得的效果显著，值得关注。

关注公共文化服务标准化建设，其核心就是考察标准化建设实施效应。实施效应的考察，是将实际建设状况和建设目标相比较，并从设施建设标准化、服务内容标准化、人员配备标准化和绩效考核标准化四个维度进行分析，从中发现问题，提出对策，以期更好地推动示范区的公共文化服务标准化建设。

二、国内研究综述

（一）公共文化服务标准化与均等化的关系研究

关于标准化与均等化的关系，目前国内学者已经达成这样的共识：标准化与均等化是相辅相成的，标准化的建设是可持续的，标准化促进均等化，均等化提升标准化，不断推动基本公共文化服务跃上新台阶。

"公共文化服务标准化与均等化的辩证关系"一文中指出，均等化是长期奋斗目标，标准化是实现这一目标的首要任务，即均等化是目的，标准化是手段。❶ 具体而言，标准化是实现均等化的必经之路，是实现均等化的标尺和依托，如果没有衡量的标准，就无法认定是否实现了公共文化服务的均等化。在科学发展的背景下，对于公共文化服务体系的建设，也应采用科学的方式，进行精细化设计，实现目标化管理，将标准化作为重要的衡量标尺，把庞大浩繁的公共文化服务工程化为一个个具体的指标，是否达标则一目了然，以此避免公共文化服务不均衡。均等化又是标准化的发展和衍生，基本公共文化服务标准化是为了促进完善而存在的，是当代公共文化服务建设的初始阶段，揭开的是均等化的序幕。标准化作为一种生长基，其建设是为均等化迈出的第一步，最终将发展为均等化。

（二）基本公共文化服务标准化的法律研究

笔者在查阅文献的过程中发现，诸多学者在阐述自身对于公共文化服务标准化的见解时联系到了其法律性。陈思嘉等认为，基本公共文化服务的标准化与均等化是公共文化服务体系"现代性"的重要体现之一，而立法是其根本保障，不可偏废。❷ 杨智慧等认为，实现公共文化服务标准化是法治建设的需要。❸ 党的十八届四中全会明确提出，制定公共文化服务保障法，促进基本公共文化服务标准化、均等化；十二届全国人大常委会将公共文化服务保障法列入五年立法规划。《中华人民共和国公共文化服务保障法》的出台，为标准化的实现提供了法律保障。淳于淼泠和金莹提出，《中华人民共和国公共文化服务保障法》将以公共财政保障公共文化服务，以公共文化服务标准化、均等化夯实服务，以社会主义核心价值观引导公共文化服务，以文化扶贫强化公共文化服务，以文化自信拓展公共文化服务。❹ 梅昀依据我国文化立法的

---

❶ 杨智慧，张芳蕊，张伯男. 公共文化服务标准化与均等化的辩证关系［J］. 佳木斯大学社会科学学报，2015，33（4）：50-52.

❷ 陈思嘉，何英蕾，罗熙鸣. 以标准化为推手，促进基本公共文化服务均等化［J］. 标准科学，2016（4）：59-62.

❸ 杨智慧，张芳蕊，张伯男. 公共文化服务标准化与均等化的辩证关系［J］. 佳木斯大学社会科学学报，2015（33）：50-52.

❹ 淳于淼泠，金莹. 开启政府主导公共文化服务的新时期［N］. 学习时报，2017-04-10（04）.

现状,将公共文化服务保障立法模式概括为分散式立法、统一式立法、统一和分散相结合的立法模式,既符合我国的立法思路,也契合我国公共文化服务的实际需求和发展趋势。❶

(三) 公共文化服务标准化的实施路径研究

陈思嘉等提出,在实施路径方面,应建立健全基本公共文化服务标准化工作机制,落实标准化工作的统筹规划,整合资源,提高协作力度。同时,要建立健全基本公共文化服务标准体系,形成既有基本共性又有特色个性、上下衔接的标准指标体系。此外,还应落实基本公共文化服务标准实施监督与评价工作,以及建立基本公共文化服务标准化信息共享平台。❷

佟昭和康尔平提出,建立标准化建设组织与协调机制是组织保障,制定科学的公共文化服务标准体系是指导方向,补齐基本公共文化服务设施差距是实现标准化的前提,加快推进城乡基本公共文化一体化建设是必要途径。❸

许垂龙以"五个结合"总结其对实施路径的看法:标准化与建立公共文化服务体系建设协调机制相结合,这是解决人财物保障的前提条件,可避免多头管理、资源分散问题;标准化与课题研究制度设计相结合,由专家学者组成专家组,进行专门调查研究,制定科学有效的标准体系;标准化与国家公共文化服务体系示范区的创建标准相结合,总结示范区的经验,修改完善并形成更加科学的标准;标准化与群众需求评价和反馈机制相结合,解决公共文化供给与需求矛盾的问题;标准化与政府绩效考核相结合,解决标准化体系结果运用和标准化工作实施绩效问题。❹

---

❶ 梅昀. 论中国的公共文化服务立法:现状、模式与路径 [J]. 云南大学学报(法学版),2013, 26 (5): 12-17.
❷ 陈思嘉, 何英蕾, 罗熙鸣. 以标准化为推手, 促进基本公共文化服务均等化 [J]. 标准科学, 2016 (4): 59-62.
❸ 佟昭, 康尔平. 我省基本公共文化服务标准化均等化建设面临的机遇、问题与对策研究 [J]. 图书馆学刊, 2014 (4): 1-4.
❹ 许垂龙. 公共文化服务标准化的实践与探索 [J]. 上海文化, 2014 (6): 23-26.

(四)研究述评

当前,我国政府正在推行简政放权,推动传统政府向服务型政府转变,公共文化服务标准化建设正是适应政府这一转变的重要举措。应制定公共文化服务供应标准,同时积极推动民间社会组织的发展,培育社会工作人才专业队伍,鼓励居民参与。在公共文化服务供给方向已经确定的前提下,国内学者力求通过标准化的手段补齐短板,提升公共文化服务欠发达地区的公共文化水平,实现公共文化服务均等化。然而,公共文化隶属于文化系统,属于精神意识范畴,相较于其他系统更难量化。要想将公共文化纳入刚性的标准化量化体系,同时兼顾文化的多元化特征,在全国范围内建立具有代表性的先行试点是必要的。

三、××区公共文化服务标准化建设的实施效应分析

(一)标准化建设实施过程

1. 启动阶段的标准制定(2014年9月—2015年1月)

2014年9月,××区政府及区文化委在试点区批准前就做足了前期工作,通过广泛调研和深入探讨,以国家指导标准为基础和原则,结合自身发展特点,制定了一系列既反映国家要求,又体现本地区特色的标准。2015年年初试点区正式批准设立后,标准的制定成为标准化建设的基础性工作。

这一阶段,××区逐渐形成了"1+2+3+X"的标准体系建设模式。所谓"1",即以国家指导标准《国家基本公共文化服务指导标准》为制定标准的遵循和原则;所谓"2",即以地方实施标准《重庆市基本公共文化服务实施标准》和《重庆市××区基本公共文化服务实施标准》为基本指导;所谓"3",即行业规范标准,是指《政府购买专职公共文化服务岗位(街镇)的基本规范》《社会组织参与基层公共文化服务的基本规范》和《公共文化服务跨部门合作供给可行性方案》,分别用于解决专业人才不足、社会力量参与不够、部门合作不力的具体问题;所谓"X",即政策文件,是指近年××区出台的《××区优秀书屋评选管理办法》《××区特色文化品牌补助办法》等多个

规范性政策文件，这是开展相关工作的具体指导。

2. 推进阶段的标准落实（2015年2月—2015年12月）

从2015年起，××区采用"先试点后推广"的方式，在对公共文化服务标准进行初步论证、修订后，区内试点街镇按拟定的最终实施版本整体推进标准化建设。为了使标准化试点工作顺利进行，各项标准得到有效实施，××区采取了"四到位""四结合"的方式。

（1）标准化建设保障的"四到位"。

一是组织到位。充分发挥政府的统筹协调作用，调动部门的积极性以寻求最大的支持，把试点工作作为区委、区政府的重点工作来抓，而不仅仅是文化部门唱"独角戏"。二是责任到位。××区政府把试点工作任务分解到各部门、各街镇，让其明确各自的职责，并要求各街镇结合自己的实际情况，根据该区标准制订本单位的实施方案。三是宣传到位。××区通过电视、网络、微信、户外公益广告等现代媒体和举办各类培训班，让广大群众知晓标准化是什么、有什么内容，也让文化干部知道该干什么、怎么干。四是经费到位。××区将实施标准与实际工作相结合，科学测算试点工作所需的工作经费，并逐一落实到位，有力保障试点工作的顺利开展。

（2）标准化建设落实的"四结合"。

一是标准贯彻与制定中共中央办公厅、国务院办公厅印发的《关于加快构建现代公共文化服务体系的意见》（以下简称《意见》）相结合。××区以标准化试点为契机，深入贯彻落实"两办"《意见》，在深刻领会《意见》精神的基础上，科学制定本地区的实施标准。二是政府主导与专业委托相结合。××区在区委、区政府全力主导试点的同时，通过招标委托与重庆大学、西南政法大学等专业科研机构合作，共同完成标准的制定和课题的研究。三是实践探索与专家咨询相结合。××区在各项标准制定过程中，注重吸纳专家意见，确保在标准制定和实施过程中方向准确、目标明确、路径正确。四是国家要求与当地实际相结合。××区结合本地区近几年文化建设发展的实际情况和群众的实际需求，"量身打造"了一套标准体系。

3. 后期阶段的实效检验（2015年12月至今）

××区于2015年12月通过公共文化服务标准化建设试点的国家验收，开始进入后期阶段的实效检验。××区把公共文化服务标准作为一个动态的检测系统，在标准指导实践之后，通过实践来检验标准。坚持动态监测有利于公共文化服务标准化的落实与长期发展，××区正是在实施效应的动态监测中不断完善公共文化服务标准化建设的。

(二) 标准化建设的实施效应

公共文化服务标准化建设重在标准化的制定与实施。××区抓住这一关键，在实施效应上做到了四个标准化的同时推进。

1. 设施建设标准化的实施效应

在已基本形成区、街道（镇）、社区（村）三级公共文化服务设施的基础上，××区注重公共文化设施的标准化，完善服务设施的功能分区，整合现有设施资源，充分发挥文化设施的功能作用。在二级指标设施建设标准化中，包括场地设置、设备设置标准化两个三级指标，以及固定场地设施、流动场地设施、辅助场地设施、街道、社区五个四级指标，如图1所示。

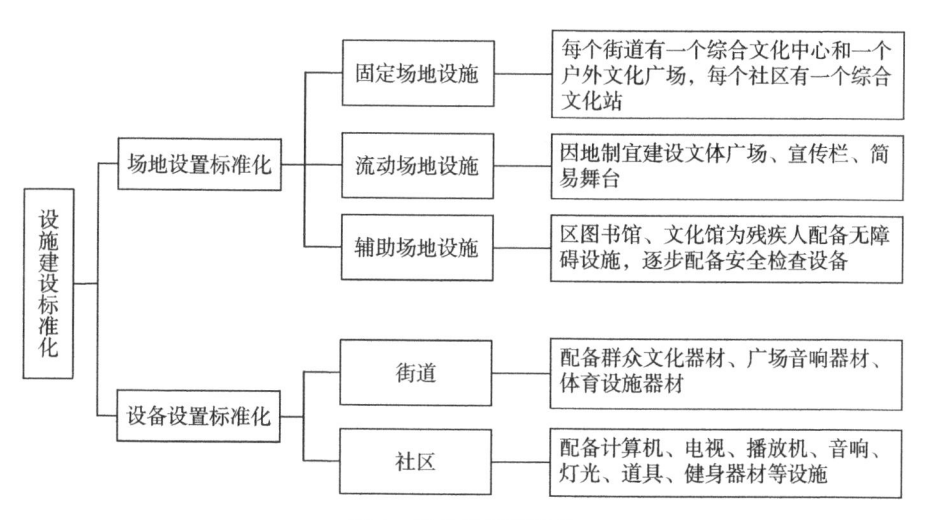

图1 设施建设标准化

文化服务设施标准化的最大效应是文化服务设施在数量和质量上得到大幅度提升。截至目前，区—街镇—社区（村）三级文化网络已初步形成，24个街镇文化中心（站）全部建设完成，平均面积在850平方米以上，并均配套建设了户外文化广场和宣传栏，文化广场均在 2000 平方米以上；225 个社区（村）文化室均已实现标准化建设，全区统一规划设计、统一建设标准、统一功能配置、统一标识标牌，面积均在 100 平方米以上，全区社区（村）公共文化服务场所总面积达 84000 多平方米（含室外村社文化活动广场）；社区（村）平均藏书量达 1500 册以上，每年新增新版图书均在 100 个品种（册）以上，公共图书借阅"一卡通"向街镇和社区图书室延伸，网点达 30 多个；全区所有公共文化服务设施均实现免费开放，开放时间平均每周在 40 个小时以上；所有公共文化设施均配备了开展文化活动、培训辅导、阅读体验、信息共享、体育健身等所需的器材设备，区、街镇级文化服务设施均已开通免费 Wi-Fi。

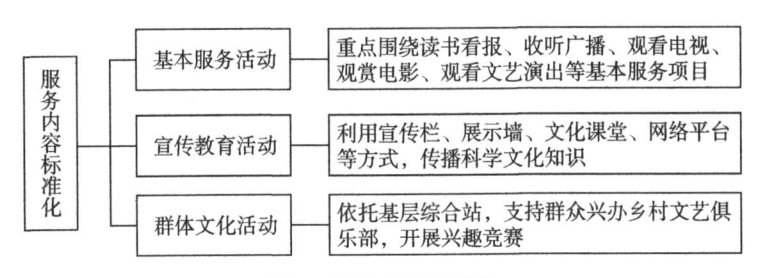

2. 服务内容标准化的实施效应

服务内容标准化体现了标准化建设的内涵。××区在达到国家和重庆市公共文化服务标准的基础上，结合本区实际，制定具有××区特色的服务规范，明确服务的内容、种类、数量和水平。在二级指标服务内容标准化中，包括基本服务活动、宣传教育活动、群众文化活动标准化三个三级指标，如图 2 所示。

服务内容标准化	基本服务活动	重点围绕读书看报、收听广播、观看电视、观赏电影、观看文艺演出等基本服务项目
	宣传教育活动	利用宣传栏、展示墙、文化课堂、网络平台等方式，传播科学文化知识
	群体文化活动	依托基层综合站，支持群众兴办乡村文艺俱乐部，开展兴趣竞赛

图 2　服务内容标准化

服务内容的标准化提高了文化服务的质量，使文化服务效应明显提升。××区围绕公共文化服务标准化试点，注重文化服务内容和形式的实效性，打造了众多优秀的文化交流平台和独特的文化品牌。例如，区文化馆开展的广场故事会、百姓舞台展演、巴渝川剧座唱、三峡广场音乐会、文学沙龙、摄影角、暑期少儿故事比赛、元宵节民俗文艺展演、"××村文化杯"全国故事比赛等活动；区图书馆开展的"妙妙屋"亲子阅读俱乐部、爱心书屋、星期日讲座、中小学生故事大赛和征文比赛等活动；区非遗中心开展的非遗进校园活动；同时，各街镇文化中心也开展了丰富多样的活动，如天星桥文化艺术节、土湾邻里艺术节、石井坡之春、陈家桥"放歌新城"歌手大赛等；流动文化服务进村活动也在如火如荼地开展。

这些文化服务项目做到了主题品牌的"示范性"、常规群众文化活动的"参与性"、地方节庆文化活动的"独特性"，从而形成了××区群众文化活动的多层次、多主题、多元化，文化服务效能明显提升。

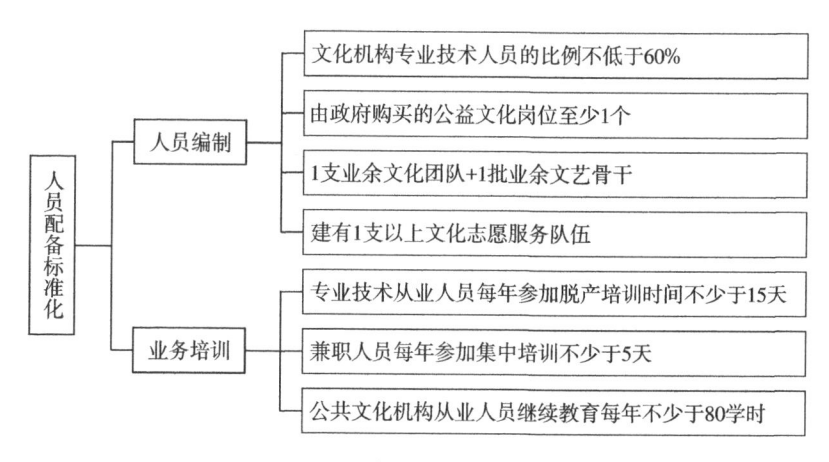

3. 人员配备标准化的实施效应

人员配备标准化是标准化建设的保障。××区充分认识到，要解决公共文化服务人员配备参差不齐的问题，就必须从人员编制、业务培训两个方面解决人员配备标准化的问题。在二级指标人员配备标准化中，包括人员编制、业务培训标准化两个三级指标，如图3所示。

```
                  ┌─ 文化机构专业技术人员的比例不低于60%
         ┌─人员编制┼─ 由政府购买的公益文化岗位至少1个
人员      │        ├─ 1支业余文化团队+1批业余文艺骨干
配备──────┤        └─ 建有1支以上文化志愿服务队伍
标准化    │
         │        ┌─ 专业技术从业人员每年参加脱产培训时间不少于15天
         └─业务培训┼─ 兼职人员每年参加集中培训不少于5天
                  └─ 公共文化机构从业人员继续教育每年不少于80学时
```

图3 人员配备标准化

人员配备标准化的实施效应是人员编制齐、业务能力强以及服务到位。目前，全区各街镇都确定了文化服务机构，镇叫文化服务中心，街道叫社会事业服务中心，而且都确定了3~5名的编制，全区在编人员121人，在岗347人左右。他们是公共文化服务的专业人员、责任主体和服务主体，他们的知识、能力和服务意识直接关系到公共文化服务的质量。调查显示，××区公共文化服务工作人员中40岁以下的占35.8%，40~49岁的占45.3%，年龄结构基本合理；本科及以上学历的占37.7%，大专或高职学历的占45.3%，学历结构有待改善；公开考试招聘占 28.3%，聘用占 15.1%，委任占 17.0%，选任占 35.8%，其他占 3.8%，入职方式有待改进。

4. 绩效考核标准化的实施效应

绩效考核标准化是标准化建设的动力和结果。在国家和重庆市已有的考核标准的基础上，××区进一步完善了绩效考核评估机制。通过委托社会专业机构，采取民意调查、明察暗访等多种方式，对公共文化服务效能进行群众满意度测评，同时建立监督机制，公开举报电话，接受媒体、群众和社会单位对公共文化服务设施免费开放工作的监督。公共文化服务考核的标准化促使各类公共文化服务机构主动建立起公共文化需求表达、信息反馈机制，保证群众对文化的建议和参与渠道畅通，文化服务机构也能及时倾听群众意见，调整服务内容，满足群众需求，群众满意程度有较大幅度的提升。

尤其是 2017 年《中华人民共和国公共文化服务保障法》的颁布，明确规定了政府推动基本公共文化服务标准化、均等化的责任，也要求各级政府接受人民群众和上级单位的直接监督。[1] ××区的绩效考核标准化又有了法律保障，责任主体更明确了，措施更到位了。

四、标准化建设中存在的问题

我国公共文化服务标准化建设的试点总体来说还处于不断发展过程中，其中的问题在所难免，认识和分析这些问题有助于使标准化建设更趋成熟、完善。从××试点区来看，问题主要体现在以下几个方面。

(一) 某些基层文化设施建设差异较大

由于××区各社区地理条件、社会环境的差异，建设时间各异，管理理念不同等因素，一些社区文化基础设施还达不到文化设施标准化的要求。

以××区双碑街道为例，双碑街道下辖双碑街、自由村、上堆金村、下堆金村、枝元村、勤居村、大石村 7 个社区。其中，上堆金村和下堆金村已经

---

[1] 吴晓，王芬林. 中国道路：论我国公共文化服务标准化建设 [J]. 图书馆论坛，2018（2）：36-43.

拥有可以用于开展卫生知识讲座、科学知识普及等文化活动的综合文化站，并且基础文化设施的日常维护有保障，各类活动记录完整、清晰。然而，部分社区的综合文化站还处于建设阶段，并且建设进度缓慢，一年多来未能投入使用。

另外，建设时间较晚的社区规划有综合文化站场地，但是建设时间较早的社区没有综合文化站可供使用。若以民房价格租赁场地则成本过高，经费不足，因而某些老旧社区不能满足每个社区配备一座综合文化站的要求。

（二）一些文化场所还缺乏运行保障

根据《关于加快构建现代公共文化服务体系的实施意见》文件的指导，××区积极推进公共文化服务标准化建设。在社区建设标准化方面，要求每个街镇至少有一个公共文化服务中心（站）和一个户外文化广场，每个社区（村）至少有一个综合文化站。

2014年9月启动标准化试点之际，××区政府为每个综合文化站拨款1万元。一位社区工作人员介绍说，××区政府拨款的1万元是一次性拨款，只够用于综合文化站的装修和购买部分文化设施。其余文化设施、器材、图书、文化信息等共享设备则是靠社区自己解决，大部分设施、器材、图书、计算机等是靠社区以前的积累或者捐赠，没有经费可以用于综合文化站的后期管理、图书购进、设备维修更新等。这说明公共文化服务运行保障一方面缺乏长效机制，不能长久运行；另一方面降低了基层公共文化服务供给效能。

（三）公共文化服务供给主体还相对单一

尽管有政府购买专职人员，有各部门的协同治理，但××区一些街道、社区的公共文化服务供给主体还显得相对单一，市场化手段的引入机制有待完善。在标准化试点中，政府和事业单位一直是××区公共文化服务的主要供给主体，也是公共文化需求和决策制定的主要参与者。××区尝试通过市场机制改革，如政府购买服务和购买专职社工等引导民间资本与社会组织进入公共文化服务领域，在一定程度上推动了公共文化服务效率和服务水平的提升，但由于社会组织力量薄弱、承接能力差、造血能力差、居民对社工的了解度和认可度低等问题的存在，市场和社会参与公共文化服务供给的局面还没有全面打开。

(四) 公共文化服务标准的执行监督不到位

××区公共文化服务标准化建设绩效考核标准化指明：通过委托社会专业机构，采取民意调查、明察暗访等多种方式，对公共文化服务效能进行群众满意度测评，同时建立监督机制，公开举报电话，接受媒体、群众和社会单位对公共文化服务设施免费开放工作的监督。然而，在实际执行过程中，××区政府只在综合文化站建立初期对文化站的设施建设情况和人员配备情况进行了考核，而后期并没有按照上述标准进行严格的绩效考评。部分社区综合文化站建成之后，设备损毁，经费不足，长期不对外开放，导致公共文化服务效能降低。绩效考评的缺失一方面是由于执行监督不到位，另一方面是缺乏合理、科学的评价指标体系以及评估结果的反馈使用机制不健全。因此，××区亟须加强对标准执行的绩效评估与监督。

五、进一步完善公共服务标准化建设的对策

(一) 以标准化试点为契机，深化后续建设

××区以打造全国领先的公共文化服务体系示范区为目标，以成功创建示范区为新的起点，以全国公共文化服务标准化试点为契机，着力加强示范区后续建设，才能持之以恒地抓好现代公共文化服务体系示范建设，增创更多的亮点，更好地服务市民，进一步发挥试点地区的示范效应。

针对当前某些基层文化设施建设存在的差异较大问题，找准薄弱环节，多方面筹集资金，区文化委重点帮扶，加大基层文化设施的治理，使落后街道或社区尽快跟上全区基层文化设施建设的步伐，从而实现标准化建设的公共服务均等化目标。

(二) 以公共政策为指引，确保可持续发展

公共文化服务标准化建设需要加强制度设计，注重成果转换，从政策层面为其保驾护航，才能保证这项工作可持续发展。

针对一些文化场所还缺乏运行保障的问题，可依据中央《关于加快构建现代公共文化服务体系的实施意见》制定一系列相关政策，推动各级政府、文化部门坚持以群众需求为导向，通过转变政府职能，不断提升公共文化服务的针对性和有效性，满足广大群众多层次、多品种的公共文化需求，提升公共文化社会化水平。通过走内涵发展之路，实现公共文化服务标准化建设的可持续发展。

(三) 以文化治理为理念，加大标准化的治理力度

××区在公共文化服务标准化建设试点中，已经自觉或不自觉地采用了一些治理手段和方式，但一些街道和社区并没有公共治理，尤其是文化治理的观念，更没有自觉地把这种理念应用于建设实践中。

针对公共文化服务供给主体相对单一、标准执行监督不到位的问题，不能为了标准化而标准化，要站在城市文化治理的高度，树立文化治理理念，加强治理主体的治理能力，把标准化建设作为文化治理的一个项目来抓。

为此，要进一步鼓励社会力量、社会资本参与公共文化建设，促进公共文化建设的社会化和参与主体的多元化。同时，发挥政府的统筹作用，由区文化局牵头，相关职能部门积极参与，打造公共文化服务标准化建设协调机制，并依托协调机制的工作平台，理顺基层公共文化管理体制和运行机制，促进各部门间的分工合作。以此实现从试点建设到常规治理的转型，并通过公共文化服务标准化建设带动城市文化治理的创新。

参考文献

[1] 杨智慧，张芳蕊，张伯男. 公共文化服务标准化与均等化的辩证关系 [J]. 佳木斯大学社会科学学报，2015，33 (4)：50-52.

[2] 陈思嘉，何英蕾，罗熙鸣. 以标准化为推手，促进基本公共文化服务均等化 [J]. 标准科学，2016 (4)：59-62.

[3] 淳于淼泠，金莹. 开启政府主导公共文化服务的新时期 [N]. 学习时报，

2017-04-10 (04).
[4] 梅昀. 论中国的公共文化服务立法：现状、模式与路径 [J]. 云南大学学报（法学版），2013，26 (5)：12-17.
[5] 佟昭，康尔平. 我省基本公共文化服务标准化均等化建设面临的机遇、问题与对策研究 [J]. 图书馆学刊，2014 (4)：1-4.
[6] 许垂龙. 公共文化服务标准化的实践与探索 [J]. 上海文化，2014 (6)：23-26.
[7] 吴晓，王芬林. 中国道路：论我国公共文化服务标准化建设 [J]. 图书馆论坛，2018 (2)：36-43.
[8] 金晶，邵希炜. 文化部确定10个国家级基本公共文化服务标准化试点地区 [EB/OL]. (2015-01-21) [2018-04-03]. http://www.ce.cn/culture/gd/201501/21/t20150121_4395516.shtml.

社会组织参与精准扶贫的实践类型及困境研究

——以重庆市 W 区扶贫实践为例

潘丽霞　薛红杰　钟兴菊[1]

摘　要：精准扶贫方略实施期间，社会组织作为精准扶贫中的重要主体，凭借自身独特优势发挥着重要作用。本研究通过对重庆市 W 区扶贫实践的调研分析和总结发现，社会组织参与精准扶贫的实践可以分为三类：嵌入式行政参与、边缘型目的参与和关系型合作参与。不同参与类型在精准扶贫实践中的表现特征以及面临的实践困境存在较大的差异，需要根据实际参与情况具体探讨其解决途径。

关键词：精准扶贫；社会组织；实践类型；实践困境

一、引言

2015 年 10 月召开的十八届五中全会提出了到 2020 年要保证全部人口脱贫的目标，自此，精准扶贫成为之后一个时

---

[1] 潘丽霞，重庆大学公共管理学院副教授，硕士研究生导师；薛红杰，重庆大学公共管理学院硕士研究生；钟兴菊，重庆大学公共管理学院副教授，硕士研究生导师。

期扶贫工作的指导思想和目标。同时，随着政府不断向服务型政府转变，提倡改变过去政府大包大揽的状态，集合社会力量，动员社会多元主体共同参与治理和服务。党的十九大报告再次强调"要加强和创新社会治理"，明确提出要"打造共建共治共享的社会治理格局"，并且在这一思想的基础上提出要"完善党委领导、政府负责、社会协同、公众参与、法治保障的社会治理体制，提高社会治理社会化、法治化、智能化、专业化水平"。❶

随着政府的号召和对社会主体责任的强调，社会组织越来越多地参与了精准扶贫，逐渐形成了"政府主导，社会参与"的扶贫策略，但是"社会参与"往往较为零散，未能实现社会组织协同参与扶贫绩效的有效提升。❷ 怎样扩大社会组织参与精准扶贫的作用空间？怎样完善精准扶贫的技术路线？怎样提高政府与社会组织合作的绩效？针对这些问题，学者们从社会组织参与贫困治理的责任及限度❸、柔性扶贫优势❹、参与路径❺以及多元主体协同扶贫机制构建❻等方面进行了深入的探讨和研究，为精准扶贫工作的推进提供了有力的理论支撑。然而，在政府主导扶贫工作的背景下，对于社会组织参与精准扶贫的探讨都难以脱离"政府和社会组织"这一焦点，因为精准扶贫本身是一项涉及不同层次、不同领域的多元主体政策参与和政策实践的系统工程。❼ 聚焦到实践层面，政府和社会组织之间的关系影响着社会组织参与精准扶贫的方式、特征、成效等各个方面。

纵览社会组织参与扶贫治理的历程，政府与社会组织之间经历了从"控

---

❶ 习近平. 决胜全面建成小康社会 夺取新时代中国特色社会主义伟大胜利 [N]. 人民日报, 2017-10-28 (01).

❷ 靳永翥, 丁照攀. 贫困地区多元协同扶贫机制构建及实现路径研究：基于社会资本的理论视角 [J]. 探索, 2016 (6)：78-86.

❸ 刘建平. 社会救助与精准扶贫的融合治理 [J]. 人民论坛, 2019 (29)：96-97.

❹ 袁岳驷. 充分发挥社会组织柔性扶贫优势 [J]. 人民论坛, 2019 (29)：74-75.

❺ 张君. 农村精准扶贫中社会组织的发展路径与制约因素分析 [J]. 农业经济, 2019 (11)：78-79.

❻ 何炜, 刘俊生. 多元协同精准扶贫：理论分析、现实比照与路径探寻——一种社会资本理论分析视角 [J]. 西南民族大学学报（人文社会科学版），2017, 38 (6)：122-128.

❼ 方劲. 合作博弈：乡村贫困治理中政府与社会组织的互动关系——基于社会互构论的阐释 [J]. 华中农业大学学报（社会科学版），2018 (3)：100-107, 157-158.

制—依附"关系向"合作—自主"关系，再向"对等性互惠"关系的转变。[1]从成效上看，当前社会组织也通过项目制合作[2]、志愿活动、慈善救助、增能赋权[3]等创新性方式有效加快了贫困地区和贫困人口脱贫致富的进程。但是，在贫困治理进程中，社会组织仍然存在缺位现象，主要表现在两个方面：一方面，我国社会组织的发展存在明显"先天不足，后天乏力"的特征，社会组织在自主性和专业能力发挥方面都受到了重重限制，难以表现出与政府、市场等主体的比较优势，面临着政府部门及贫困帮扶对象的双重信任缺失。[4]与此同时，各个社会组织在类型、发展程度、能力等方面的差异，导致其在参与精准扶贫实践中的策略、方式、资源动员等方面也存在巨大的差异，因此依然有部分甚至大部分社会组织难以有效开展扶贫工作。另一方面，当前社会组织参与精准扶贫的制度空间广阔，实则行动空间不足[5]，存在由于与政府关系不对等、资源不对称、力量不均衡等问题导致的社会组织参与不足的情况[6]。

虽然现有关于社会组织参与精准扶贫的关系的研究已十分丰富，也发现了社会组织在实践中的诸多问题，然而大多是从理论和典型案例的角度进行探讨，对于普遍意义上的社会组织精准实践的具体情况缺乏深入、细致的调研，影响了研究成果的实用性和针对性。为此，本研究拟对重庆市W区多个社会组织的扶贫实践进行深入调研，从社会组织参与这一微观层面出发，探讨不同社会组织参与精准扶贫的方式、面临的实践困境以及发挥的实际作用，希望能为之后的研究提供些许参考。

---

[1] 刘风，向德平. 贫困治理中政府与社会组织关系的变迁及走向[J]. 中国农业大学学报（社会科学版），2017，34（5）：111-118.
[2] 黄春蕾，呼延钦. 非政府组织的扶贫机制及其政策启示：基于宁夏扶贫与环境改造中心的研究[J]. 经济与管理研究，2009（10）：122-128.
[3] 陈成文，陈建平. 社会组织与贫困治理：国外的典型模式及其政策启示[J]. 山东社会科学，2018（3）：58-66.
[4] 黄建. 论精准扶贫中的社会组织参与[J]. 学术界，2017（8）：179-190，326.
[5] 王杨. 社会组织参与精准扶贫的制度化逻辑：基于制度—关系—行为框架[J]. 宏观经济研究，2018（12）：123-132.
[6] 吴映雪. 乡村振兴战略下贫困乡村治理路径探讨：基于国家精准扶贫政策实施下耳村的实地考察[J]. 湖北经济学院学报，2018，16（3）：120-124.

二、社会组织参与精准扶贫的实证研究

(一) 调研地简介与社会组织参与扶贫现状

1. 调研地简介

调研地点是重庆市 W 区，该区地处重庆偏远地区，全区辖 52 个镇乡街道，累计搬迁安置移民 26.3 万人，是全市人口最多、移民任务最重、城市体量最大、管理单元最多的区县。该区总体情况相当复杂，且该地移民情况具有较大的特殊性，移民政策的实施对该区经济、搬迁、人口发展等方面都产生了重要的影响，同时对于精准扶贫来说也是一个不小的挑战。

W 区到 2016 年一直是重庆市的重点扶贫地区，直到 2017 年才整体脱离贫困，摘掉了贫困县的帽子。该区在 2018 年的整体扶贫计划是通过对 19 个扶贫开发重点村的帮扶和开发，确保到 2020 年贫困群众能够稳定脱贫，进入小康社会。

2. 社会组织参与扶贫现状

W 区根据市民政局下发的《关于广泛动员社会组织和慈善力量参与扶贫攻坚工作的通知》，积极动员各个社会组织参与精准扶贫工作。

W 区共有社会组织 700 多个，其中民非类社会组织 300 多个，社团类社会组织 200 多个。为了有效提升扶贫成效，W 区从三个方面积极动员社会组织参与精准扶贫工作：一是鼓励社团类社会组织在力所能及的情况下开展扶贫济困的慰问活动；二是调动社会组织承接转移服务，支持社会组织参与社会服务项目和扶贫项目；三是组织社会组织参与公益慈善活动，助力扶贫攻坚任务，彰显社会组织的公益性和社会责任。

(二) 研究方法

本研究选取重庆市 W 区社会组织的扶贫实践作为研究对象，基于本次的研究目的和研究内容，利用焦点小组访谈法和个别访谈法对调研地的相关社会组织进行访谈，具体个案信息见表 1。

表1　个案信息

序号	组织名称	性质	注册年份	业务领域	扶贫实践内容	访谈形式
1	MA社会工作服务中心	民办非企业单位	2014	作为公益服务类非营利性社工机构提供各类服务	承接民政局项目进行扶贫，主要采用慰问、长期陪伴、关系建立等方式参与扶贫	焦点小组访谈+个别访谈
2	重庆SX职业学院	民办非企业单位	2005	教育培训	助学；开展帮扶活动	焦点小组访谈
3	W区机动车驾驶职业培训学校	民办非企业单位	2003	机动车驾驶培训、汽车修理工培训	进行慰问，物资、资金资助；支援村支部建设；支持组织内部成员	焦点小组访谈
4	DL社会工作服务中心	民办非企业单位	2016	青少年及儿童行为习惯养成服务以及其他社会公益性服务	承接桑树种植项目进行产业扶贫，在资源、技术、销售方面提供协助	个别访谈
5	重庆市W区青年企业家协会	社会团体	2009	组织开展交流、培训、咨询服务等活动	进行慰问，物资、资金资助；对创业者进行帮扶	焦点小组访谈
6	W区慈善会	社会团体	2005	筹集慈善资金；开展慈善活动、经验交流、咨询服务	筹集资金，组织捐款；开展慈善活动；助学、助残、帮扶因病致贫群众	焦点小组访谈
7	重庆市W区社会组织促进会	社会团体	2013	开展法律、政策宣传及业务咨询；做好对区内社会组织的宣传；开展业务培训；指导新登记社会组织申报材料编制	组织捐款、慈善活动；扶贫济困慰问活动	焦点小组访谈
8	重庆市W区民营经济学会	社会团体	2005	业务培训，咨询服务，交流经验，反映情况	进行慰问，物资、资金的资助；帮扶内部会员	焦点小组访谈
9	YC职校	民办非企业单位	2009	进行汽车驾驶培训，交流经验	捐款；对贫困群众进行驾驶培训	焦点小组访谈

(三) 社会组织参与精准扶贫的实践类型

相比于政府直接参与扶贫的实践，社会组织自身由于发展程度、类型等方面的不同，导致其精准扶贫实践呈现出明显的差异化特征。各个社会组织的性质、发展方向、专业能力以及与政府之间的关系都是影响其参与精准扶贫实践的重要因素。在前人研究的基础上，依据政府和社会组织在扶贫中的关系，本研究进一步认为社会组织参与精准扶贫的实践可以分为三种类型，即嵌入式行政参与、边缘型目的参与和关系型合作参与。不同类型的参与方式在行为表现上既有相似之处，又可以明确地区分开来。

1. 社会组织嵌入式行政参与的实践特征

这一参与类型反映出社会组织对政府存在依附关系，社会组织参与精准扶贫的方式和活动在很大程度受到政府的影响与控制。一些由事业单位转型的社会组织或者公办的社会组织在体制上不属于政府部门，但由于其资金来源、人员、工作任务都与政府部门有着千丝万缕的联系，受到政府部门较大程度的管制，实质上类似于政府行政机构的延伸。其在参与精准扶贫时呈现出以下三个明显的特征：一是扶贫对象主要是其上级主管部门需要完成的对口扶贫区域内的贫困村及贫困人口；二是扶贫方式多数情况下是到贫困村或者贫困户家里慰问、给予资金资助、发放物资等，这些方式一般花费时间短、能够达到的效果有限；三是资金及物资的来源一般是政府下拨的资金以及组织内成员自筹的资金。由此可见，社会组织嵌入式行政参与带有很强的目的性以及行政性质，其采取的行动更多是为了完成政府下达的扶贫指标，具有较弱的自主能动性。

2. 社会组织边缘型目的参与的实践特征

这一参与类型表明社会组织具有相对较强的独立自主性，社会组织更加贴近于社会和群众。一方面，这类社会组织因为与政府处于一种相互不干涉的状态，主要依靠自身获取资源，资源获取的数量、持续性等得不到保证，具有较大的不稳定性，因此这类社会组织的扶贫效果在很大程度上取决于自身的资源动员能力和实施运用能力；另一方面，其具有较强的自主决断能力，在扶贫方式的选择上更具多样性和灵活性。

3. 社会组织关系型合作参与的实践特征

这一参与类型强调社会组织在不断完善自身、保持自身独立性的同时，也和政府部门之间保持较为融洽的合作关系。这种参与方式表明社会组织参与精准扶贫实践发展进入相对成熟和完善的阶段。它具有以下特征：从国家与社会的关系来看，社会组织与政府之间是相对平等和融洽的关系，政府和社会组织能够根据自身的特点与优势进行深入的、互补性的合作；从扶贫的资源来看，社会组织能够通过与政府的政治关联利用政府的资源，以及结合自身的能力进行精准扶贫实践，与政府形成良好的合作关系。

三、社会组织参与精准扶贫的实践困境：重庆市 W 区扶贫实践调研分析

社会组织参与精准扶贫虽然已有一段实践时期，也取得了一些成果，但是由于扶贫环境的复杂性、差异性以及扶贫进入攻坚时期等原因，社会组织在进行精准扶贫时仍面临诸多困境。大多数社会组织没有完全发挥出应有的优势和价值，未能取得理想的状态和效果，这是目前扶贫实践中难以避免的现实问题。对重庆市 W 区参与精准扶贫的社会组织进行相关的实地调查和采访后发现，不同的参与实践类型在参与精准扶贫的过程中都出现了或多或少的问题。

（一）社会组织嵌入式行政参与存在的问题——以重庆市 W 区机动车驾驶员职业培训学校为例

W 区机动车驾驶员职业培训学校原属于国营性质，后转为民非类社会组织。该组织虽然在行政体制上脱离了政府，但仍然在很大程度上受到政府的影响，在获取扶贫资源、选择扶贫方式、动员扶贫参与对象以及自我能力发展等方面都需要政府部门的支持，因而其行动具有浓厚的行政色彩和行政性质。经过调研和访谈发现，其在参与精准扶贫实践时面临以下困境。

1. 对贫困群众的精准识别度低

W 区机动车驾驶员职业培训学校采用与政府合作式"任务执行式"的实

践形态，除了完成上级下达的培训指标，其扶贫对象主要是上级指导部门扶贫区域内的贫困群众。在精准扶贫实践过程中，该组织直接从村委拿到贫困人员（建卡贫困户）的名单，再对他们进行帮扶。但是，这样获得的贫困人员信息与实际情况存在着很大偏差：一方面，相关研究指出，在农村扶贫过程中极易出现"精英俘获"现象❶，村里的精英人物由于资源或"熟人"优势，更有可能获得政策帮扶，部分弱势群体反而被排除在外。另一方面，贫困人口的识别是一个动态调整的过程，在不同时期，个体的具体情况可能有很大的变动。例如，W区在进行年度统计时发现，2017年建卡贫困户共109708人，其中有51820人因病、因灾返贫，接近贫困人口总数的47.2%。然而这种变动常因行政程序的烦琐和信息的滞后不能及时反映到上级部门，降低了贫困人口识别的精准性。这一过程中，社会组织并未发挥自身的自主性和灵活性，更多是作为上级部门政策的"执行者"。

2. 行政色彩浓厚，帮扶工作受到限制

重庆市W区机动车驾驶员职业培训学校受历史原因和行政因素的影响，在参与精准扶贫实践时受到了行政方面的较大限制。该社会组织的上级指导部门是运输管理处，所以其精准扶贫的范围主要是承接的运输管理处对口扶贫区域内的贫困群众。其主要的扶贫工作之一是在上级下达需要培训的贫困群众的人数时，对这部分人在学习经费上给予一些优惠，帮助他们取得从业资格证，并在培训结束时向成功拿到资格证的群众推荐工作，但是"由于过来学习的人大多数本身还是有事情或者说工作干的，其实成功推荐工作的次数很少"（机动车驾驶员职业培训学校负责人访谈记录20180416LZW）❷。这一实践形式有一定的效果，但是从整个过程来看，该社会组织处于十分被动的状态，由于其间接承接了上级主管部门的扶贫任务，进行培训只是为了完成上级下达的指标，具有很强的行政目的性。基于这样的现实，可以发现该参与类型的社会组织与政府部门之间长期存在不平等的交流，行政任务式的

---

❶ 程璆，郑逸芳，许佳贤，等. 参与式扶贫治理中的精英俘获困境及对策研究 [J]. 农村经济，2017（9）：56-62.

❷ 访谈记录编码规则：采用数字与字母组合的编码方式，其中阿拉伯数字为访谈日期，字母为被访谈人信息。

行动在一定程度上也压抑了社会组织参与精准扶贫工作的主动性和积极性。

3. 扶贫方式简单而单一，实际参与程度不高

现行政策下，国家对于社会组织参与精准扶贫的基本导向是尽量发挥其优势和作用，在缓解贫困的同时，尽量根据实际情况满足贫困群众个性化的需求，做到贫困治理的精细化和针对性。W区机动车驾驶员职业培训学校采用的扶贫方式，即对贫困群众进行慰问，发放物品和资金，仍处于扶贫的表面层次和初级阶段。这种扶贫方式通常是一次性的且效果有限，难以真正解决贫困群众的困难。正如访谈中有人表示"像我们这样的组织，更多是根据主管局的任务安排以慰问的形式进行扶贫，具体深入再做下去的很少"（社会组织促进会负责人访谈记录20180416WMZ）。另外，W区机动车驾驶员职业培训学校的成员表示，他们曾经想举办一项困难助学活动，但由于将选取助学对象的具体执行权交给村委，最终导致助学活动失败。原因是"在选择帮扶对象时，村里进行了贫困攀比，大家都争当贫困户，最后反而选不出来人"（机动车驾驶员职业培训学校负责人访谈记录20180416LZW）。尽管出现这种结果的原因中也包括贫困户的思想问题，但是也在一定程度上反映出该社会组织在进行扶贫实践时与贫困群众相脱离，采用类似的行政式手段将扶贫任务转移给村委，在精准扶贫中的实际参与程度并不高。

（二）社会组织边缘型目的参与存在的问题——以重庆市W区DL社会工作服务中心为例

DL社会工作服务中心成立时间较短，在社会工作方面的专业能力较强且组织自身独立性高，其主要通过产业扶贫项目的实践方式参与精准扶贫。通过访谈调研，发现其在工作中遇到了如下问题。

1. 基层政府对社会组织认知模糊，难以有效合作

政府政策一直在动员社会力量参与精准扶贫，并且强调要加强合作、发挥各自的优势和力量，以提升精准扶贫的效率和效果。在政策实施的过程中却出现了较大的偏差，很多基层政府对于社会组织到底能够做什么、社会组织能够发挥什么样的作用等问题的认知较为模糊，导致政府部门对社会组织

的重视程度不高，难以建立长期有效的合作机制。调研发现，DL 社会工作服务中心的项目实施过程主要是：首先通过自身的信息网络确定需要帮扶的贫困村，然后与村委对接达成初步的一致意见，与乡镇政府进行相关工作的对接和协商，最后根据实际情况确定发展特色项目并进行实施。在这一过程中，该组织更多的是和村委进行交流和对接，与政府部门的接触较少，而且其项目负责人也表示"大部分乡镇一级的政府都不知道社会组织到底是什么，他们对社会组织的概念很模糊""政府不拒绝就是对我们最大的帮助"（DL 社会工作服务中心负责人访谈记录 20180422ZY）。长期以来，政府承担了精准扶贫的主要工作，但基层政府对社会组织未形成正确的认知和合作，加之扶贫环境的复杂和扶贫目标的冲突，政府在这方面更倾向于采取保守性的行为，导致社会组织寸步难行，这也是现今精准扶贫工作中的一个难题。

2. 社会组织扶贫资源不足，阻碍扶贫工作开展

目前，我国除了一些具有政治关联的社会组织能够获得政府较多的资源支持，大部分社会组织本身的资源调动能力比较弱，扶贫资源不足。特别是贫困地区普遍对社会组织的认知程度和接受程度比较低，更不利于社会组织工作的开展。像 DL 社会工作服务中心这种与政府处于边缘合作状态的社会组织，在精准扶贫实践中因为与政府合作甚少，基本处于互不干涉状态，很难仅仅通过自身调动的资源实现理想的扶贫效果。一些走产业扶贫路线的社会组织在扶贫过程中需要与更多主体进行沟通，涉及更多资源和关系的协调与调动，在项目实施中可能会遇到更多的困难。

此外，社会组织在资金筹集上存在一个很大的短板，项目制合作主要依靠上级政府的拨款或者项目申请的资金，然后将这些资金投入提高农户的经济水平、购买资源推动项目发展、提高文化水平等活动中，缺乏合理的资金运行和长效支撑机制，所以部分情况下，社会组织可能因为缺乏后续资金的支持而限制其作用的发挥。资金不足不仅会影响扶贫的物质条件，也会使社会组织难以吸引到高水平的人才，例如，DL 社会工作服务中心的负责人表示："2017 年我们有 5 人离职，现在社会组织人员离职率普遍都很高，我们已经属于情况较好的了"（DL 社会工作服务中心负责人访谈记录 20180422ZY）。

3. 扶贫工作介入困难，与贫困群众缺乏有效互动

目前，社会组织的扶贫在很大程度上就是"自上而下"的单向扶贫，主要是政府和社会组织比较主动，农民本身处于被动状态。但是，农民不仅是被帮扶的对象，也是精准扶贫工作中的主体。只有当农民正确认识精准扶贫并参与其中时，扶贫工作才能真正见成效。由于农村地区经济发展落后和农民观念上的限制，在一些农民的观念中，只有政府才是可靠的、能做事的，他们对社会组织的工作和能够发挥的作用非常不信任。如果没有政府的沟通和帮助，社会组织在农村进行扶贫工作是难以介入的。调研中有村干部说："对于社会组织参与精准扶贫，我觉得效果是不好的，这多半是一种表面的形式作用，最后是为了抓政绩，没有实招"（TY 村村干部访谈记录 20180419XJK），这种观念阻碍了社会组织扶贫工作的推进。

（三）社会组织关系型合作参与存在的问题——以重庆市 W 区 MA 社会工作服务中心为例

MA 社会工作服务中心是一个专业性的社工机构，主要通过在民政局承接扶贫相关项目来参与精准扶贫。其在项目实施过程中与贫困群众和政府之间维持了良好的合作与互动，建立了良好的合作关系。这是目前比较理想的扶贫模式，但在精准扶贫实践中仍然存在以下问题。

1. 扶贫项目周期过短，可持续性不强

MA 社会工作服务中心从政府承接的项目多为一年期或者两年期，在项目期内需要完成项目调研、项目实施、项目评估和考核等全套工作。该社会组织走"精神扶贫"路线，即注重与帮扶对象建立长期的陪伴关系，注重帮扶对象的精神、情绪、思想上的辅导，其开展扶贫工作的具体方式包括长期陪伴在扶贫对象身边，组织慰问，组织文娱活动，进行长期的生活接触和关爱等。但是据调研，该社会组织之所以走"精神扶贫"路线，在很大程度上也是因为受到现实条件和资源的限制。组织承接的项目周期比较短，但实际上进行前期调研和其他准备工作就需要大量时间，并且由于发展特色产业或者种植项目需要大量的时间和资金，使社会组织无法轻易做出尝试。正如该组织成员所说"如果真正要做的话很费时间和功夫，一年时间根本不行，想去

做但是有心无力。这些项目在短期内是看不见成效的，不能立竿见影。所以对于项目周期大多只有一年的这种情况，要两者兼顾比较困难""我们这样的社会组织具有周期性，在很多方面不太方便做事，有时候还要花两三个月调研，真正做事的时间更少一些"（MA 社会工作服务中心工作人员访谈记录 20180417CML）。

2. 政府与社会组织合作的模式有待探索和改进

当前，对于政府和社会组织之间可以在哪些方面合作，怎样进行交流和信息沟通，怎样保证双方在合作过程中能够及时、正确地履行自己的职责等方面都没有特别明确的规定，这一现状往往导致政府与社会组织之间难以平等地交流并合作，即使进行合作，由于缺乏规范性的文件和规定，在执行效率、合作程度等方面也会受到影响。加之社会组织处于弱势地位，在合作中可能出现"一边倒"的现象。从现实情况来讲，目前政府和社会组织合作扶贫的模式比较单一，往往是通过政府向社会组织发布项目，社会组织承接项目的方式来实现。政府单方面对社会组织进行管理和监督，然而社会组织在寻求政府的支持和帮助时有时难以落实。同时，因为一些政府部门存在形式主义、官僚主义以及不作为现象，在工作过程中难以有效配合，导致政府和社会组织合作扶贫的效果大打折扣。MA 社会工作服务中心的成员在访谈中也曾表示政府部门在检查项目实施情况的时候，倾向于查看大量的文字资料而避免下乡实地考察，难以了解贫困帮扶的真实情况，精准扶贫的帮扶政策和措施在农村不能得到有效落实。

四、结论与展望

社会组织参与精准扶贫是适应当前协同治理发展趋势的实践形式，一方面，社会组织承接了政府转移的部分职能，创新了社会治理和提供公共服务的模式，引领精准扶贫向纵深发展；另一方面，社会组织更贴近群众，更具有灵活性，能够更好地满足群众的实际需求，提高服务质量。但是，由于历史因素以及社会组织发展层次的差异，政府与不同社会组织的关系分化为不同的形态，导致不同社会组织参与扶贫的治理方式、成效也产生了较大的差异，引发了对如下问题的思考：怎样看待及处理政府与不同社会组织之间的关系？贫困治理成效不足的责任由谁来承担？能否利用社会组织的不同参与模式分类参与贫困治理？

政府、社会组织以及贫困群体作为精准扶贫实践中的三大主体，都有责任和义务共同推进精准扶贫工作。其中，政府作为主导者，应该加大政策支持，完善扶贫参与机制；社会组织应该加强自身的专业能力建设以及公益性建设，深入脱贫并提高脱贫质量；贫困群体应加强自身发展动力，主动追求脱贫。在此基础上，政府及社会组织应充分审视自身的资源情况和贫困地区的实际情况，采用适宜的合作方式进行扶贫脱贫实践，合理分配和利用资源，发挥资源的最大利用效益，实现长期可持续发展。当然，政府和社会组织能否进行合作涉及的因素是多样的，所以怎样促进普遍意义上的有效合作需要从多维度、多层次进行考虑，这是一项复杂的工程，绝非一蹴而就的过程。政府和社会组织的合作还有进一步探索和完善的空间，有待进一步思考和深入研究。

参考文献

[1] 习近平. 决胜全面建成小康社会 夺取新时代中国特色社会主义伟大胜利[N]. 人民日报, 2017-10-28 (01).

[2] 靳永翥, 丁照攀. 贫困地区多元协同扶贫机制构建及实现路径研究：基于社会资本的理论视角[J]. 探索, 2016 (6)：78-86.

[3] 刘建平. 社会救助与精准扶贫的融合治理[J]. 人民论坛, 2019 (29)：96-97.

[4] 袁岳驷. 充分发挥社会组织柔性扶贫优势[J]. 人民论坛, 2019 (29)：74-75.

[5] 张君. 农村精准扶贫中社会组织的发展路径与制约因素分析[J]. 农业经济, 2019 (11)：78-79.

[6] 何炜, 刘俊生. 多元协同精准扶贫：理论分析、现实比照与路径探寻 一种社会资本理论分析视角[J]. 西南民族大学学报（人文社会科学版）, 2017, 38 (6)：122-128.

[7] 方劲. 合作博弈：乡村贫困治理中政府与社会组织的互动关系 基于社会互构论的阐释 [J]. 华中农业大学学报（社会科学版），2018（3）：100-107，157-158.

[8] 刘风，向德平. 贫困治理中政府与社会组织关系的变迁及走向 [J]. 中国农业大学学报（社会科学版），2017，34（5）：111-118.

[9] 黄春蕾，呼延钦. 非政府组织的扶贫机制及其政策启示：基于宁夏扶贫与环境改造中心的研究 [J]. 经济与管理研究，2009（10）：122-128.

[10] 陈成文，陈建平. 社会组织与贫困治理：国外的典型模式及其政策启示 [J]. 山东社会科学，2018（3）：58-66.

[11] 黄建. 论精准扶贫中的社会组织参与 [J]. 学术界，2017（8）：179-190，326.

[12] 王杨. 社会组织参与精准扶贫的制度化逻辑：基于制度—关系—行为框架 [J]. 宏观经济研究，2018（12）：123-132.

[13] 吴映雪. 乡村振兴战略下贫困乡村治理路径探讨：基于国家精准扶贫政策实施下耳村的实地考察 [J]. 湖北经济学院学报，2018，16（3）：120-124.

[14] 程璆，郑逸芳，许佳贤，等. 参与式扶贫治理中的精英俘获困境及对策研究 [J]. 农村经济，2017（9）：56-62.

政务服务平台建设的优化机制研究

——基于××市的案例观察

范锡林 郑 懿 罗利梅 胡 娇[1]

摘 要：政务服务平台建设对于政府增强服务效能、提升服务质量、提高公众满意度具有重大意义。本文从公众视角出发，运用文献研究方法、问卷调查法等对重庆市政务服务平台二维建设进行探索，发现政务服务平台存在部门协同性差、政府网络一窗办理困难、功能不完善等问题，结合整体性治理理论、新公共服务理论，提出其优化可以从注重用户需求、完善平台功能、整合信息资源、加强服务宣传等方面着手。

关键词："互联网+政务服务"；网络载体；政务服务中心；公众满意度；服务型政府

---

[1] 范锡林，西华大学法学与社会学院辅导员；郑懿，重庆大学公共管理学院硕士研究生；罗利梅，西南政法大学政治与公共管理学院本科生；胡娇，西南政法大学政治与公共管理学院本科生。

一、问题缘起

随着数字经济的发展以及互联网媒介在公众中的广泛运用，原有的政府服务方式已经不能满足公众在新时代的需求。党的十九大以来，为了推动政务服务平台建设改革，我国于2018年发布关于政务服务中心建设的三项国家标准[1]和《国务院关于加快推进全国一体化在线政务服务平台建设的指导意见》(国发〔2018〕27号)，对于深化政务服务平台便捷化、标准化，促进简政放权和政府职能转变，规范和提升政务服务水平提出了具体要求。政务服务平台建设的顶层设计不断加强，部分地方政府在实施过程中却仍存在网络平台使用率低、功能不完善，政务服务平台建设标准不统一，线上线下服务平台衔接不够融洽，公众满意度偏低等问题。政务服务平台的持续优化对增强群众获得感，满足公众对政府行政高效的需求，进而实现向服务型政府转变，提升政务服务水平，推进社会治理能力现代化具有重要意义。

本文基于公众需求和公众满意度，对××市政务服务平台建设现状展开调查，剖析政务服务平台二维建设过程中存在的问题，并提出××市政务服务平台的自我完善与自我革新策略，以此达到建设服务型政府的目的，推进国家治理体系和治理能力现代化。

二、××市政务服务平台二维建设的探索

本文着眼于公众需求，对××市公众对政务服务平台的使用情况及满意度展开调查。调查以××市公众为整体，以使用过政务服务平台的公众为调查对象，于2018年12月至2019年1月在××市九大主城区行政服务中心开展实地观察、访谈和问卷调查，共获得有效问卷406份，整理问卷数据后，对××市政务服务平台的二维建设展开剖析。

---

[1] 政务服务中心建设三项国家标准是于2018年4月21日在"政务服务中心国家标准发布会暨全国政务大厅服务标准化工作组年度会议"上讨论并发布的，分别是《政务服务中心进驻事项服务指南编制规范》(GB/T 36114—2018)、《政务服务中心服务现场管理规范》(GB/T 36112—2018)、《政务服务中心服务投诉处置规范》(GB/T 36113—2018)。

（一）政务服务大厅的规范化实践

通过对××市九大主城区的观察对比发现，按照2016年出台的《国务院关于加快推进"互联网+政务服务"工作的指导意见》（以下简称《指导意见》）的要求，××市九大主城区的政务大厅基础设施基本按照《指导意见》要求建设完善。

1. 组织机构建设日渐完备

各城区政务服务大厅的具体设施建设虽存在差异，但总体上基础设施建设均较为完善。具体来说，各区大厅内均按要求、按类别摆放了行政服务指南，自助终端具有基本的信息查询与公开功能。在自助电子服务区，每台计算机均已安装相关App和适配的浏览器，在桌面上有操作流程介绍。大部分政务大厅均提供免费饮水和一次性纸杯，有的大厅开设了人性化的ETC停车功能，值得一提的是，可能是因为处于高新技术区，L区的行政服务大厅内设有机器人，机器人屏幕上会显示其能完成的事项，可以询问其内设的基本问题，体现了××市部分行政大厅的智能化趋势。

人员配备基本能满足行政大厅的相关办事需求。自助服务区配有专门的工作人员指导公众操作电子设备，出现问题能做到及时回复。大部分工作人员服务意识较强，能积极主动地询问办事群众的需求，同时能做到面带微笑，保持较好的服务态度。

政务服务大厅实行规范化办公。以《中华人民共和国行政许可法》等相关法律法规为依据，遵循"一门受理、内部流转、限时办结、扎口收费"办事原则；投诉及窗口电话号码对外公开；入驻部门的受理项目、办理时限、收费标准公开，办事者可在电子触摸屏上自由查询相关信息。一楼设有大型电子显示屏，滚动发布政策法规及重要通告。××市主城区政务服务大厅入驻部门情况见表1。

表1 ××市主城区政务服务大厅入驻部门情况

城区	L区	Y区	S区	J区	N区	B区	T区	M区	D区
入驻部门数	33	28	32	30	40	39	28	28	19

2. 办事流程日趋优化

为了提高服务质量,提升公众办事的体验感与满意度,××市政府依托政务服务平台,根据《"互联网+政务服务"技术体系建设指南》(国办函〔2016〕108号)的要求,逐步建立完善公共服务事项清单,持续推进办事流程的优化再造,行政服务效率得到了很大的提升。

一是简化行政审批流程,规范行政审批行为。××市下发关于优化行政审批流程的相关文件,各区有关行政审批部门按照《行政许可标准化指引(2016版)》的要求,改革行政审批流程,促进行政审批提质增效。部分区积极推进首席代表制,充分授予现场决定权限,实现了审批服务前移,提高了当场办结率和办结速度,做到了"马上办"。二是优化政务服务大厅窗口设置,部分区实现了"一窗通办"。各区行政服务中心对入驻的部门进行重新整合排列,增设"一窗通办"综合窗口,减少群众来回跑的次数,做到了"一次办"。三是设置办事实时动态公开栏,做到了办事流程公开化、透明化。公众可根据预约办事号码,查询个人办理事项处理进度。

3. 政务服务效果存在区域性与业务性差异

行政服务中心的建设与服务存在区域性差异,发展不均衡。一是工作人员的效率与态度存在差异。整体而言,工作人员态度良好,能够耐心解答公众疑问,公众满意度较高。但是,个别工作人员在处理事项时不耐烦或解释不清的情况导致办理多项事件时需要重复排队取号,所以部分效率较低的工作人员引起了公众抱怨,该区呈现较低的满意度。二是配套设备存在差异。除了每个区必备的自助服务终端,部分区设置了自助饮料零食售卖机等人性化设备,部分区尚未满足公众的基本需求。三是办事标准存在差异。区域之间缺乏联通,信息不共享,出现了区域之间办理同一事项所需材料不同的情况,增加了公众办事难度。四是政务服务大厅业务窗口人流量存在明显差异。公众办理税务工商相关事项所需时间较长,事项较多、资料繁杂,因此工商税务窗口较其他窗口人流量大。

（二）政务服务网络载体的多元化探索

1. 政策支撑日益体系化

2016年国务院印发《指导意见》后，××市对"互联网+政务服务"密切关注，出台了诸多政策，加强了建设力度，完善了政策支撑体系。2016年，××市人民政府发布《××市人民政府办公厅关于进一步做好行政审批制度改革有关工作的通知》，提出不断推动线上与线下、网络与实体审批的深度融合，逐步推进"互联网+政务服务"向基层延伸。2017年，××市出台《××市加快推进"互联网+政务服务"工作方案》。从××市人民政府办公厅发布的《2018年××市"互联网+政务服务"工作要点》中可明显地看出，2018年××市网络载体建设力度较2017年在政策上有了明显的加强，着重推进服务平台建设便捷化，力求实现"一号申请""一窗受理"，让群众能办事、办好事、办成事。同时，××市大力推进网上行政审批改革，构建融行政审批、事项管理、效能监察、信息公开于一体的市网审平台和工作体系。2018年，××市人民政府办公厅印发了《××市市级审批服务事项马上办网上办就近办一次办清单（第一批）》，明确了"马上办"事项157项、"网上办"事项732项、"就近办"事项129项、"一次办"事项638项。行政审批的所有流程在一个平台上运行，基本实现了"网上一窗申报、资料共享共认、部门协同审批、证照一窗领取"。群众可自由选择在网上或实体大厅申报，可随时在网上查询办理进度，事项办理完成后可进行满意度评价。

2. 网络平台建设逐步多元化

××市人民政府遵照《国务院办公厅关于推进政务新媒体健康有序发展的意见》（国办发〔2018〕123号）的要求，以提升公众使用感为导向，着手打造了以政务网站为主，政务App、政务微信、政务微博、政务抖音等为辅的政务服务多元化网络平台，丰富了政务服务的网络载体形式。

××市人民政府整合全市政府系统办公业务网和市行政审批电子监察网，完善网络安全体系和运维体系，形成规范统一、横纵联通、集中运营和安全可靠的市电子政务外网网络平台。以××市人民政府网站为例，2018年，独立用户访问总量为 11673065 次，网站访问总量为 5539840 次，发布信息 13460 条，其中解读信息发布 953 条，政务服务事项数量一共有 2147 项，有 354 项可全程在线办理，2018 年共办理 10010946 件事项。

此外，××市在 2018 年推出的"市快办"App，在系统优化、功能完善、新兴科技应用、用户导向识别、办事流程简化、时间成本节约等方面做出了全新的改善，朝着实现"城乡一体、一网联通、同城通办、线上线下无差别"目标跨进了一步。

三、××市政务服务平台建设存在的问题

(一) 政务服务大厅建设现实问题

1. 政府重视硬件设施，忽视公众实际需求

××市主城区的基础硬件设施均较完善，基本上所有的政务大厅都提供了完备的智能化基础设施，如自助服务终端、自助服务计算机、电子发票打印机等，有些政务大厅还应用了人工智能机器人，可见政府对政务服务硬件设施的重视程度很高。由于缺乏对相关智能自助终端的开发完善以及推广使用，自助终端虽然设置了一些基本功能，方便公众自主完成简单事项，但更多功能没有得到开发。部分自助终端由于功能不齐全，公众需求没有得到满足，使用的公众较少，使之形如摆设。在增加行政成本的同时，并没有提高政务服务水平，存在形式主义倾向。

2. 信息共享机制不健全，尚未完全实现"一窗通办"

在政务服务窗口上运行"一窗通办"服务，是为了解决公众办理事项时多次跑不同部门、重复提交资料、办理时间长等问题，实现让数据多跑路，让公众少跑腿。但在实际运行中，信息共享机制的建立和完善没有达到理想状态，仍存在部门间关系"碎片化"、"信息孤岛"、权责壁垒等问题，导致数据格式不统一，出现同一业务所需信息被多个部门重复采集的现象，严重浪费了行政资源。虽然大部分行政服务大厅开设了"一窗通办"窗口，但该窗口可办理事项少，没有涵盖公众办理政务服务事项的基本需求，且同一事项的部分环节仍需要到其他窗口办理，在实际运行中公众很少通过此窗口办

理事项，"一窗通办"窗口并没有真正发挥作用。

3. 政务服务水平不均衡，相关管理办法不健全

××市政务服务平台管理办法以及建设标准尚未统一，政务服务体制机制不健全，尚未出台市级的政务服务管理办法。各区政务服务大厅服务水平不均衡，部分机构的设置也不够规范，政务服务资源不匀称，人力资源和专业性等也有所差别，使得层级之间、部门之间、区域之间的工作衔接不够顺畅。各区政务大厅在行政审批服务工作开展过程中，办理同一事项的相关要求不同，一些审批事项的办理仍存在资料、流程和环节偏多的问题。标准化的政务服务还未建立，各区服务效能存在差异，无法为公众提供高效、便利的政务服务。

（二）政务服务网络平台建设现实困境

1. 网络运维服务欠缺，平台存在僵尸化现象

政府在不断提升硬件水平的同时，没有足够重视网络载体的运维服务。调查问卷数据显示（见表2），16.2%的公众在使用政府网络（网站、微信、App）过程中遇到过"页面复杂，找不到办理事项的位置"问题，占比仅次于"办事流程不够清晰"（16.9%），成为现行网络载体运行中存在的第二大问题。此外，公众反映目前使用网络平台办事还存在服务器不兼容、网络经常崩溃、资料在线填写易丢失、操作复杂难理解、办事流程烦琐等问题，这些问题的存在会极大地影响公众的使用体验，降低办事效率。

表2 使用"互联网+政务服务"载体过程中遇到的问题

遇到的问题	N	响应比例（%）
页面复杂，找不到办理事项的位置	136	16.2
使用过程中遇到过卡顿、闪退	107	12.7
无法找到办理事项所需文件或者所需表格无法下载	83	9.9
操作复杂	47	5.6
办事流程不够清晰	142	16.9
栏目功能无法使用	37	4.4

续表

遇到的问题	N	响应比例（%）
信息滞后，没有及时更新	62	7.4
咨询无人回复	110	13.1
功能不够完整，某些事项无法办理	112	13.3
其他	4	0.5

随着"互联网+政务服务"建设热潮的掀起，全国各地政府纷纷开始建设政务服务网络平台，然而，高数量并不一定带来高质量的服务，一些政务服务网络平台建成后，并没有设立专门的团队对其进行运营和维护，导致网络载体存在僵尸化现象。××市现有的政务微信和微博也存在僵尸化现象，虽然官方账号都有不少的粉丝和订阅量，但实际传播与服务能力较差。以××市当前的政务微博为例，粉丝量排名靠前的为"××发布""××市文化旅游局""×× 交巡警"等微博账号，其粉丝量为90万~200万，日均阅读量10万+，但其发布的微博下面的转发、评论、点赞数平均每条不超过10次。而在政务微博××市总榜（根据微博账号的传播力、互动力、服务力和认同度进行综合排名）上排名第一的"××检察"，其转发、评论、点赞数保持在30以上，但与其互动的均是其他地区的政务微博账号，并不是公众，由此可见政务微博的使用存在僵尸化问题。

2. 政务服务平台建设标准不统一，部门协同性较差

国务院出台的《"互联网+政务服务"技术体系建设指南》提出要加强顶层设计，为政务平台设立了统一的建设标准。但在地方政府实施时，各个层级不同的部门齐出手，忽视了平台建设的统一性，导致平台泛滥。一是信息资源不统一。信息资源的整合一直都是政府工作的难点，由于信息的广泛性、复杂性、重合性及隐私性等特点，难以做到全面整合与公开，这也导致了公众获得信息与政府持有信息的不对称，加之政府没有对网络载体上公开的信息按照相同的标准进行整合，加大了公众使用网络载体准确搜索获取正确信息的难度。二是政务平台不统一。由于整体规划不足和部门职能交叉的情况，一些事项既可以在市级政务平台办理，也可以在具体部门的平台上办理，出

现了服务内容同质化的问题。三是数据分割不统一。部门之间数据不兼容，标准参差不齐，信息资源和平台入口不统一，加上网络平台建设机制与运行模式不统一，导致跨部门、跨地域之间的业务协同较困难。部门协同性不足直接导致当办理如并联审批等需要多部门协作的事项时，公众需要重复提交材料，离"统一入口""一网通办"的目标还有一定的差距。

3. 政务服务功能不完善，线上线下衔接松散

××市政务服务网络平台功能不够完善，企业、个人的事项办理重心依旧依托于线下服务大厅，网络平台的整体实用性不高且与线下政务服务大厅的衔接不够流畅。从具体数据上看，在2017年全国互联网政务服务平台检查中，××市政务服务事项共1099项，可全程在线办理的事项527项，可在线办理率约50%，相比全国各省市处于较高的水平，但距离"全部事项可在线办理"还有较大的提升空间。受访公众中有的反映因功能不完善，导致某些事项无法办理（如办事所需表格无法下载、无法在线打印等），有的公众选择线下大厅办事是因为网上无法办理。

从咨询互动上看，××市当前的网络交流功能并不能满足公众的使用需求。这一方面体现在咨询功能弱化上。数据显示（见表3），33.1%的公众认为实时地与工作人员面对面交流并且及时解决遇到的问题是线下政务服务大厅较网上办事的优势。相比于网上办事，政务大厅更能满足公众的双向交流需求。另一方面体现在投诉举报无结果上。线下大厅遇到问题或投诉，工作人员都能现场处理并给出反馈，而在网上则是投诉后杳无音信。另外，咨询功能匮乏还体现在政府部门的热线电话无人接听方面，公众拨打热线电话咨询却得不到回应，可见当前政府在与公众交流上没有真正实现双向互动。

此外，有公众反映当前的网上办事实用性不强，即网上办事只实现了办事流程中的某一个环节可网上办理，其他环节则需要到政务大厅办理，同时存在线上线下所需资料不统一、衔接不流畅的问题。还有部分公众反映在办理事项时，工作人员交代所需的资料不够清楚，或者办理同一事项时网上平台公开的信息与政务大厅提交的信息不一致，加上办事流程本就复杂，导致公众往返奔波，极大地降低了办事效率，出现办事慢甚至办不成事的情况。

表 3　实体政务大厅优势

问题	N	响应比例（%）
面对面交流且有工作人员指导	316	33.1
能及时解决我提出的问题	224	23.5
不懂网上操作，线下办事更方便	64	6.7
有些事项网上不能办，但线下可办理	202	21.2
现场投诉处理快且能看到处理结果	77	8.1
有很多人性化的举措和措施	68	7.1
其他	4	0.4

4. 政务服务建设精准性不足，公众满意度较低

政务服务网络平台建设过程中没有与公众需求精准对接，存在服务部门与服务事项进驻不足、审批流程不够简化、办事指南不够清晰、各部门职能整合性差等阻碍公众使用网络平台的影响因素。这不仅没有提高政务服务水平，还使公众对政务服务网络平台的信任度降低、满意度不高，从而削弱了公众的持续使用意愿。从表 4 中可以看到，政务微信、政务 App、政务微博的使用率较低，尤其是政务微博，有一半以上的被调查者都没有使用过政务微博。相比较而言，政务网站使用率较高，其中比较满意和非常满意占 42.1%，非常不满意和不满意占 6.2%，一般满意占 39.9%。政务大厅是使用率最高的平台，非常不满意和不满意占 10.3%，一般满意占 37.2%，比较满意和非常满意占 45.5%。总体而言，政务大厅的满意度最高，其次是政务网站，然后是政务微信、政务 App 和政务微博。

表 4　公众对政务服务的满意度

项目	政务网站	政务微信	政务 App	政务微博	政务大厅
没有使用过（%）	11.8	32.5	44.3	54.9	6.9
非常不满意（%）	2.5	2.7	1.7	1.5	2.2
不满意（%）	3.7	2.5	3.2	2.7	8.1
一般满意（%）	39.9	27.3	23.9	19.7	37.2
比较满意（%）	31.5	25.1	20.2	14.3	32.0

续表

项目	政务网站	政务微信	政务App	政务微博	政务大厅
非常满意（%）	10.6	9.9	6.7	6.9	13.5
总分	1253	972	787	640	1323

四、优化××市政务服务平台建设的基本策略

（一）以需求为导向，提升公众满意度

公众对政务服务网络平台的评价和使用意愿是评判政务平台建设的重要指标。当前，我国正在积极推动公共管理职能的服务化进程，网络载体的建设也应从内容导向转为公众需求导向，在不断丰富网上可办理事项的种类和数量的同时，也应不断谋求网络载体公众使用意向、认知度及满意度的全方位提升。研究认为，政府应从以下角度出发：一是做好市场调研，了解不同用户群体之间的差异及其信息偏好，加大政府网络建设的深度和广度。根据用户上网及办事的频率、习惯精准识别用户需求，高效、准确、全面地向不同的用户提供服务，从而提升用户的获得感。二是加强服务平台页面的优化设计，合理地对政务服务事项进行分类，将其整合进不同的服务主体和模块，同时提高信息搜索的快捷性、准确性，尽可能地减少公众为获取政务信息或服务所花费的时间和投入的精力，提升用户使用的体验感。三是建立以公众满意度为主要内容的政府网络载体建设绩效评估体系，真正做到从用户端监管完善政务服务。政府应定期在政务网站、微信、终端等载体上发布调查问卷，实现公众为政务打分，并将其纳入政府绩效考核体系，定期整理数据在平台上进行公布。

（二）整合信息资源，实现"一网通办"

政务服务平台建设不是简单的实体政务服务中心上网，而是要以互联网的思维整合政务服务信息资源，构造一体化、全覆盖、全过程、高质量的政务服务体系。因此，政府应主动对各层级、各部门掌握的信息资源进行整合，做到统一服务主题分类、统一服务事项流程、统一服务平台和平台接口、统

一使用技术框架，并充分利用大数据建立起政务资源共享的云端网络。建立统一的信息资源共享网络，一是需要打破当前以部门为中心的政务格局，转变服务理念，树立以公众为中心的办事理念，对应该公开的信息进行公开，打破信息孤岛，促进多部门协同办理，努力构建线上一体化办公环境。二是要按照公众需求对网上政务服务进行合理的分类，并建立主题式与场景式二合一的服务模式。国内大部分省市政府网站已逐步应用场景式体系框架。按照服务型政府的理念，主题式与场景式相结合的体系框架应为未来架构的发展方向，即在线办事模块以主题式为主体框架，同时按照办理量大、程序复杂的标准设置个别的场景式服务。三是以电子证件为导向，建立起公众个人信息库，减少公众在网上办理资料时反复填写资料的时间，并实现行政事项文书的电子化，推进电子印章等技术的运用，真正实现"一网通办"。

(三) 借鉴"O2O"模式，保证线上线下衔接顺畅

随着互联网的普及，电子商务"O2O"模式的迅猛发展给"互联网+政务服务"带来了新的发展机遇。《指导意见》指出：要推进实体政务大厅与网上服务平台融合发展，形成线上线下功能互补，切实解决企业和群众办事时在政务大厅与部门之间来回跑腿的问题。为了实现线上线下融合发展，一方面要做到硬件、软件并进，在不断完善政务服务中心智能设备等基础设施的同时，注重政务服务网络平台的服务优化。线下政务服务质量与数据应作为政务服务在网络平台上办理和流转的基础，同时确保线上线下的服务标准一致，做到线上线下无缝衔接，切实解决网络平台服务不实用的问题。另一方面要加强新时代政务网络人才的培养，组织定期培训，提升人员的专业素质和服务能力。此外，从单一的线下服务模式到线上线下融合服务模式的转变不是一蹴而就的事情，应当将其纳入政务服务建设的重要环节，逐步建立起线上线下融合发展的政策体系。

(四) 完善平台功能，优化在线咨询服务

当前政府"互联网+政务服务"网络载体的功能并不能满足群众的使用需求，要提高政务网络平台的使用率，就必须率先完善网络平台的人性化和个

性化功能。一方面，要做好基础功能的维护工作，保证信息公开、在线办事、预约查询、表格下载、在线邮寄、咨询投诉等功能正常运转，尤其是要实现线上咨询回复功能的优化，保证咨询回复及投诉处理的有效性和及时性，尽量避免回复超时和回复无效。当前部分省市为方便群众咨询，配备了24小时在线的客服机器人，此举措对××市具有借鉴意义。随着"互联网+政务服务"的不断发展，在线实时客服的设立和普及成为群众的迫切要求，政府可根据自身情况，设立专门的政务网络客服部，满足公众的互动要求，提高互动效率，切实解决公众使用网络载体办事时遇到的困难。另一方面，要注重新功能的开发，尽可能紧随时代和技术的发展，创新功能板块，注重功能使用的人性化和个性化。例如，加强与微信、支付宝等第三方平台的融合，实现在线支付与信息安全的保障，提高政务服务平台的实用性和易用性。

(五) 加强政策宣传，注重扩大平台用户群

政务服务平台建设应呈现出多元化发展的趋势，政府应促进政务微信、政府门户网站、政务App、政务微博等载体之间的融合与联动，以增强"互联网+政务服务"网络载体的渗透率，扩大使用"互联网+政务服务"网络载体的用户群，提升各项网络载体的使用率。一方面，要提高公众对"互联网+政务服务"的认知度，就要创新宣传方式，不应仅局限于实体大厅的展架宣传和政府部门工作人员的告知等方式，要善于利用互联网传递信息的快速性和广泛性，达到更好的宣传效果。另一方面，要努力提升公众的体验感，善于利用有效的服务资源，鼓励有能力的企业参与"互联网+政务服务"网络载体资源创新与宣传环节，不断拓展政务网络载体的新用户。

参考文献

[1] 丁艺，刘密霞，黄铭建. 关于在线政务服务规范化问题的思考 [J]. 电子政务，2014（8）：119-129.

[2] 张丽丽. 新常态下推进"互联网+政务服务"建设研究：以浙江省政务服务

网为例 [J]. 浙江学刊, 2016 (5): 169-174.

[3] 于秀琴, 吴波, 姜文芹. "整体性治理"下行政服务中心绩效评价研究 [J]. 中国行政管理, 2016 (3): 56-61.

[4] 杨旎. 整体性治理理论视角下"互联网+"行政审批的优化 [J]. 电子政务, 2017 (10): 38-45.

[5] 周义程, 朱茂莹. 以"互联网+"思维推进整体性政务服务的创新性方案 [J]. 中国行政管理, 2016 (7): 13-14.

[6] 丁艺, 刘彬芳, 刘越男. 我国电子政务在线服务发展现状评估: 基于中国338个城市的实证研究 [J]. 情报杂志, 2017 (1): 136-141.

[7] 杨慧, 易兰丽, 孟庆国. "互联网+政务服务"发展的测度与提升路径研究 [J]. 中国行政管理, 2018 (11): 39-44.

[8] 马亮. 国家治理、行政负担与公民幸福感: 以"互联网+政务服务"为例 [J]. 华南理工大学学报（社会科学版）, 2019, 21 (1): 77-84.

[9] 翟云. 政府职能转变视角下"互联网+政务服务"优化路径探讨 [J]. 国家行政学院学报, 2017 (6): 131-135.

[10] 徐晓林, 张梓妍, 明承瀚. 公众信任、政务服务质量与持续使用意向: 基于PLS-SEM的实证研究 [J]. 行政论坛, 2019 (3): 5-11.

第五编 比较公共服务

国外公共文化服务供给的经验比较与启示*

金 莹 黄 丹❶

摘 要：随着国际竞争日益激烈，文化已经成为综合国力竞争中的关键因素，公共文化服务更是提高国家文化软实力的重要支撑点。在积极构建公共文化服务体系的过程中，借鉴国外经验对突破发展困境大有裨益。通过梳理和对比分析当前各国公共文化服务供给的政府主导型、政府分权型和社会运作型三种范式的实践举措发现，国外公共文化服务供给在筹资渠道、社会参与、政府购买、法律制度等方面的共同经验和在政府责任、资金管理上的差异，都对优化我国公共文化服务体系、提升公共文化服务效能具有重要启示。

关键词：公共文化服务；国外经验；综合国力

---

* 基金项目：①重庆市社会科学规划项目"获得感视域下重庆市城市居民公共文化参与权的保障体系研究"（2018PY65）；②重庆市教育委员会科学技术研究项目"大数据视域下公共文化服务智慧化供给模式研究"（KJQN201800307）。

❶ 金莹，西南政法大学政治与公共管理学院副教授；黄丹，成都航利航空工程职业教育有限公司。

在文化软实力成为综合国力的重要构件，肩负国家战略发展使命的时代背景下，公共文化服务体系建设不仅是满足人们精神文化需求这一政府职能的必需，更是增强文化自信、修炼文化"内力"的必然要求。自 2005 年 10 月，党的十六届五中全会提出"加大政府对文化事业的投入，逐步形成覆盖全社会的比较完备的公共文化服务体系"，到 2016 年颁布《中华人民共和国公共文化服务保障法》，我国公共文化服务进入快速发展轨道，各地开展了丰富多样的实践，公共文化服务水平显著提升，但供需对接不精准、社会力量参与不足、规范化程度不高、发展不均衡等问题依然存在。解决上述问题对于促进公共文化服务全面发展，推进我国文化战略的实现具有重大意义。

面对全球竞争从政治、经济领域向文化领域扩展，各国纷纷采取多种措施夯实本国文化实力，发达国家更是较早地重视和发展本国公共文化服务体系。这些国家在其发展之路上也曾遭遇与我国类似的问题，在困境突破上积累了丰富且有价值的实践经验，为我国健全公共文化服务体系提供了借鉴。经过近半个世纪的发展，各国公共文化服务逐渐形成了政府主导型、政府分权型和社会运作型三种范式。本研究将从这三种范式的实践举措出发，比较分析各供给范式的经验，再结合当前我国公共文化服务供给困境，总结国外公共文化服务供给带给我国的启示，以期改善我国公共文化服务供给，提高综合效能。

一、国外公共文化服务供给范式

(一) 政府主导型范式

政府主导型的公共文化服务供给范式主要是政府设立各级文化行政部门，统一管理全国的公共文化服务事务，掌控大量且重要的文化资源，在实践中发挥主导作用，扮演着政策制定者、资金供应者与生产安排者三种角色[1]，代表国家有法国、日本、新加坡、巴西等。

日本在 1968 年成立的文化厅（Agency for Cultural Affairs，ACA）是其公

---

[1] 张琳娜，朱孔来. 国内外公共文化服务研究现状评述及未来展望 [J]. 西安财经学院学报，2013，26 (3)：123-128.

共文化服务的主要管理部门，法国在1959年设立了国家文化部作为其文化政策的主要制定者和推动者。公共文化服务的供给虽然在政府的统筹规划下进行，但并不单纯由政府提供。这些国家也积极地引入其他多元供给主体。日本大力发展非营利组织，与政府形成较好的互补型合作关系，弥补政府在公共文化服务提供方面的不足；法国政府不仅通过合同制引入文化机构参与供给，还大力发展文化志愿者，使之成为推动公共文化事业发展的中坚力量。为了推动多元主体的有序供给，此种范式采用了市场化供给和社会化管理模式。例如，日本政府一方面借助"市场化试验"广泛进行政府购买公共服务活动，在"市场化试验"竞标中，民营部门只取得经营权，政府享有最后的"所有权"，形成了官民合作的公共文化服务供给新模式；另一方面，政府通过"指定管理者制度"（Designated Manager System，DMS）❶把公共文化服务的一些具体的管理工作或服务供给移交给社会组织和企业施行，吸引了大量相关企业和社会组织的参与。

政府在促进文化发展方面投入大量资金，是政府主导型国家的一大特点。日本中央政府逐年增加公共文化项目经费预算，地方政府每年投入大量经费兴建公共文化服务设施。为了满足文化发展的资金需求，多渠道开发也是各国的共识，如20世纪90年代以来，日本不但企业热衷于赞助文化活动，而且其国家和地方区域性基金会也为公共文化服务提供了相对稳定的资金支持。另外，日本还通过私人融资活动（Private Finance Initiative，PFI）引入民间资金来促进公共文化服务的发展。这类国家对文化发展的高度重视还体现在较早开始将文化政策提到国家发展战略高度，通过国家自上而下规划以及法律法规为发展提供保障。例如，日本早在1996年就出台了《21世纪文化立国方案》，2001年又颁布了《文化艺术振兴基本法》。

(二) 政府分权型范式

政府分权型公共文化服务供给范式的国家奉行政府"不能不管，也不能

---

❶ 一种公共服务的合同外包方式。

多管"的原则,❶ 强调中央与地方的分权,以及政府与文化机构、文化企业的距离保持,让非政府组织提供公共文化服务与分配文化资源。政府与文化组织之间这种既可调控,又不直接插手的距离被形象地称为"一臂之距"。英国、澳大利亚、芬兰等国都是该范式的代表。这些国家在公共文化服务上的分权思想首先体现在管理机构的设置上。例如,英国在中央设立文化新闻与体育部和国家艺术理事会统筹全国范围内的文化发展事务;在地方则由艺术理事会和基层地方政府负责管理本地区的公共文化事务并为其提供资助;中央和地方都不干涉具体事务,而是在中央和地方之间设立非政府组织身份的艺术委员会,承担大量公共文化服务职能和管理具体事务。它们在政府与文化机构间架起沟通的桥梁,一方面通过为政府提供咨询,反映文化艺术机构的诉求和民众的公共文化需求,另一方面提醒政府控制对文化机构发展的"过多干预"。分权思想带来的显著成果是供给内容多样化。受分权思想的影响,中央与地方政府、非政府组织与公众均参与公共文化服务供给,公众需求得以有效表达和接收,使得供给内容多元化和特色化。

多样化的服务内容需要规范化的供给方式、程序、规则才能持续进行。虽然政府"不能多管",但也"不能不管",因此,各国政府通常采用制定法律政策、程序规范、监督与评估机制等措施来实现对文化机构的管理。例如,英国政府不直接管理各类文化艺术机构,而是通过政策引导和经济资助两大杠杆对其进行有效的宏观调控。英国政府相继出台《采购持续指南》《公共契约(苏格兰)法规》《护理管理法》等相关领域的法规政策,形成了坚实的法律保障和规范化的运行框架。同时,多渠道的资金支持为供给提供了有力的保障。政府分权型国家的资金来源渠道不仅宽广,而且具有新意。英国公共文化事业的发展资金除了政府财政预算、企业和个人赞助等常规渠道,还采用发行国家彩票来募集的方式。同时,一些新的融资渠道被不断开发出来,如大社会银行(Big Society Bank)通过将银行的一些"休眠"账户中剩余的小笔存款集中起来,为志愿组织提供资金。

---

❶ 赵鹏,金业钦. 美、英、法公共文化服务体系中的政府定位[J]. 党政干部学刊,2016(2): 57-62.

（三）社会运作型范式

社会运作型公共文化服务供给范式的国家对公共文化既不"办"，也非严格意义上的"管"，而是充分借助社会和市场要素。这类国家不设置专门的文化管理机构，主要由非营利机构以及非正式组织提供公共文化服务活动，政府则通过法律政策来营造良好的文化环境，让各类文化机构和组织得以顺利开展公共文化服务活动。代表国家有美国、加拿大、瑞士等。

在社会运作型范式下，对多元供给主体的培育是基础和重点。美国政府采用激励扶持政策，鼓励企业、非营利机构和个人参与公共文化服务供给。例如，将志愿服务作为升学、就业等关系个体发展的重大事项的参考因素，激发个人参与公共文化服务的积极性。另外，广泛采用合同外包、合作提供和政策支持等方式鼓励非营利组织成为供给主体。在资金和运行上，坚持市场化、自由化的发展理念，美国政府更多的是运用高税率与减税政策之间的空间，激发社会、个人对文化事业的捐赠热情，如《联邦税法法案》规定，能够代替政府向社会提供公共文化服务的非营利性文化组织、广播电台等免征所得税；向非营利机构进行捐赠的组织和个人可享有税收优惠。2013年的统计数据显示，私人基金会的赞助为36亿美元，个人赞助公共文化的资金达到1000亿美元，[1] 远远高于同期国家艺术基金会（NEA）[2] 1.4亿美元的投入。联邦政府的文化资金主要起到导向和抛砖引玉的作用。虽然社会组织获得的政府资助额度非常有限，但获得资助的项目和组织更容易得到社会的认同与其他渠道的资金，既得到了一定的支持，又激发了拓展多渠道资金的积极性。

政府不仅不直接提供公共文化服务，也不直接资助社会组织的文化供给，而是通过购买服务的形式，并以法律法规和预算资金做保障。美国政府的所

---

[1] 冯庆东. 美国公共文化服务体系建设与管理的主要特点及启示 [J]. 人文天下，2015（8）：18-21.

[2] 美国国家艺术基金会：美国政府对文化机构拨款的中介组织。政府对公共文化的资助并不是直接对文化机构拨款，而是通过国家艺术基金会、国家人文基金会和国家博物馆图书馆学会等中介组织进行。

有文化经费都需归入年度预算，经国会审议通过；严格规范购买程序，自1761年出台《美国联邦采购法》对政府购买公共文化服务进行规制以来，就逐渐构建完善的公共采购法律体系，实现了对公共文化服务的间接管理。

二、国外公共文化服务供给经验比较分析

不同文化发展范式的国家，虽然具体的公共文化服务供给策略各有侧重，但在梳理国外公共文化服务运作举措的过程中，不难发现有诸多宝贵经验，通过进一步比较三种范式公共文化服务供给经验的相同点和差异，可以为我国公共文化服务体系的构建和完善提供有益的启示。

(一) 国外公共文化服务供给经验的相同点

1. 多元化的筹资渠道

就发达国家来看，公共文化服务的发展既有政府的财政支持，也离不开社会资金的注入。公共文化服务融资渠道多样、投资主体多元，鼓励企业与私人赞助文化服务，建立多种赞助体系、文化基金会筹集社会资金发展文化服务。

法国、日本这类"政府主导型"的国家对于公共文化的资助是以政府财政拨款为主，鼓励其他社会资助，20世纪80年代至今，法国政府对文化的财政拨款一直处于平稳的高水平并持续上升的状态，1987年实施的"梅塞纳斯"（Mécénat）政策在赞助人数量和捐款金额方面发展迅猛；日本的PFI模式和基金会丰富了民间融资渠道。美国是典型的"社会主导型"国家，在文化资金拨付方面遵循"资金匹配""有限资助"两个原则，政府拨付少量的文化预算仅作为引流资金，来调动社会对公共文化投资的积极性。英国、加拿大、澳大利亚这类"一臂之距"的国家，除了统一的财政预算拨付，社会资金投入同样不容忽视。英国创新性地通过发行彩票的方式筹集分散的社会资金，每年有超过160亿英镑的公益彩票资金被按照相应的比例分配给各级艺术协会、文化基金。

2. 权力下放促均等

发达国家基于财政压力与公共文化服务需求多样化，逐步下放权力，政

府只"管"不"办"成为公共文化服务发展的新风尚。政府文化权力下放主要分为两个层面:一是中央政府放权到地方。法国政府近年来加快实行文化分散政策的步伐,文化职责与资源由中央下放到大区、省、市镇各级部门,其中地方掌管文化资金占总额的2/3,打破了文化发展资金集中于某一地区而其他地区文化事业几乎停滞的畸形局面,促进了文化资源在城市之间、城乡之间流动,实现了全国范围内公共文化服务均等化。二是地方政府权力下沉到社会。不论是将权力最大限度地下沉到基层,还是将权力让渡到公民和最适宜的当地社区手中,均为发展公共文化提供了新思路。加拿大PPP模式的显著特征是公民参与以及公民、社会组织与政府进行合作,虽然由当地政府主导,但也不排除其他层级政府辅助或参与社区事务的可能性。❶

3. 广泛推行政府购买

为了引入市场竞争机制,推行政府购买公共文化服务,构筑政府与私营部门携手合作的模式已成为各国共识。

(1) 英国:从"强制性竞标"到"最佳价值"。

英国较早地推行了政府购买模式。1979年撒切尔夫人政府率先进行公共服务市场导向改革,引入市场竞争机制,推行"强制性竞标"(Compulsory Competitive Tendering,CCT)政策。20世纪末,英国政府和公民逐渐意识到服务质量问题,强调"顾客满意度",随后英国提出了"最佳价值"(Best Value)的理念,它将理性规划、参与和评估引入政府公共服务管理中,❷ 通过对绩效评估和外部监测的注重,促进政府公共文化服务的购买行为更加有效。

(2) 日本:"市场化试验"。

这种模式并非将公共服务全部交给市场,而是有计划地导入市场因素,使政企之间在公平原则的指导下,共同竞标一个官方项目,根据竞标结果决定由谁经营,政府根据经营结果决定继续经营、重新实施或关闭失灵的服务

---

❶ PHILLIPS S D. "'You Say You Want an Evolution?': From Citizen to Community Engagement in Canadian Cities" [M] //EMMANUEL B J, JOHN M. Local Government in the Australian and Canadian Federations: A Comparative Analysis. Toronto: University of Toronto Press, 2010: 124.

❷ 姜熙. 从"强制性竞标"到"最佳价值":英国政府公共体育服务政策发展、改革与启示 [J]. 天津体育学院学报, 2014, 29 (6): 478-483.

机构。这一试验在发展过程中不断完善，成立了专门的第三方监督机构——"官民竞标管理委员会"，确保政府购买过程的公平性。

(3) 加拿大：PPP 模式。

公私合作委员会将其界定为通过公共部门和私人部门优势互补，促进公共需求的满足，通过资源、风险和利润的合理分配，建立公私部门的合作投资关系，且规定合作项目必须和公共基础设施建设、公共服务有关。在具体的方式上，加拿大的 PPP 模式又分为委托运营合同、设计—建造—投资—维护、特许经营等，其私人部门参与项目的程度和风险系数依次递增。

(4) 瑞典：民营化改革。

瑞典大力推进以政府购买为核心的公共服务民营化改革，引入竞争机制。公共服务的财政责任者为政府，而实际运营者为私企或社会组织。例如，在教育服务中引入独立学校与公立学校竞争，让学生自主选择，政府则通过"教育券"的方式资助独立学校，从而间接地为学生购买教育服务。这样，政府不但履行了提供教育服务的责任，而且充分保障了民众的教育选择权利，并有效地发挥了资助的激励作用，刺激各学校提供更好的教育服务。❶

4. NGO、NPO 参与公共文化服务供给

发达国家纷纷倡导非政府组织（Non-Government Organization，NGO）和非营利组织（Non-Profitable Organization，NPO）参与公共文化服务，以更好地回应民众的文化多样性需求，提高公民满意度，同时也降低因政府干预过多对民众热情的消减，以及权力集中的腐败风险。

(1) 英国："大社会"计划。

英国采用立法、宽松的登记政策、资金支持和签订《英国政府和志愿及社会部门关系的协议》（COMPACT）等措施，为非营利组织的成长提供了良好的制度空间。2010 年卡梅伦政府又提出"大社会"计划，进一步强调发挥非营利组织在公共服务中的作用，在《开放公共服务白皮书》中确立了"选

---

❶ 张汝立，刘伟明. 瑞典社会公共服务地方化和民营化的启示 [J]. 中国国情国力，2014 (8)：68-70.

择""分散化""多样性""公平""问责"五项公共服务现代化原则❶,并引入问责机制对政府履职进行监督和追责。

(2) 日本:高度自治发展模式。

日本的非营利组织自 20 世纪 80 年代开始逐渐诞生,在长期的实践中建立了的一套成熟完备的治理制度和组织体系,具备较明显的自治和民主管理特征。非营利组织在获得政府资金支持以外也会积极寻求社会赞助,因此诞生了以促进企业对文化艺术赞助为目的的非营利组织,如企业赞助艺术协会(KMK,1990 年成立)。文化艺术组织找到的赞助企业或个人将款项捐到 KMK 以享受税收优惠,再由 KMK 对批准的文化艺术组织项目拨款,形成了非营利组织的自治模式。

(3) 美国:NGO、NPO 全方位介入。

受自由文化的影响,非营利组织在美国公共服务供应领域具有举足轻重的地位,46%以上的高校、86%以上的艺术组织和接近 60%的社会服务均由非营利组织负责。NGO、NPO 成为地方治理和公共服务的最佳合作伙伴,非营利组织全面介入公共文化服务的各个领域,建立起一条"自下而上"的参与渠道。

5. 鼓励个人志愿者参与公共文化服务

鼓励志愿者参与公共文化组织的项目和服务,能有效减少公共文化组织的人力成本,同时营造社会力量共同关注和参与公共文化发展的氛围,成为许多国家扶持公共文化机构成长、促进公共文化发展的重点举措。

在文化艺术氛围浓厚的法国,个人对文化事业的资助除了直接出资外,更多的是通过做志愿者免费为文化机构工作等形式做贡献。文化志愿者成为各级政府及其辖下文化组织的积极力量,更是民间文化机构的主力军。❷ 为了促进民众对公共文化活动的志愿参与,一些国家还出台了相应的约束和激励

---

❶ 选择:为任何可能的领域增加选择的机会;分散化:权力应该最大限度地下沉到基层;多样性:公共文化服务应该对各种各样的提供者开放;公平:每个公民都能平等地享受公共服务;问责:公共服务应该接受使用者和纳税人的问责。

❷ 黄玉蓉,车达.法国文化资助制度运作特点及其对中国的启示[J].深圳大学学报(人文社会科学版),2015(5):110-115.

政策。例如，美国就将志愿服务作为升学、就业等重要人生事项的影响因素，完成时长的社区志愿者服务是高中毕业的必备条件。在政策导向下，公共文化机构拥有了充足的志愿者供给，美国每年有多达上百万人次成为公共文化志愿者。

6. 信息透明化下的有效监督

发达国家多在启动政府购买公共文化服务模式后，就建立了与之配套的信息公开制度和监督评价机制，以保证政府购买行为的规范性，以及公共文化服务的高效与质量。

（1）日本：多渠道信息公开。

日本民众想要获取政府采购的相关信息，至少有四种渠道：参加说明会、查阅招标公告、查询官报以及上网查看。国内外供应商可于每年年初，通过参加日本当局外务省牵头组织的会议来获得政府采购信息；采购单位需要于采购开始前50日公示招标相关信息以供查询；日本政府官报也将通过日文、英文摘要形式公示招标信息与评标结果，并通过相关政府采购网站向公众公布相关信息，如日本贸易振兴会。❶

（2）英国：信息公开与满意度调查相配合。

英国对政府购买制定了严格的监督机制，不仅有规范的购买计划、招标、合同监督、独立审计等程序，还要向社会公布购买信息、接受咨询，让民众充分了解过程，便于纠错，以提高公共文化服务的质量和水平，提升公众满意度。

（3）美国：政府购买的全程监督。

第一，为了确保公平性，美国政府建立了高度透明化的服务购买机制，凡涉及购买服务的信息，都会在第一时间被公布。❷ 第二，美国政府每笔服务购买经费都纳入国家财政预算系列之内，由国会审议和表决，各地方政府的购买服务亦同，如此一来，就从源头上消灭了购买过程中的腐败。第三，一

---

❶ 韩丽荣，盛金，高瑜彬. 日本政府购买公共服务制度评析 [J]. 现代日本经济，2013（2）：15-21.

❷ 徐陪陪. 政府购买社会组织服务研究 [D]. 长春：长春工业大学，2012.

且公共服务购买生效，美国政府将通过实地巡查、审计监督以及阶段性评估等一系列举措来加强对非营利组织的监督。❶

7. 健全的政策法规体系

为了促进和规范公共文化的发展，各国都不约而同地制定了相关政策和法律法规，构建了权威且全面的制度保障体系。其中比较突出的有两类法规：一是税收政策法规。法国《艾尔贡法》规定：在法国的企业向符合公共利益的相关公共文化活动捐赠，最高可以获得等值于捐赠总额60%的"公司税"或"所得税"优惠。❷根据美国联邦税收法案的规定，非营利性的美国文化艺术团体和机构可享受所得税免征优惠。二是政府购买法规。英国政府在购买公共服务的过程中必须遵循《采购政策指南》《采购实施指南》《欧洲采购指令》等。美国政府公共服务采购法律体系是典型的二元体系，包括联邦政府采购法律体系与州政府采购法律体系两大部分。其中，联邦政府采购法律体系包括基本法律和实施规则，前者主要由《联邦财产与行政服务法》《联邦采购政策办公室法》《合同竞争法》等组成，后者包括《联邦采购规则》（FAR）以及联邦政府各部门制定的部门采购实施细则。

(二) 国外公共文化服务供给经验的差异

由于各国政治体制、公共文化服务理念、发展水平等各方面国情的不同，其公共文化服务的发展经验也有所差异。这些差异有利于我国在借鉴经验时把握国情之别，有选择性地学习；同时也提醒我们对国外经验须因地制宜地转化运用。

1. 政府责任不同

各国的政治体制、福利制度、文化政策不同，政府在文化发展与服务上的责任也就存在明显的差异。张启春和李淑芳根据政府在文化事业中承担责

---

❶ 吕外. 美国政府向非营利组织购买公共服务模式分析及启示 [J]. 江南社会学院学报，2013 (4): 68-71.

❷ 黄玉蓉，车达. 法国文化资助制度运作特点及其对中国的启示 [J]. 深圳大学学报（人文社会科学版），2015 (5): 110-115.

任的大小划分出三种文化模式：以美国为代表的"小文化模式"、以日本为代表的"中文化模式"和以瑞典为代表的"大文化模式"。❶

2. 财政拨款的管理方式不同

虽然各国政府都对公共文化发展有财政预算，但财政拨款的具体管理机构、拨款方式以及作用不同，各具特色。法国对公共文化事业的资金投入分为央地两级，均由政府主管部门直接对相应的文化机构进行拨款。英国政府对公共文化的政策拨款，由中介机构来负责具体经费的审批发放和管理。美国没有设立统一的公共文化主管机构，而是由非营利机构代表政府对文化机构❷进行协调和资助。

3. 文化资金申请审核流程不同

公共文化管理体系和财政拨款管理方式的差异，使各国的文化机构在文化项目的资金申请、审批上形成了不同的流程。

（1）法国：文化部主导的申请审核流程。

在活动开展前，民间文化机构需要向文化部和地方财政部门提出资金申请，该资金申请过程要经过细致的财政审计。一旦资金申请获批，政府即与文化机构签订合同，按合同对其拨款，同时也通过合同对财政经费的投入绩效进行监督。❸ 相比较而言，法国文化机构申请资金补助政策相对较为宽松，只需经过政府财税审计通过即可，对于经费的具体使用审查并不严格。

（2）日本：非营利性协会主导的申请审批流程。

非营利协会意在鼓励企业和个人对文化事业提供资金支持。个人或文化机构在开展文化艺术活动之前，需向 KMK 提出申请，经项目授权委员会审核同意后，由申请方凭着 KMK 同意的项目寻找真正的赞助方；赞助方将款项捐赠给 KMK 以获得相应的税收优惠，接着 KMK 再将受赠款项全额划拨给申请方并进行监管。

---

❶ 张启春，李淑芳. 基本公共文化服务财政保障模式：来自国际的经验［J］. 湘潭大学学报（哲学社会科学版），2014（4）：13-16，27.

❷ 主要包括国家艺术基金会、国家人文基金会、国家博物馆图书馆学会三个非营利机构。

❸ 陈振明. 地方公共服务中的公民参与：中国与加拿大城市的案例研究及比较分析［J］. 厦门大学学报（哲学社会科学版），2014（6）：117-126.

（3）美国：以广泛同行评审为核心的申请审批流程。

美国政府是通过国家艺术基金会来介入公共文化领域的。国家艺术基金会每年研究制订、发布申请须知，申请者按照申请须知向其递交申请书；国家艺术基金会收到申请书后，就申请者的资格条件等非艺术内容的合法性进行初审；通过初审的项目由陪审团或评审小组❶进行审核，之后陪审团就该项目能否获得资助以及资助的金额给出意见，并移交国家艺术委员会进行进一步的审核；国家艺术委员会复审后提出建议，提交委员会主席做最终决定，评审结束后以信函形式告知申请人，而获得同意的申请人须按要求向国家艺术基金会提交拨款申请和遵守劳工法律保证书，在其审核通过后，由财政部划拨资金。

三、国外公共文化服务供给经验对我国的启示

（一）加强市场竞争，推进政府购买

从发达国家公共文化服务的发展来看，市场竞争的引入是大势所趋，政府购买形式已成为共识，当前我国公共服务市场化初露端倪，政府购买也出现公私合营、补贴和使用者付费等多种方式，但由于我国文化类 NGO、NPO 组织尚不发达，政府和公众对社会力量参与公共文化服务供给的认同度不高，使上述方式在公共文化服务领域的尝试范围、额度都较小。我国未来发展公共文化服务，首先必须加快引导私企、社会组织的有序参与，培育大批自主能力较强的非政府组织、非营利组织，制定优惠政策激励其主动参与公共文化服务供给。其次，应继续推进政府购买向更广泛、更规范的方向发展，在实现管办分离的同时，科学地制订预算和划拨财政资金用于购买公共文化服务，并注意防范寻租和腐败的滋生。最后，应对公共文化服务的结果施以科学评估和严格监督。

---

❶ 陪审团：由来自全国经过精心筛选的多位艺术家和专家组成，构成了美国最广泛、综合性最强的国家艺术同行评议体系。

(二) 探索"自助餐"式供给，提高供需匹配度

"自助餐"式的供给理念在员工福利领域应用较广泛，而在公共文化服务领域已被有些国家采用。例如，在英国开放公共服务具体细则中，有一项专门针对强化公民个人选择的措施，即政府将服务预算直接拨付给个人后，由用户进行自主选择，然后通过税收、现金、贷款等方式流向相应服务的提供者，政府也可以凭借该模式将资金与个人进行"绑定"。[1] 这种供给方式不仅在一定程度上契合了公民的多元文化需求，还能促进文化机构之间的良性竞争，提高公共文化服务的质量。近年来，随着我国公共文化财政预算的日益增长，群众的各种文化需求逐渐强烈，"自助餐"模式不失为一种可资借鉴的选择。结合我国当前养老保险和医疗保险的账户模式，可以尝试从文化预算中划拨部分资金，组建专项文化基金。为每个公民开设一个"文化账户"，拨入相应比例的文化消费金，"专款专用"式地用于特定文化领域与项目上。这样可以将个人文化选择权与市场机制相结合，促使公共文化服务领域有序竞争格局的形成，满足公民的文化消费需求。

(三) 充分调动社会力量，拓宽资金来源渠道

美国、日本等国在公共文化服务的资金来源上都无一例外地坚持多元化道路，使公共文化发展摆脱了对政府财政的过度依赖，文化资金流向与公民需求紧密联系，形成了强有力且可持续的自生能力。

当前我国的公共文化服务主要是由政府供给并出资，许多基层社区和文化机构的公共文化服务受制于资金有限，多样性和质量都不高，因此需要拓宽资金来源以走出困境。第一，自筹资金与政府配套补贴相结合。对部分有市场化前景的项目，文化机构首先应积极寻找资金渠道，根据其自筹资金的额度由政府进行配套补助；但同时要采取建立专款账户和信息公开等措施加强监督。此外，需要注意的是，财政资助不仅是物质上的支持，还应该通过权威的力量给予该组织莫大的肯定的"光环"。第二，出台引导社会捐助的优

---

[1] 孙迎春. 英国开放公共服务改革及其启示 [J]. 环球视野，2015 (4): 144-149.

惠政策。借鉴国外成熟的政策制度，将捐资公共文化与税收优惠、贷款优惠等挂钩，调动广大民众和企业的捐资热情，同时简政放权，提高相关部门的办事效率，进一步提高捐资的积极性。

（四）培育志愿服务氛围，提高公民参与度

公共文化服务内容涵盖的广泛性要求有大量的人力资源投入，针对性则需要及时的文化需求信息反馈，因而大量基层民众参与服务活动是保障其"有人做、做得好"的重要因素。在志愿服务不够发达，民众参与意识和水平不高的当下，要大力发展公共文化服务，急需借鉴国外的相关经验。第一，通过制度设计引导青少年参与志愿服务。例如，美国将志愿服务作为升学、就业的重要参考因素，"鼓励"同时也是"强制"公民参与志愿服务。第二，提高志愿服务的价值回馈。规定文化机构须对志愿者实施有效的培训，增加其知识获取能力；同时，根据志愿服务时长和质量进行严格的评价，并将其记录在个人档案中。第三，将公共文化需求调查作为公共文化服务供给的必要环节，并将此纳入政府服务绩效考核指标体系，如加拿大公民可利用政府提供的制度化或自组织的方式影响地方政府的相关决策。

（五）建立文化艺术评审团，提升行业自主能力

美国的 NEA 和日本的 KMK 均体现了第三方组织在文化项目评审以及推动公共文化发展中的价值。减少政府对文化机构的干预，通过第三方组织的介入营造公开、公平的竞争环境和独立、自律的运行机制。

我国的文化机构正处于快速成长阶段，正是建立行业自主自律机制的好时机。政府可以根据公共文化服务的范围，设立不同规模的文化艺术评审团，发挥同行评议、民众参与、共同治理的价值，用社会而不是政府力量帮助公共文化行业自主成长。例如，在基层设立街道（村）级文化艺术评审团。公共文化服务组织或个人申请设立由文化艺术专家或骨干、社会精英和少数跨区特邀专家等组成的文化艺术评审团，该团通过评审辖区内文化项目申请，参与街道（村）级公共文化资金的划拨决议过程，反馈辖区居民的文化需求。

(六)提高标准化程度,完善法律法规

通观国外公共文化事业发展过程,始终离不开规范化、标准化的推进和法律法规的强有力保障。上述提及的各种措施,也必须在试点完善之后上升到规范、法规的高度。

现今,我国公共文化服务领域的规范和法律体系构建还不足,因而,首先应在政策制度层面,尽快对服务方式、途径、群体、内容等制定相应的规范,保障实践有据可循,同时制定分类处理不同发展程度的制度和举措。其次,应进一步完善相关法律体系。特别是对于政府购买公共文化服务、文化资金管理、文化项目评审评估等容易滋生腐败的重要环节,应积极参照国际惯例,结合我国的发展趋势和国情,建立健全法律规范,保障公共文化服务在有序化、法治化轨道上快速发展。

四、结语

纵观国外公共文化服务供给的既有范式,任何一种范式都有其独特的优势,都能使代表国家的公共文化得到较有效的供给,但我国应坚持批判式吸收,谨防制度的"水土不服",出现东施效颦的尴尬局面。在各种政策引导下,我国各地区、公共文化服务各领域以及各种模式的实践探索越来越多,因此未来我们不仅需要在国际经验与我国国情中找准定位,更需要在国家实际与区域实践、区域特色与先进模式中精准定位,探索某一地区公共文化服务供给现状、某一模式在公共文化服务领域的应用,提出更具针对性的改进措施,深入改进服务体系,以富有中国特色和东方智慧的伟大实践与文化创新,促进我国公共文化服务体系发展,在建设文化强国的历史进程中焕发出持久的生命力。

参考文献

[1] 张琳娜,朱孔来. 国内外公共文化服务研究现状评述及未来展望 [J]. 西安

财经学院学报，2013，26（3）：123-128.

[2] 赵鹏，金业钦. 美、英、法公共文化服务体系中的政府定位[J]. 党政干部学刊，2016（2）：57-62.

[3] 冯庆东. 美国公共文化服务体系建设与管理的主要特点及启示[J]. 人文天下，2015（8）：18-21.

[4] PHILLIPS S D. "'You Say You Want an Evolution?': From Citizen to Community Engagement in Canadian Cities"[M]//EMMANUEL B J, JOHN M. Local Government in the Australian and Canadian Federations: A Comparative Analysis. Toronto: University of Toronto Press, 2010.

[5] 姜熙. 从"强制性竞标"到"最佳价值"：英国政府公共体育服务政策发展、改革与启示[J]. 天津体育学院学报，2014，29（6）：478-483.

[6] 张汝立，刘伟明. 瑞典社会公共服务地方化和民营化的启示[J]. 中国国情国力，2014（8）：68-70.

[7] 黄玉蓉，车达. 法国文化资助制度运作特点及其对中国的启示[J]. 深圳大学学报（人文社会科学版），2015（5）：110-115.

[8] 韩丽荣，盛金，高瑜彬. 日本政府购买公共服务制度评析[J]. 现代日本经济，2013（2）：15-21.

[9] 徐陪陪. 政府购买社会组织服务研究[D]. 长春：长春工业大学，2012.

[10] 吕外. 美国政府向非营利组织购买公共服务模式分析及启示[J]. 江南社会学院学报，2013（4）：68-71.

[11] 张启春，李淑芳. 基本公共文化服务财政保障模式：来自国际的经验[J]. 湘潭大学学报（哲学社会科学版），2014（4）：13-16，27.

[12] 陈振明. 地方公共服务中的公民参与：中国与加拿大城市的案例研究及比较分析[J]. 厦门大学学报（哲学社会科学版），2014（6）：117-126.

[13] 孙迎春. 英国开放公共服务改革及其启示[J]. 环球视野，2015（4）：144-149.

后　记

呈现在读者面前的是"治理视域下公共服务创新与绩效评估"学术研讨会部分与会作品的结集成果。本次会议于2018年在西南政法大学举办，会议主题是"公共服务研究的国际对话与跨学科交流"，会议收到了100余篇研究论文，有40余位专家进行了主题发言或学术交流。本编著即是其中部分研究成果的展示。

公共服务研究体系庞大、内容复杂，所涉猎领域多样，难以在本书中包揽体现。因此，本书根据论文研究焦点，划分为公共服务政策、公共服务治理、公共服务测量与评价、公共服务案例观察、比较公共服务五个板块，集中体现不同板块的研究心得。

中国日新月异的变化以及从中生成的治理实践，没有留给理论提炼更多的时间。本书的出版，更多是对过往公共服务的些许片段描绘，难以与最新的中国公共服务发展实践同频共振，在未来的研究中，团队只有更为努力，才能更好地发掘中国自主知识体系的公共服务话语，提炼中国故事的理论主线，彰显中国特色、中国风格、中国气派的叙事表达。

本书的出版，得到了西南政法大学政治与公共管理学院领导的大力支持！本编著的顺利付梓，也是集体汗水的结晶，蕴含着论文作者及本书编著者的共同努力。

本书适合公共管理专业研究生、本科生、专业研究者及政府工作人员阅读。本书难免存在各类谬误，恳请各位读者不吝批评，这也是对我们团队的最大鼓励。

编者谨识

2022. 10. 30